LES GRANDS CLASSIQUES
de la cuisine d'ici

Guy Saint-Jean Éditeur
3440, boul. Industriel
Laval (Québec) Canada H7L 4R9
450 663-1777
info@saint-jeanediteur.com
www.saint-jeanediteur.com

....

Données de catalogage avant publication disponibles à Bibliothèque et Archives nationales du Québec et à Bibliothèque et Archives Canada

....

Nous reconnaissons l'aide financière du gouvernement du Canada par l'entremise du Fonds du livre du Canada (FLC) ainsi que celle de la SODEC pour nos activités d'édition.

Gouvernement du Québec — Programme de crédit d'impôt pour l'édition de livres — Gestion SODEC

© Guy Saint-Jean Éditeur inc., 2016

Auteure : Micheline Mongrain-Dontigny
Révision : Linda Nantel
Correction : Diane Grégoire
Conception graphique : Rodéo atelier créatif
Éléments de la couverture : conçus par Freepik
Photographies : Michel Paquet
Stylisme culinaire : Caroline Lamy, Sonia Lizotte, Jo Any Rancourt
Stylisme accessoires : Sonia Lizotte
Assistant culinaire : Daniel Dontigny

© brozova/Adobe Stock : photo de congélation, pages 400-401
© lukesw/Adobe Stock : photo de chaudrons, pages 4-5

Dépôt légal — Bibliothèque et Archives nationales du Québec, Bibliothèque et Archives Canada, 2016

ISBN : 978-2-89758-208-1
ISBN PDF : 978-2-89758-209-8

Tous droits de traduction et d'adaptation réservés. Toute reproduction d'un extrait de ce livre, par quelque procédé que ce soit, est strictement interdite sans l'autorisation écrite de l'éditeur. Toute reproduction ou exploitation d'un extrait du fichier EPUB ou PDF de ce livre autre qu'un téléchargement légal constitue une infraction au droit d'auteur et est passible de poursuites pénales ou civiles pouvant entraîner des pénalités ou le paiement de dommages et intérêts.

Imprimé et relié au Canada
1re impression, novembre 2016

Guy Saint-Jean Éditeur est membre de l'Association nationale des éditeurs de livres (ANEL).

MICHELINE MONGRAIN-DONTIGNY

LES
GRANDS CLASSIQUES
de la cuisine d'ici

TABLE DES MATIÈRES

INTRODUCTION	6
BOISSONS	13
SOUPES	21
ENTRÉES ET HORS-D'ŒUVRE	41
ŒUFS ET FROMAGE	59
LÉGUMES	73
CÉRÉALES ET LÉGUMINEUSES	89
PÂTES	103
POISSONS ET FRUITS DE MER	117
VOLAILLE	143
VIANDES	166
SAUCES ET VINAIGRETTES	225
SALADES ET SANDWICHS	242
GÂTEAUX, SAUCES ET GLAÇAGES	269
BISCUITS, CARRÉS ET BONBONS	290
PAINS ET MUFFINS	323
TARTES ET PÂTISSERIES	341
CONSERVES, MARINADES ET CONFITURES	368
CONGÉLATION	401
INDEX	404
REMERCIEMENTS	415

INTRODUCTION

Passionnée de cuisine depuis ma tendre enfance, c'est avec bonheur que j'ai écrit ce livre pour vous accompagner dans votre cuisine. J'aimerais partager avec vous des recettes, mais aussi des connaissances acquises durant ma formation en cuisine et grâce à mes expériences culinaires, à mes lectures, recherches, enquêtes et voyages. Ce livre complet de recettes testées s'adresse autant aux novices qu'aux cuisiniers expérimentés. Il comprend entre autres des classiques incontournables, des mets de cuisine ethnique et des recettes québécoises authentiques. Cette collection est aussi enrichie de recettes généreusement offertes par des amis, des voisins, des membres de ma famille et les nombreux Québécois qui m'ont fait découvrir les trésors culinaires de différentes régions.

À quelques exceptions près, par exemple la fabrication des pâtes alimentaires à l'aide du robot culinaire, toutes les recettes peuvent être préparées avec ou sans les appareils culinaires modernes. Des icônes indiquant l'utilisation du robot culinaire, du four à micro-ondes et de la mijoteuse ainsi que la possibilité de congélation accompagnent certaines recettes. Lorsque vous êtes à court de temps, optez pour les recettes où figure l'icône « cuisine rapide ». Si vous êtes végétarien ou souhaitez diminuer votre consommation de viande, recherchez l'icône des recettes végétariennes. Pour avoir des protéines complètes, combinez les plats de légumineuses avec du pain ou une céréale, comme le riz ou l'orge.

Les textes d'introduction des chapitres présentent des conseils culinaires qui vous seront utiles pour toutes vos préparations. Une grande partie de la saveur d'un plat est attribuable au choix et à la qualité des ingrédients.

Je vous invite à prendre connaissance de la liste de mes ingrédients de base préférés. Par exemple, on peut utiliser du paprika ordinaire acheté au supermarché, mais avec le paprika de Hongrie, vous obtiendrez un bonus de saveur. Quant au jus de citron, il doit toujours être frais, car celui qu'on trouve embouteillé habituellement dans le commerce ne parfume pas convenablement les plats. Ces recettes à valeur sûre enrichiront votre répertoire culinaire pour le bonheur de votre famille et de vos invités. Je souhaite que *Les grands classiques de la cuisine d'ici* devienne votre principale référence culinaire pour cuisiner en toutes saisons et en toutes occasions.

Bonne cuisine et bon appétit !

MICHELINE MONGRAIN-DONTIGNY

ICÔNES

PEUT ÊTRE CONGELÉ

MIJOTEUSE

ROBOT CULINAIRE

RECETTE RAPIDE

FOUR À MICRO-ONDES

PLAT VÉGÉTARIEN

INGRÉDIENTS UTILISÉS POUR LES RECETTES DE CE LIVRE

BABEURRE

On peut le remplacer par 250 ml (1 tasse) de lait auquel on ajoutera 15 ml (1 c. à soupe) de jus de citron frais. Laisser reposer à température ambiante 30 minutes avant utilisation.

BEURRE DEMI-SEL

Sauf exception.

BOUQUET GARNI

Rassembler et ficeler 1 branche de céleri, 1 feuille de laurier, 1 pincée de thym et 1 branche de persil.

CASSONADE

On doit toujours la tasser au moment de la mesurer.

CHAPELURE MAISON

Pain séché passé au hachoir à viande.

EXTRAIT DE VANILLE PURE

Sa qualité est de loin supérieure à celle des produits artificiels.

GOUSSE DE VANILLE

On l'utilise telle quelle pour aromatiser la crème pâtissière, la crème glacée, etc. Rincer et laisser sécher à température ambiante après usage. On la conserve au garde-manger jusqu'à ce qu'elle devienne cassante. On peut en mettre un morceau dans le sucre granulé ou le sucre glace pour l'aromatiser.

JUS DE CITRON

Prendre uniquement du jus fraîchement pressé ou du jus frais congelé dans des sacs glaçons.

LAIT 2 % OU 3,25 %

ŒUFS DE CALIBRE GROS

PAPRIKA DOUX DE HONGRIE

On peut s'en procurer dans les épiceries spécialisées et celles où l'on vend des produits de l'Europe de l'Est.

PIMENT DE LA JAMAÏQUE

Terme approprié pour désigner ce qu'on appelle encore parfois à tort « toute-épice » ou « quatre-épices ».

SAUCE SOJA

Mélanger moitié sauce soja chinoise, moitié tamari.

FRÉQUEMMENT UTILISÉS

BATTEUR À MAIN (ÉLECTRIQUE)

BATTEUR SUR SOCLE

CUILLÈRES À MESURER

La contenance de la cuillère à soupe est équivalente à celle de la cuillère à table, soit 15 ml. La mention *tablespoon* ou *tbsp* y est souvent inscrite.

CUILLÈRES EN BOIS

FOUETS PETITS, MOYENS ET GRANDS

FRITEUSE

GRILLES

MÉLANGEUR

PLAQUES À PÂTISSERIE

RÂPE POUR AIL, GINGEMBRE ET ZESTE

THERMOMÈTRE À BONBONS

THERMOMÈTRE À FOUR

THERMOMÈTRE À VIANDE

THERMOMÈTRE INSTANTANÉ

UTILISÉS À L'OCCASION

ÉPLUCHEUR DE POMME ET VIDE-POMME

FOUR À MICRO-ONDES

HACHOIR À VIANDE

MACHINE À PÂTES ALIMENTAIRES

MARMITE À PRESSION POUR CONSERVES

MIJOTEUSE

ROBOT CULINAIRE

On peut préparer de délicieuses boissons en un rien de temps. Les enfants aiment les limonades à base de sirop de limonade et les boissons aromatisées au sirop de chocolat.

Les meilleurs cafés sont préparés avec des grains fraîchement moulus. C'est pourquoi il est préférable d'investir dans l'achat d'un bon moulin à café avant de se procurer une machine à café coûteuse. La qualité du café arabica est supérieure à celle du robusta.

Les thés préparés avec des feuilles en vrac sont évidemment meilleurs que ceux en sachets. On met les feuilles séchées dans un tamis, une boule à infuser ou directement dans la théière et on filtre le thé au tamis au moment de servir. Les meilleurs thés sont vendus dans des boutiques spécialisées où les membres du personnel nous aident à choisir des variétés qui conviennent à nos goûts. Ils prennent aussi le temps de nous conseiller sur la meilleure façon de les préparer et, au besoin, de rincer les feuilles de certains thés (c'est-à-dire tremper les feuilles dans une petite quantité d'eau bouillante pendant 15 secondes).

BOISSONS

SIROP AU CHOCOLAT	**15**
BOISSON CHAUDE AU CITRON	**16**
SIROP DE LIMONADE	**16**
THÉ	**17**
THÉ GLACÉ	**17**
SMOOTHIE AUX PETITS FRUITS	**18**
CRÈME IRLANDAISE	**18**

SIROP AU CHOCOLAT

DONNE 375 ML (1 ½ TASSE) OU 12 PORTIONS	PRÉPARATION 8 MINUTES	CUISSON 5 MINUTES

Les enfants raffolent de ce sirop pour préparer des laits froids au chocolat ou des chocolats chauds bien meilleurs que ceux du commerce. Pour réutiliser la gousse de vanille, rincez-la à l'eau froide, épongez-la, laissez sécher à température ambiante et emballez-la avec soin. Sinon, enfouissez-la dans votre contenant de sucre granulé ou de sucre glace.

INGRÉDIENTS

175 ml	poudre de cacao	¾ de tasse
175 ml	sucre	¾ de tasse
0,5 ml	sel	⅛ de c. à thé
310 ml	eau bouillante	1 ¼ de tasse
½	gousse de vanille	½
ou		
2 ml	extrait de vanille	½ c. à thé
	Lait	

ÉTAPES

1. Dans une casserole moyenne, mélanger au fouet le cacao, le sucre et le sel. Verser l'eau et ajouter la demi-gousse de vanille (si l'on utilise de l'extrait, ne pas l'ajouter à ce moment-ci). Porter à ébullition en remuant sans cesse.

2. Baisser le feu et laisser mijoter 3 minutes. Retirer la gousse de vanille ou ajouter l'extrait de vanille. Laisser refroidir. Conservation : 2 semaines au réfrigérateur.

3. Pour chaque portion, mélanger dans un verre ou une tasse 250 ml (1 tasse) de lait et 45 ml (3 c. à soupe) de sirop au chocolat. Réchauffer au micro-ondes pour obtenir un chocolat chaud.

BOISSON CHAUDE AU CITRON

1 PORTION	PRÉPARATION 5 MINUTES

Une boisson à savourer en hiver ou les jours où l'on se sent enrhumé ou grippé. Pour congeler du jus de citron frais, versez-le dans des sacs de congélation conçus pour les glaçons. Lorsque le jus sera congelé, le sac deviendra collant. On doit alors le mettre dans un autre sac. Un cube donne environ 15 ml (1 c. à soupe) de jus.

INGRÉDIENTS

22 ml	jus de citron frais	1 ½ c. à soupe
ou		
1	cube de jus de citron congelé	1
17 ml	sucre ou miel	3 ½ c. à thé
1	pincée de sel	1
250 ml	eau bouillante	1 tasse
1	lanière de zeste de citron (facultatif)	1

ÉTAPES

1. Mélanger le jus de citron, le sucre et le sel dans une tasse.

2. Verser l'eau bouillante et ajouter le zeste de citron.

SIROP DE LIMONADE

DONNE ENVIRON 1,5 LITRE (6 TASSES)	PRÉPARATION 15 MINUTES	RÉFRIGÉRATION 8 HEURES

INGRÉDIENTS

	Le zeste et le jus de 6 citrons	
650 ml	eau	2 ⅔ tasses
1,5 litre	sucre	6 tasses

ÉTAPES

1. Dans un grand contenant hermétique, réfrigérer le zeste et le jus de citron pendant 8 heures.

2. Dans une grande casserole, porter l'eau et le sucre à ébullition et laisser bouillir 1 minute. Laisser refroidir à température ambiante et mélanger avec la préparation de jus. Remuer et verser dans une bouteille ou des bocaux en verre.

3. Pour chaque portion, verser 30 ml (2 c. à soupe) de sirop dans un verre. Remplir d'eau froide et remuer. Conservation : 2 à 3 semaines au réfrigérateur.

THÉ

1 PORTION	PRÉPARATION 10 MINUTES	INFUSION 4 À 6 MINUTES

Vous pouvez multiplier les quantités selon le nombre de personnes que vous devez servir.

INGRÉDIENTS

| 250 ml | eau bouillante à 71 °C (160 °F) pour un thé vert ou à 95 °C (203 °F) pour un thé noir | 1 tasse |
| 5 ml | feuilles de thé vert ou noir | 1 c. à thé |

ÉTAPE

1. Réchauffer la théière 1 minute avec un peu d'eau bouillante, puis jeter l'eau. Déposer le thé dans la théière, puis verser l'eau bouillante. Couvrir et laisser infuser de 4 à 6 minutes.

VARIANTE

Thé parfumé à l'anis étoilé : utiliser du thé Earl Grey et ajouter 1 morceau d'anis étoilé.

THÉ GLACÉ

4 À 6 PORTIONS	PRÉPARATION 10 MINUTES	INFUSION 5 MINUTES

Gardez le thé infusé au réfrigérateur jusqu'au moment de le servir. Ajoutez les glaçons à la dernière minute.

INGRÉDIENTS

1 litre	eau bouillante	4 tasses
20 à 40 ml	feuilles de thé noir	4 à 8 c. à thé
	Le zeste et le jus de 2 citrons moyens	
125 à 175 ml	sucre	½ à ¾ de tasse
14	glaçons	14

ÉTAPES

1. Déposer le thé dans la théière, puis verser l'eau bouillante. Laisser infuser 5 minutes.

2. Filtrer le thé dans un pichet de 2 litres (8 tasses) et laisser refroidir à température ambiante.

3. Ajouter le zeste et le jus de citron. Incorporer le sucre en remuant pour le dissoudre. Ajouter les glaçons et servir immédiatement.

SMOOTHIE AUX PETITS FRUITS

1 PORTION	PRÉPARATION 5 MINUTES

INGRÉDIENTS

125 ml	lait	½ tasse
125 ml	yogourt nature	½ tasse
15 ml	miel	1 c. à soupe
½	banane	½
125 ml	fraises ou bleuets surgelés	½ tasse

ÉTAPE

1. Au mélangeur, réduire tous les ingrédients en purée lisse.

CRÈME IRLANDAISE

DONNE 1,25 LITRE (5 TASSES)	PRÉPARATION 10 MINUTES	RÉFRIGÉRATION 24 HEURES

Servez cette boisson au goût suave sur des glaçons ou versez-en un trait dans votre café.

INGRÉDIENTS

3	œufs	3
375 ml	whiskey irlandais	1 ½ tasse
625 ml	crème 35 %	2 ½ tasses
1	boîte de 300 ml de lait concentré sucré	1
15 ml	sirop de chocolat	1 c. à soupe

ÉTAPES

1. Battre les œufs jusqu'à ce qu'il n'y ait plus de trace de blanc.

2. Ajouter le whiskey, la crème, le lait concentré sucré et le sirop de chocolat. Bien mélanger.

3. Verser dans une ou deux bouteilles et réfrigérer 24 heures avant de servir. Conservation : 2 semaines au réfrigérateur.

On doit toujours préparer les bouillons et les soupes avec de l'eau froide et les laisser mijoter à feu très doux. L'eau chaude scelle les éléments nutritifs et les sucs à l'intérieur des aliments, empêche la diffusion des saveurs et des éléments nutritifs. On ajoute le sel et le poivre en fin de cuisson. Attention au poivre, car plus il mijote, plus son goût devient piquant.

Il est toujours préférable de dégraisser un bouillon avant de le servir ou de l'intégrer dans une autre recette. Pour ce faire, il suffit de le réfrigérer pendant plusieurs heures afin de pouvoir retirer facilement la couche de gras qui se formera à la surface. Si le bouillon est encore chaud, on peut ôter le gras à l'aide de papiers absorbants. Si le temps vous manque, n'hésitez pas à utiliser des bouillons du commerce non salés et non déshydratés. Les bouillons déshydratés sont fort utiles, ajoutés en petite quantité en fin de cuisson, car ils rehaussent la saveur d'une soupe.

SOUPES

BOUILLON DE POULET ✱ — 22

BOUILLON DE BŒUF ✱ — 23

SOUPE AU CHOU — 23

SOUPE AUX GOURGANES ✱ — 25

SOUPE AUX TOMATES ET AU LAIT (Veg) (Rap) — 26

SOUPE AUX POIS (Mij) ✱ — 27

SOUPE À L'OIGNON GRATINÉE (R) ✱ — 29

CRÈME DE CHAMPIGNONS (R) ✱ — 30

CRÈME DE POIREAUX ✱ — 31

POTAGE AUX COURGETTES (R) ✱ — 31

SOUPE AU PISTOU (Veg) ✱ — 32

SOUPE TONKINOISE (PHO TAI) — 34

SOUPE AUX LÉGUMES ✱ — 35

SOUPE AUX LENTILLES (Mij) ✱ — 36

CHAUDRÉE DE POISSON — 37

CHAUDRÉE DE MAÏS — 39

BOUILLON DE POULET

PRÉPARATION	CUISSON
10 MINUTES	1 H À 1 H 30 MIN

Rien n'égale la saveur des soupes et des plats préparés avec un bon bouillon de poulet maison. N'hésitez pas à doubler ou à tripler la recette pour en congeler une partie. La chair tendre et juteuse du poulet mijoté est idéale pour les sandwichs et les salades. Pour dégraisser le bouillon, préparez-le la veille. Le lendemain, vous pourrez enlever facilement la couche de gras qui se sera formée à la surface.

INGRÉDIENTS

1	poulet entier ou en morceaux (ou cou, ailes et carcasses)	1
	Eau froide	
2	grosses branches de céleri, hachées grossièrement	2
1	vert de poireau, haché grossièrement	1
2	gros oignons, hachés grossièrement	2
1	branche de céleri, coupée en deux	1
1	branche de persil	1
1	branche de thym	1
ou		
1	grosse pincée de thym séché	1
1	feuille de laurier	1
4 ou 5	grains de poivre entiers	4 ou 5
3	gousses d'ail non pelées	3

ÉTAPES

1. Déposer le poulet dans une grande casserole. Ajouter jusqu'à 2,5 cm (1 po) d'eau au-dessus du poulet. Porter à ébullition à feu moyen, baisser le feu et écumer le résidu blanchâtre à l'aide d'une écumoire.

2. Ajouter le reste des ingrédients et laisser mijoter de 1 h à 1 h 30 min, jusqu'à ce que le poulet soit cuit ou qu'un thermomètre inséré dans un haut de cuisse indique 85 °C (185 °F).

3. Retirer du feu et laisser refroidir à température ambiante avant de retirer le poulet du bouillon. Filtrer le bouillon et réfrigérer jusqu'au moment de l'utiliser. Désosser le poulet et réfrigérer.

BOUILLON DE BŒUF

PRÉPARATION	CUISSON
10 MINUTES	4 HEURES

INGRÉDIENTS

2,5 litres	eau froide	10 tasses
1,5 kg	os de bœuf avec ou sans viande	3 lb
2	carottes	2
2	branches de céleri ou équivalent incluant les feuilles	2
1	vert de poireau (facultatif)	1
2	oignons, hachés grossièrement	2
1	feuille de laurier	1
1	brin de persil	1
1	pincée de thym	1
5	grains de poivre entiers	5

ÉTAPES

1. Dans une grande casserole, à feu moyen, porter à ébullition l'eau et les os de bœuf. Baisser le feu et écumer le résidu blanchâtre à l'aide d'une écumoire.

2. Ajouter le reste des ingrédients et laisser mijoter à feu doux pendant 4 heures.

3. Filtrer le bouillon et réfrigérer. Dégraisser avant utilisation.

SOUPE AU CHOU

6 PORTIONS	PRÉPARATION	CUISSON
	30 MINUTES	2 HEURES

INGRÉDIENTS

2	tranches minces de lard salé entrelardé, sans couenne, hachées finement	2
15 ml	huile végétale	1 c. à soupe
1	oignon moyen, haché	1
1	blanc de poireau, haché	1
1,25 litre	bouillon de bœuf	5 tasses
1	grosse carotte, râpée	1
1	gousse d'ail, hachée finement	1
750 ml	chou vert, haché finement	3 tasses
	Sel et poivre	

ÉTAPES

1. Dans une grande casserole, faire dorer le lard salé dans l'huile. Réserver.

2. Dans la même casserole, à feu moyen, cuire l'oignon et le poireau quelques minutes, jusqu'à ce que l'oignon soit transparent.

3. Ajouter le bouillon, la carotte, l'ail et le chou. Porter à ébullition, baisser le feu et laisser mijoter de 1 h 30 à 2 h, jusqu'à ce que les légumes soient tendres. Saler et poivrer au goût.

4. Servir la soupe et garnir de lardons.

SOUPE AUX GOURGANES

| 10 À 12 PORTIONS | PRÉPARATION
30 MINUTES | CUISSON
3 H 40 MIN |

Durant la belle saison, la soupe aux gourganes embaume les cuisines, tout particulièrement dans les régions de Charlevoix et du Saguenay. Optez pour les gourganes les plus petites. Elles sont plus tendres et ont une saveur plus délicate. Les gourganes écossées peuvent être congelées sans avoir été préalablement blanchies.

INGRÉDIENTS

250 g	lard salé entrelardé	8 oz
3 litres	eau froide	12 tasses
500 g	jarret de bœuf ou bœuf à bouillir	1 lb
1	gros oignon, haché	1
125 ml	orge	½ tasse
500 ml	gourganes fraîches ou surgelées, écossées	2 tasses
250 ml	haricots jaunes, en tronçons de 1 cm (½ po)	1 tasse
12	petites carottes, en rondelles	12
5 ml	sarriette d'hiver séchée	1 c. à thé
250 ml	feuilles de chou, en lanières fines	1 tasse
250 ml	herbes fraîches (persil ou ciboulette)	1 tasse
	Sel et poivre	

ÉTAPES

1. Dans une petite casserole, couvrir le lard salé d'eau froide et porter à ébullition. Baisser le feu et laisser mijoter 2 minutes. Retirer du feu, égoutter et rincer à l'eau froide.

2. Dans une grande casserole, porter à ébullition le lard blanchi, le bœuf, l'oignon, l'orge et l'eau. Baisser le feu et écumer le résidu blanchâtre à l'aide d'une écumoire.

3. Ajouter les gourganes, les haricots, les carottes et la sarriette. Laisser mijoter à feu doux pendant 3 heures ou jusqu'à ce que les légumes soient tendres.

4. Ajouter le chou et les herbes fraîches. Cuire 30 minutes ou jusqu'à ce que le chou soit tendre. Saler et poivrer au goût.

SOUPE AUX TOMATES ET AU LAIT

| 4 PORTIONS | PRÉPARATION 10 MINUTES | CUISSON 15 MINUTES |

Cette soupe est encore plus exquise si l'on utilise des tomates fraîches du potager. Il est préférable de la servir aussitôt qu'elle est prête, car elle est moins savoureuse une fois réchauffée.

INGRÉDIENTS

22 ml	beurre	1 ½ c. à soupe
1	oignon, haché	1
5 ml	sucre	1 c. à thé
5	tomates, pelées ou en boîte, hachées grossièrement	5
0,5 ml	bicarbonate de soude	⅛ de c. à thé
500 ml	lait	2 tasses
	Sel et poivre	

ÉTAPES

1. Dans une casserole moyenne, à feu doux, chauffer le beurre et cuire l'oignon 10 minutes en remuant fréquemment à l'aide d'une cuillère en bois. Ajouter le sucre et les tomates, puis retirer du feu.

2. Incorporer le bicarbonate de soude et remuer jusqu'à ce qu'il n'y ait plus d'écume.

3. Remettre la casserole sur le feu. Verser le lait et cuire en remuant sans cesse jusqu'à ce qu'il atteigne le point d'ébullition, sans plus. Saler et poivrer au goût.

SOUPE AUX POIS

6 À 8 PORTIONS	PRÉPARATION 15 MINUTES	CUISSON 2 HEURES

L'emploi de pois jaunes cassés permet de gagner du temps, car il n'est pas nécessaire de les faire tremper et cela réduit sensiblement le temps de cuisson. Cette méthode est très populaire dans les Cantons-de-l'Est. Si vous faites cette soupe sur la cuisinière plutôt qu'à la mijoteuse, remuez-la souvent au début de la cuisson, car les pois auront tendance à coller au fond. Elle épaissira en refroidissant. Pour la réchauffer, ajoutez au besoin un peu d'eau ou de bouillon de bœuf à la soupe chaude afin d'obtenir la consistance désirée. Le lard peut être réutilisé dans une autre recette.

INGRÉDIENTS

500 ml	pois jaunes cassés	2 tasses
125 g	lard salé, coupé en deux	4 oz
2 litres	eau froide	8 tasses
125 ml	céleri (avec feuilles), haché finement	½ tasse
1	gros oignon, haché finement	1
30 ml	persil frais, haché	2 c. à soupe
5 ml	sarriette d'hiver séchée	1 c. à thé
1	feuille de laurier	1
	Sel	
1 ml	poivre	¼ de c. à thé

ÉTAPES

1. Dans une grande casserole, porter à ébullition les pois, le lard salé et l'eau en remuant de temps à autre pour empêcher les pois de coller au fond.

2. Baisser le feu et ajouter le céleri, l'oignon, le persil, la sarriette et le laurier. Laisser mijoter à feu doux de 1 h 30 min à 2 h en remuant de temps à autre. La soupe est prête lorsque les pois sont réduits en purée. Retirer le lard et la feuille de laurier. Saler au goût et ajouter le poivre. Pour obtenir une texture plus onctueuse, réduire la moitié de la soupe en purée au mélangeur ou au pied-mélangeur.

À LA MIJOTEUSE

Cuire tous les ingrédients, excepté le sel et le poivre, à basse température pendant 10 à 12 heures, jusqu'à ce que les pois soient réduits en purée. Retirer le lard et le laurier, saler au goût et poivrer.

SOUPE À L'OIGNON GRATINÉE

| 4 À 6 PORTIONS | PRÉPARATION 15 MINUTES | CUISSON 1 H 15 MIN |

Le robot culinaire peut nous faciliter la tâche pour couper les oignons en tranches et râper le fromage.

INGRÉDIENTS

45 ml	beurre	3 c. à soupe
625 ml	oignons, en tranches	2 ½ tasses
125 ml	vin blanc sec (facultatif)	½ tasse
1,25 litre	bouillon de bœuf	5 tasses
1	gousse d'ail, hachée finement	1
1	feuille de laurier	1
	Sel et poivre	
375 ml	fromage suisse ou emmental, râpé	1 ½ tasse
250 ml	parmesan fraîchement râpé	1 tasse
4 à 6	croûtons de pain	4 à 6

ÉTAPES

1. Dans une casserole moyenne, à feu moyen, chauffer le beurre et cuire les oignons de 15 à 20 minutes en remuant fréquemment à l'aide d'une cuillère en bois jusqu'à coloration ambrée.

2. Verser le vin et cuire 2 minutes.

3. Ajouter le bouillon, l'ail et le laurier, puis porter à ébullition. Baisser le feu et laisser mijoter 45 minutes. Retirer la feuille de laurier. Saler et poivrer au goût.

4. Placer la grille dans le tiers supérieur du four. Préchauffer le gril du four.

5. Mélanger les fromages dans un bol. Verser la soupe dans des bols à soupe étroits et profonds allant au four. Mettre un croûton dans chaque bol et couvrir de fromage. Gratiner au four jusqu'à ce que le fromage soit doré.

CRÈME DE CHAMPIGNONS

8 À 10 PORTIONS	PRÉPARATION 20 MINUTES	CUISSON 1 H 15 MIN

Il n'est pas rare que mes invités me demandent la recette de cette soupe. Si la chance me sourit lors de mes cueillettes de champignons sauvages, je la prépare en remplaçant la moitié des champignons du commerce par des pleurotes, des marasmes des Oréades ou des morilles. Le robot culinaire est utile pour les couper en tranches. Une fois décongelée, cette soupe n'a pas belle apparence. Il suffit de la porter à ébullition pour qu'elle retrouve sa texture crémeuse.

INGRÉDIENTS

150 ml	beurre	⅔ de tasse
500 ml	oignons, hachés	2 tasses
500 g	champignons blancs, en tranches fines	6 ¼ tasses
175 ml	farine tout usage	¾ de tasse
1 litre	lait	4 tasses
1 litre	bouillon de poulet	4 tasses
	Sel et poivre	

ÉTAPES

1. Dans une grande casserole, à feu doux, chauffer le beurre sans coloration. Ajouter les oignons et cuire 10 minutes en remuant de temps à autre.

2. Ajouter les champignons, couvrir et laisser mijoter 5 minutes.

3. Ajouter la farine et cuire 3 minutes. (Il est normal que la texture soit épaisse.)

4. Retirer du feu et incorporer le lait et le bouillon peu à peu. Porter à ébullition en remuant sans cesse à l'aide d'une cuillère en bois. Baisser le feu, couvrir et laisser mijoter à feu très doux environ 45 minutes.

5. Saler et poivrer au goût, puis laisser mijoter 5 minutes.

CRÈME DE POIREAUX

| 8 PORTIONS | PRÉPARATION
15 MINUTES | CUISSON
1 H 15 MIN |

Le mélangeur est idéal pour réduire les soupes en purée. On peut aussi utiliser le robot culinaire, mais il faut ensuite tamiser la purée pour obtenir une texture veloutée.

INGRÉDIENTS

60 ml	beurre	¼ de tasse
4	blancs de poireau, en rondelles	4
2	oignons, hachés	2
1,5 litre	bouillon de poulet	6 tasses
2	branches de céleri, en tranches	2
2	pommes de terre, pelées et coupées en tranches	2
60 ml	persil frais, haché	¼ de tasse
1	pincée de muscade moulue	1
250 ml	crème 15 % ou 35 %	1 tasse
	Sel et poivre	

ÉTAPES

1. Dans une grande casserole, à feu doux, chauffer le beurre et cuire le poireau et l'oignon sans coloration pendant 5 minutes en remuant sans cesse à l'aide d'une cuillère en bois.

2. Ajouter le bouillon, le céleri, les pommes de terre, le persil et la muscade. Porter à ébullition, baisser le feu et laisser mijoter 1 heure ou jusqu'à ce que les légumes soient très tendres.

3. Au mélangeur, réduire la soupe en purée. Verser dans la casserole et ajouter la crème.

4. Saler et poivrer au goût et laisser mijoter 5 minutes.

POTAGE AUX COURGETTES

| 8 PORTIONS | PRÉPARATION
15 MINUTES | CUISSON
50 MINUTES |

INGRÉDIENTS

1 litre	bouillon de poulet	4 tasses
4	courgettes de 15 cm (6 po), en tronçons de 2,5 cm (1 po)	4
1	poivron vert ou rouge, haché grossièrement	1
3	gros oignons, hachés grossièrement	3
2	grosses gousses d'ail, coupées en deux	2
1	grosse pomme de terre, pelée et coupée en gros morceaux	1
60 ml	crème 35 %	¼ de tasse
	Sel et poivre du moulin	

ÉTAPES

1. Dans une grande casserole, verser le bouillon et ajouter les courgettes, le poivron, les oignons, l'ail et la pomme de terre. (Il est normal que la proportion de bouillon semble insuffisante.) Porter à ébullition. Baisser le feu, couvrir et laisser mijoter 45 minutes ou jusqu'à ce que les légumes soient tendres.

2. Au mélangeur ou au robot culinaire, réduire la préparation en purée. Verser dans la casserole et incorporer la crème. Saler et poivrer au goût, puis laisser mijoter 5 minutes.

SOUPE AU PISTOU

12 PORTIONS	PRÉPARATION 20 MINUTES	CUISSON 1 H 30 MIN

Cette soupe est idéale pour profiter de l'abondance des légumes de fin de saison. Préparez-en une grande marmite pour savourer les parfums de l'été tout au long de l'hiver.

INGRÉDIENTS

3 litres	eau froide	12 tasses
3	courgettes moyennes, hachées	3
4	carottes, en dés	4
2	pommes de terre, pelées et coupées en dés	2
2	blancs de poireau, hachés finement	2
2	oignons, hachés finement	2
4	tomates, pelées et hachées	4
10 ml	sel	2 c. à thé
1 litre	haricots blancs ou rouges, cuits ou en conserve (ou doliques à œil noir)	4 tasses
	Sel et poivre	
175 ml	pesto maison (page 111) ou du commerce	¾ de tasse

ÉTAPES

1. Dans une casserole d'au moins 7 litres (28 tasses), porter à ébullition l'eau, les courgettes, les carottes, les pommes de terre, les poireaux, les oignons, les tomates et le sel.

2. Baisser le feu et laisser mijoter 1 heure. Ajouter les haricots et cuire 30 minutes. Saler et poivrer au goût.

3. Servir généreusement dans de grands bols à pâtes et ajouter 15 ml (1 c. à soupe) de pesto dans chaque bol.

SOUPE TONKINOISE (PHO TAI)

6 PORTIONS	PRÉPARATION 30 MINUTES	CUISSON 40 MINUTES

Ma fille, Pascale, adore la soupe Pho Tai, et c'est elle qui me l'a fait connaître. Elle a créé cette recette en s'inspirant des nombreuses variantes qu'elle a goûtées dans différents restaurants vietnamiens de Montréal.

INGRÉDIENTS

Bouillon

30 ml	huile végétale	2 c. à soupe
1	petit oignon, en tranches	1
1	gousse d'ail, hachée finement	1
5	lamelles de gingembre frais, hachées	5
2 litres	bouillon de bœuf	8 tasses
3	oignons verts, en tranches	3
15 ml	nuoc-mâm (sauce de poisson)	1 c. à soupe

Nouilles et viande

250 g	nouilles de riz larges	8 oz
375 ml	germes de haricot	1 ½ tasse
125 ml	oignons verts, en tranches	½ tasse
250 g	bœuf à fondue chinoise, coupé en deux	8 oz

Garnitures

1	petit bol de basilic frais, déchiqueté	1
1	petit bol de coriandre fraîche, déchiquetée	1
1	petit bol de feuilles de menthe, déchiquetées	1
	Piment fort, haché finement, ou sauce chili piquante	
	Nuoc-mâm (sauce de poisson)	
	Quartiers de lime	

ÉTAPES

1. **Bouillon :** dans une grande casserole, à feu moyen, chauffer l'huile et faire revenir l'oignon 5 minutes ou jusqu'à ce qu'il soit transparent. Ajouter l'ail et le gingembre et cuire à feu doux 1 minute en remuant sans cesse. Ajouter le bouillon, les oignons verts et le nuoc-mâm et laisser mijoter 30 minutes. Filtrer le bouillon et réserver au chaud.

2. Entre-temps, cuire les nouilles selon les indications inscrites sur l'emballage. Égoutter et réserver.

3. Disposer les garnitures sur la table. Répartir les nouilles, les germes de haricot, les oignons verts et la viande dans de grands bols à soupe profonds. Remplir de bouillon très chaud. Laisser reposer 2 minutes et servir. Chaque convive ajoutera les garnitures de son choix dans son bol.

SOUPE AUX LÉGUMES

6 PORTIONS	PRÉPARATION 20 MINUTES	CUISSON 1 HEURE

Pour avoir une soupe plus consistante, ajoutez-y 75 ml (⅓ de tasse) de pâtes courtes, d'orge ou de riz. Pour une saveur typiquement québécoise, remplacez le basilic et le thym par une grosse cuillerée à soupe d'herbes salées rincées à l'eau froide.

INGRÉDIENTS

1,25 litre	bouillon de poulet ou de bœuf	5 tasses
½	blanc de poireau	½
1	petit oignon, haché	1
½	poivron vert, haché	½
½	branche de céleri, hachée	½
1	carotte, en dés	1
2 ml	basilic séché	½ c. à thé
1	pincée de thym séché	1
30 ml	persil frais	2 c. à soupe
	Sel et poivre	

ÉTAPES

1. Dans une casserole moyenne, porter à ébullition tous les ingrédients, sauf le sel et le poivre.

2. Baisser le feu et laisser mijoter de 45 à 60 minutes, jusqu'à ce que les légumes soient tendres. Saler et poivrer au goût.

VARIANTE

Soupe aux légumes et aux boulettes de bœuf : mélanger 250 g (8 oz) de bœuf haché, 1 œuf, 2 ml (½ c. à thé) de sel et 1 ml (¼ de c. à thé) de poivre. Façonner des boulettes miniatures et les ajouter dans la casserole de soupe 10 minutes avant la fin de la cuisson. Laisser mijoter 10 minutes.

SOUPE AUX LENTILLES

6 PORTIONS	PRÉPARATION 15 MINUTES	CUISSON 1 H 45 MIN

INGRÉDIENTS

1,25 litre	bouillon de poulet ou de bœuf	5 tasses
250 ml	lentilles brunes, rincées	1 tasse
2	gros oignons, hachés	2
1	carotte, râpée	1
2 ml	thym séché	½ c. à thé
2 ml	marjolaine séchée	½ c. à thé
60 ml	persil frais, haché	¼ de tasse
3	tomates, pelées et hachées	3
ou		
500 ml	tomates en conserve	2 tasses
60 ml	xérès sec (facultatif)	¼ de tasse
45 ml	huile d'olive vierge extra	3 c. à soupe
	Sel et poivre	
175 ml	cheddar, râpé	¾ de tasse

ÉTAPES

1. Dans une grande casserole, porter à ébullition le bouillon, les lentilles, les oignons et la carotte en remuant de temps à autre à l'aide d'une cuillère en bois. Baisser le feu et ajouter le thym, la marjolaine et le persil. Couvrir et laisser mijoter 1 heure ou jusqu'à ce que les lentilles soient presque tendres en remuant de temps à autre.

2. Ajouter les tomates et le xérès. Cuire 30 minutes ou jusqu'à ce que les lentilles et les légumes soient tendres.

3. Ajouter l'huile d'olive, puis saler et poivrer au goût.

4. Au moment de servir, déposer 30 ml (2 c. à soupe) de fromage dans chaque bol.

À LA MIJOTEUSE

Cuire tous les ingrédients, sauf le xérès et l'huile d'olive, pendant 10 heures à basse température. Ajouter le xérès et l'huile et cuire à haute température 15 minutes.

CHAUDRÉE DE POISSON

4 PORTIONS	PRÉPARATION 15 MINUTES	CUISSON 30 MINUTES

Cette soupe réconfortante, idéale pour les journées froides, doit être servie dès qu'elle est prête, car elle ne se réchauffe pas bien.

INGRÉDIENTS

45 ml ou	beurre	3 c. à soupe
75 g	lard salé, sans couenne	2 ½ oz
1	oignon moyen, haché finement	1
1	grosse branche de céleri, hachée finement	1
2	pommes de terre, pelées et coupées en cubes de 1 cm (½ po)	2
500 ml	eau froide ou jus de palourdes	2 tasses
500 g	poisson à chair blanche, en morceaux de 2,5 cm (1 po)	1 lb
375 ml	lait	1 ½ tasse
30 ml	persil frais, haché finement	2 c. à soupe
	Sel et poivre	

ÉTAPES

1. Dans une casserole moyenne, à feu doux, chauffer le beurre ou le lard, et cuire l'oignon et le céleri 5 minutes. Ajouter les pommes de terre et cuire 3 minutes en remuant sans cesse à l'aide d'une cuillère en bois.

2. Verser l'eau et porter à ébullition. Baisser le feu, couvrir et cuire à feu moyen 10 minutes ou jusqu'à ce que les pommes de terre soient tendres.

3. Ajouter le poisson, couvrir et laisser mijoter de 5 à 10 minutes, jusqu'à ce qu'il se défasse à la fourchette.

4. Verser le lait et porter juste au point d'ébullition. Retirer du feu immédiatement.

5. Ajouter le persil, puis saler et poivrer au goût. Servir dans de grands bols à soupe et accompagner de pain.

CHAUDRÉE DE MAÏS

4 À 6 PORTIONS	PRÉPARATION 20 MINUTES	CUISSON 30 MINUTES

Madame Carmelle Ferland, de Stanstead, qualifie sa chaudrée de maïs de « délicieuse, nourrissante et facile à préparer ». C'est le genre de soupe qu'on aime servir comme plat de résistance lorsqu'on a envie d'un repas léger.

INGRÉDIENTS

5	tranches de bacon, en dés	5
1	oignon moyen, haché	1
2	pommes de terre, pelées et coupées en cubes de 1 cm (½ po)	2
125 ml	eau bouillante	½ tasse
5 ml	sel	½ c. à thé
15 ml	farine tout usage	1 c. à soupe
30 ml	eau froide	2 c. à soupe
625 ml	lait	2 ½ tasses
1	boîte de 580 ml de maïs en crème	1
0,5 ml	poivre	⅛ de c. à thé

ÉTAPES

1. Dans une grande casserole, à feu moyen, cuire le bacon jusqu'à ce qu'il soit croustillant en remuant de temps à autre. À l'aide d'une écumoire, déposer le bacon sur du papier absorbant et réserver.

2. Garder seulement 1 c. à soupe du gras de cuisson du bacon dans la casserole. Cuire l'oignon à feu moyen 5 minutes en remuant de temps à autre.

3. Ajouter les pommes de terre, l'eau et le sel, puis porter à ébullition. Baisser le feu, couvrir et laisser mijoter 10 minutes ou jusqu'à ce que les pommes de terre soient tendres.

4. Dans un petit bol, mélanger la farine avec l'eau froide. Verser dans la casserole.

5. Ajouter le lait, le maïs et le poivre, puis porter à ébullition en remuant sans cesse. Retirer du feu et ajouter le bacon réservé. Remuer et servir immédiatement.

Les entrées sont servies en petites portions au début du repas, tandis que les hors-d'œuvre se mangent à l'apéro, comme collation et parfois comme complément d'un repas léger. En général, plus il y a d'invités et plus le choix de hors-d'œuvre doit être varié. Au moment de planifier le menu, on évite de répéter les textures, les modes de cuisson et les couleurs. L'entrée précède habituellement la soupe, sauf dans de rares cas ; par exemple, on servira une soupe à saveur délicate avant un poisson fumé au goût prononcé. Dans cette section, les recettes de hors-d'œuvre sont identifiés par la lettre H pour les distinguer des entrées.

ENTRÉES ET HORS-D'ŒUVRE

ANTIPASTO DE LÉGUMES MARINÉS (H) (Veg) **42**

TAPENADE D'OLIVES NOIRES (H) (R) (Rap) (★) **43**

CHAMPIGNONS À LA BOURGUIGNONNE (R) (Rap) (Veg) **44**

PÂTÉ DE FOIE (H) (R) (★) **46**

SALADE DE CHÈVRE CHAUD (Rap) **47**

CÉVICHÉ **49**

TREMPETTE AU CARI (H) (Rap) (Veg) **50**

GUACAMOLE (H) (Rap) **51**

POIREAUX VINAIGRETTE (Veg) **52**

HOUMOUS (R) (Rap) (Veg) (★) **54**

CRETONS (H) (R) (★) **54**

COCKTAIL DE FRUITS DE MER (Rap) **55**

MOUSSE AU SAUMON **57**

ANTIPASTO DE LÉGUMES MARINÉS

8 À 10 PORTIONS	PRÉPARATION 15 MINUTES	RÉFRIGÉRATION 2 HEURES

Voici une excellente façon de présenter les légumes crus. Cet antipasto est très apprécié des enfants à l'heure du goûter. On peut aussi l'offrir à table pour remplacer les marinades. Les légumes seront au sommet de leur forme les deux premiers jours, après quoi ils s'imprégneront de vinaigre et auront un goût plus fort.

INGRÉDIENTS

1 litre	bâtonnets de légumes crus (petits bouquets de chou-fleur, carottes, céleri)	4 tasses
60 ml	vinaigre	¼ de tasse
60 ml	huile végétale	¼ de tasse
2 ml	sel	½ c. à thé
2 ml	romarin séché	½ c. à thé
0,5 ml	sucre	⅛ de c. à thé
5 ml	persil frais, haché finement	1 c. à thé
1 ml	moutarde préparée	¼ de c. à thé
1	goutte de tabasco	1

ÉTAPES

1. Mettre les légumes dans un grand bol ou un plat profond muni d'un couvercle.

2. Mélanger le reste des ingrédients dans une tasse à mesurer. Verser sur les légumes et remuer.

3. Laisser mariner au réfrigérateur pendant 2 heures avant de servir. Conservation : 3 jours au réfrigérateur.

TAPENADE D'OLIVES NOIRES

DONNE 175 ML (¾ DE TASSE)	PRÉPARATION 10 MINUTES

Les olives peuvent être dénoyautées à l'aide d'un dénoyauteur à cerises ou d'un petit couteau d'office. Cette tapenade est délicieuse sur un filet de poisson blanc juste avant de le mettre au four.

INGRÉDIENTS

250 ml	olives noires Kalamata, dénoyautées	1 tasse
2	filets d'anchois (conservés dans l'huile de préférence), hachés grossièrement	2
30 ml	câpres, rincées, égouttées et épongées	2 c. à soupe
1	gousse d'ail, hachée finement (facultatif)	1
15 ml	jus de citron frais	1 c. à soupe
45 ml	huile d'olive vierge extra	3 c. à soupe
	Biscottes ou tranches de baguette	

ÉTAPES

1. Au robot culinaire ou au mélangeur, réduire les olives, les anchois, les câpres, l'ail, le jus de citron et l'huile d'olive en purée grossière et granuleuse. (On doit voir des petites particules d'olives dans la tapenade.)

2. Servir sur des biscottes ou des tranches de baguette.

VARIANTE

Tapenade d'olives vertes : procéder de la même façon avec 175 ml (¾ de tasse) d'olives vertes dénoyautées, 125 ml (½ tasse) de poudre d'amandes, 45 ml (3 c. à soupe) d'huile d'olive vierge extra et 2 ml (½ c. à thé) de jus de citron frais.

CHAMPIGNONS À LA BOURGUIGNONNE

6 PORTIONS	PRÉPARATION 25 MINUTES	CUISSON 20 MINUTES

Cette entrée est facile à préparer. Les champignons sont imprégnés d'un délicieux beurre aromatisé à l'ail, au vin blanc et au citron. On peut les préparer quelques heures à l'avance et les garder au réfrigérateur jusqu'au moment de les mettre au four. On peut remplacer les champignons par des escargots.

INGRÉDIENTS

36	champignons moyens, sans les pieds	36
175 ml	beurre à température ambiante	¾ de tasse
150 ml	persil frais, haché	⅔ de tasse
8	gousses d'ail, hachées	8
2	oignons verts (partie blanche), en tranches fines	2
20 ml	vin blanc sec	4 c. à thé
10 ml	jus de citron frais	2 c. à thé
2 ml	muscade moulue	½ c. à thé
2 ml	sel	½ c. à thé
	Poivre du moulin	
1	baguette de pain croûté (pour servir)	1

ÉTAPES

1. Placer la grille dans le tiers inférieur du four. Préchauffer le four à 180 °C (350 °F).
2. Répartir les champignons dans 6 petits plats allant au four.
3. Au robot culinaire, mélanger le reste des ingrédients jusqu'à consistance homogène. (Il peut rester des particules.)
4. Farcir les champignons de ce beurre composé et cuire au four 20 minutes.
5. Accompagner de pain croûté et de vin blanc sec.

PÂTÉ DE FOIE

DONNE ENVIRON	PRÉPARATION	CUISSON	REPOS	RÉFRIGÉRATION
16 PORTIONS	30 MINUTES	2 HEURES	6 HEURES	10 HEURES

La recette de ce délicieux pâté m'a été transmise par des gens de La Malbaie qui ont eu la gentillesse de me faire découvrir les spécialités culinaires de leur région. Il est rare qu'on trouve du gras de lard doux au comptoir des viandes. On doit souvent le demander au boucher. Pour un pâté moins riche, omettez les bardes de lard et tapissez le moule de papier-parchemin, puis fermez bien avec du papier d'aluminium. Ce pâté peut être servi comme entrée ou hors-d'œuvre.

INGRÉDIENTS

2 ou 3	grandes bardes de lard doux minces	2 ou 3
30 ml	huile végétale	2 c. à soupe
3	oignons moyens, hachés	3
2	œufs	2
5 ml	piment de la Jamaïque	1 c. à thé
10 ml	sel	2 c. à thé
5 ml	poivre moulu	1 c. à thé
2 ml	thym séché	½ c. à thé
500 g	foies de volaille (de grain de préférence) ou foie de porc	1 lb
250 g	porc haché maigre	8 oz
375 g	gras de lard doux, haché	13 oz
1	gousse d'ail, pelée	1
3	feuilles de laurier	3

ÉTAPES

1. Placer la grille dans le tiers inférieur du four. Préchauffer le four à 180 °C (350 °F). Tapisser un moule à pain de 13 cm x 20 cm (5 po x 8 po) avec les bardes de lard en les laissant dépasser sur les côtés.

2. Dans une petite poêle, à feu moyen, chauffer l'huile et cuire les oignons jusqu'à ce qu'ils soient transparents. Laisser tiédir.

3. Dans un grand bol, battre les œufs au fouet avec le piment de la Jamaïque, le sel, le poivre et le thym. À l'aide du hachoir à viande, hacher les foies, les oignons, l'ail, le porc haché et le gras de lard en les laissant tomber sur les œufs. Mélanger jusqu'à consistance homogène à l'aide d'une cuillère en bois. Pour un pâté plus onctueux, passer le mélange au robot culinaire. Verser la préparation dans le moule. Déposer les feuilles de laurier sur le dessus. Couvrir le pâté avec les bardes de lard qui dépassent du moule.

4. Déposer le moule dans une casserole un peu plus grande et allant au four. Verser de l'eau chaude dans la casserole jusqu'à mi-hauteur du moule. Cuire au four de 1 h 30 min à 2 h, jusqu'à ce que le thermomètre à viande indique 71 °C (160 °F).

5. Sortir le pâté du four et placer un poids sur le dessus. Laisser tiédir à température ambiante pendant 2 heures, puis réfrigérer pendant 10 heures.

6. Pour démouler, tremper le moule dans l'eau chaude pendant quelques secondes. Passer un couteau autour du pâté et démouler sur une plaque. Conservation : 1 semaine au réfrigérateur ; on peut aussi le congeler, mais cela modifiera un peu sa texture.

SALADE DE CHÈVRE CHAUD

| **4 PORTIONS** | **PRÉPARATION 15 MINUTES** | **CUISSON 15 MINUTES** |

INGRÉDIENTS

2	tranches de pain blanc, coupées en deux	2
4	rondelles de fromage de chèvre de 2,5 cm (1 po) d'épaisseur	4
7 ml	vinaigre de vin blanc	1 ½ c. à thé
3 ml	miel	¾ de c. à thé
90 ml	huile d'olive vierge extra	6 c. à soupe
	Sel et poivre du moulin	
1 litre	laitue Boston, déchiquetée, ou mesclun	4 tasses
	Noix de Grenoble ou pacanes	
	Quartiers de poire (facultatif)	

ÉTAPES

1. Placer la grille dans le tiers supérieur du four. Préchauffer le gril du four et faire dorer le pain des deux côtés sur une plaque.

2. Enfiler des gants isolants et placer la grille au centre du four. Préchauffer le four à 180 °C (350 °F).

3. Mettre les croûtons sur une plaque et déposer le fromage de chèvre. Cuire au four 15 minutes.

4. Entre-temps, dans un petit bol, mettre le vinaigre, le miel, 30 ml (2 c. à soupe) d'huile d'olive, une pincée de sel et faire quelques tours de moulin à poivre. Réserver.

5. Lorsque le fromage est cuit, mélanger la vinaigrette au fouet. Ajouter la laitue et remuer. Servir dans des assiettes à dessert. Déposer un croûton dans chacune. Arroser le fromage avec le reste de l'huile, puis garnir de noix et de quartiers de poire. Servir immédiatement.

CÉVICHÉ

4 PORTIONS	PRÉPARATION 15 MINUTES	CUISSON 1 MINUTE	REPOS 1 À 3 HEURES

Cette entrée rafraîchissante de fruits de mer est très appréciée en Amérique du Sud.

INGRÉDIENTS

125 g	pétoncles, en tranches de 1 cm (½ po) d'épaisseur	4 oz
125 g	petites crevettes nordiques, cuites	4 oz
60 ml	jus de lime frais	¼ de tasse
15 ml	huile d'olive vierge extra	1 c. à soupe
15 ml	huile végétale	1 c. à soupe
15 ml	persil frais, haché	1 c. à soupe
30 ml	poivron rouge ou vert, haché	2 c. à soupe
30 ml	tomates, hachées	2 c. à soupe
30 ml	oignon, haché	2 c. à soupe
2 ml	piment jalapeno, haché finement	½ c. à thé
ou		
2	gouttes de tabasco	2
4	feuilles de laitue	4

ÉTAPES

1. Dans une petite casserole, cuire les pétoncles 1 minute à la vapeur.

2. Dans un bol, mélanger les pétoncles et les crevettes avec le jus de lime. Laisser mariner 1 heure à température ambiante ou 3 heures au réfrigérateur.

3. Dans un bol moyen, mélanger le reste des ingrédients, sauf la laitue. Réserver.

4. Égoutter les fruits de mer et mélanger avec les légumes. Servir sur les feuilles de laitue étalées dans des ramequins, des coquilles ou des assiettes.

TREMPETTE AU CARI

DONNE 175 ML (¾ DE TASSE)	**PRÉPARATION** **10 MINUTES**	**RÉFRIGÉRATION** **2 HEURES**

La saveur des caris diffère, car les épices utilisées et les dosages ne sont pas les mêmes d'un cari à un autre. Certains sont doux, d'autres plus piquants. On les achète sous forme de poudre ou de pâte. Conservez le cari en poudre au congélateur et celui en pâte au réfrigérateur. Si tous vos convives aiment les mets piquants, n'hésitez pas à utiliser un cari fort. Le chou-fleur cru est particulièrement délicieux avec cette trempette.

INGRÉDIENTS

175 ml	mayonnaise	¾ de tasse
5 ml	poudre ou pâte de cari doux	1 c. à thé
1 ml	moutarde sèche	¼ de c. à thé
15 ml	oignon, haché finement	1 c. à soupe
2	gouttes de tabasco	2
	Poivre du moulin	
	Légumes crus (ex. : bouquets de chou-fleur et de brocoli, bâtonnets de carotte et de céleri)	

ÉTAPE

1. Dans un bol, mélanger la mayonnaise au fouet avec le cari, la moutarde, l'oignon, le tabasco et du poivre au goût. Réfrigérer 2 heures avant de servir avec les légumes. Conservation : 5 jours au réfrigérateur ; on doit jeter la trempette si on l'a laissée à température ambiante pendant plus de 2 heures.

GUACAMOLE

4 PORTIONS	**PRÉPARATION** **15 MINUTES**

En visitant une plantation familiale d'avocatiers en Californie, j'ai été étonnée d'apprendre que les avocats ne mûrissent jamais dans l'arbre. Une fois les avocats cueillis, le processus de mûrissement s'enclenche. Le fruit est à point lorsque nos doigts s'enfoncent un peu dans la pelure quand on appuie assez fermement dessus. Un avocat mûr se conserve de 3 à 4 jours au réfrigérateur et la purée peut être congelée.

Le guacamole doit contenir des petits morceaux d'avocat. C'est pourquoi on écrase celui-ci à la fourchette plutôt que de le réduire en purée lisse au robot culinaire. Si vous désirez préparer le guacamole à l'avance, mélangez tous les ingrédients, sauf l'avocat qui noircit rapidement au contact de l'air. Vous l'ajouterez juste avant de servir. Pour un guacamole plus piquant, augmentez la quantité de jalapeno.

INGRÉDIENTS

1	avocat bien mûr	1
60 ml	oignon, haché finement	¼ de tasse
1	gousse d'ail, hachée très finement	1
45 ml	tomate, pelée, épépinée et hachée	3 c. à soupe
30 ml	piment jalapeno frais ou en conserve, haché finement	2 c. à soupe
30 ml	jus de citron frais	2 c. à soupe
3 ml	sel	¾ de c. à thé
	Chips de maïs (pour le service)	

ÉTAPE

1. Dans un petit bol, écraser l'avocat à l'aide d'une fourchette. Ajouter le reste des ingrédients, sauf les chips, et bien mélanger.

Suggestion d'accompagnement : chips de maïs.

POIREAUX VINAIGRETTE

4 PORTIONS	PRÉPARATION 15 MINUTES	CUISSON 15 À 25 MINUTES	RÉFRIGÉRATION 24 HEURES

Voici l'une de mes façons préférées d'apprêter des poireaux. Au début de la belle saison, préparez cette recette avec des petits poireaux de primeur.

INGRÉDIENTS

4	blancs de poireau moyens	4
ou		
8 à 12	petits blancs de poireau	8 à 12
5 ml	sel	1 c. à thé

Vinaigrette

15 ml	vinaigre de vin blanc	1 c. à soupe
2 ml	estragon séché	½ c. à thé
2 ml	paprika doux de Hongrie, de préférence	½ c. à thé
1 ml	moutarde de Meaux	¼ de c. à thé
1 ml	sel	¼ de c. à thé
60 ml	huile d'olive vierge extra	¼ de tasse
30 ml	poivron rouge, haché finement	2 c. à soupe

ÉTAPES

1. Inciser sur deux côtés environ 8 cm (3 po) de la partie haute des poireaux. Laver à l'eau froide en ouvrant les poireaux pour faire pénétrer l'eau et déloger la terre qui pourrait s'y être introduite.

2. Dans une grande poêle profonde, couvrir les poireaux d'eau froide et ajouter le sel. Porter à ébullition. Baisser le feu, couvrir et cuire à feu moyen de 15 à 25 minutes, jusqu'à ce qu'ils soient tendres quand on les pique à l'aide d'une fourchette. Égoutter et laisser refroidir à température ambiante.

3. **Vinaigrette :** entre-temps, dans un petit bol, mettre le reste des ingrédients, sauf le poivron.

4. Déposer les poireaux dans un plat juste assez grand pour les contenir. Mélanger la vinaigrette et verser sur les poireaux. Couvrir et réfrigérer 24 heures.

5. Servir les poireaux dans des assiettes à dessert. Arroser de vinaigrette et parsemer de poivron. Conservation : 1 semaine au réfrigérateur.

HOUMOUS

DONNE 625 ML (2 ½ TASSES)	PRÉPARATION 10 MINUTES

Si vous servez ce plat comme hors-d'œuvre, arrosez-le d'un filet d'huile d'olive et parsemez-le de persil frais haché. Le houmous se congèle bien, comme les pois chiches cuits.

INGRÉDIENTS

500 ml	pois chiches, cuits	2 tasses
ou		
1	boîte de 540 ml de pois chiches, égouttés	1
45 ml	tahini	3 c. à soupe
4	petites gousses d'ail, hachées très finement	4
2 ml	sel	½ c. à thé
45 ml	jus de citron frais	3 c. à soupe
60 ml	huile d'olive vierge extra	¼ de tasse

Suggestion d'accompagnement : olives noires ou vertes.

ÉTAPES

1. Au robot culinaire ou au mélangeur, réduire les pois chiches, le tahini, l'ail, le sel et le jus de citron en purée lisse. Incorporer l'huile d'olive.

2. Servir avec des légumes crus ou comme tartinade sur des biscottes ou des pains pitas. Conservation : 1 semaine au réfrigérateur ou 3 mois au congélateur.

CRETONS

16 PORTIONS	PRÉPARATION 15 MINUTES	CUISSON 1 H 10 MIN

Pour obtenir une texture plus onctueuse, passez les cretons cuits au robot culinaire pendant quelques secondes.

INGRÉDIENTS

750 g	d'épaule de porc, hachée	1 ½ lb
2	petits oignons, hachés finement	2
1	gousse d'ail, hachée finement	1
250 ml	eau bouillante	1 tasse
5 ml	sel	1 c. à thé
1 ml	poivre moulu	¼ de c. à thé
1 ml	piment de la Jamaïque moulu	¼ de c. à thé

ÉTAPES

1. Dans une casserole moyenne, à feu moyen, porter à ébullition tous les ingrédients en remuant sans cesse à l'aide d'une cuillère en bois jusqu'à ce que la viande perde sa couleur rosée. Laisser mijoter 1 heure à feu très doux.

2. Verser dans des petits bols. Conservation : 1 semaine au réfrigérateur ou 6 mois au congélateur.

COCKTAIL DE FRUITS DE MER

6 PORTIONS | **PRÉPARATION 10 MINUTES**

La sauce rosée peut être préparée 2 jours à l'avance. Elle est aussi délicieuse avec le homard bouilli et la fondue chinoise.

INGRÉDIENTS

Sauce rosée

250 ml	mayonnaise	1 tasse
90 ml	sauce chili	6 c. à soupe
1	gousse d'ail, hachée finement	1
2	oignons verts (partie blanche), hachés finement	2
5 ml	graines de céleri	1 c. à thé
5 ml	feuilles d'aneth séchées	1 c. à thé

ÉTAPES

1. Dans un bol, mélanger la mayonnaise au fouet avec la sauce chili, l'ail, les oignons verts, les graines de céleri et l'aneth. Verser dans des ramequins individuels.

2. Au moment de servir, répartir la laitue dans des assiettes à dessert. Placer un ramequin de sauce au centre et disposer les fruits de mer (crevettes, crabes, homards, cuits) tout autour. (On peut aussi servir les fruits de mer sur la laitue et les napper de sauce.)

MOUSSE AU SAUMON

| **10 À 15 PORTIONS** | **PRÉPARATION**
30 MINUTES | **RÉFRIGÉRATION**
5 À 6 HEURES |

Depuis qu'une amie de maman lui a transmis cette recette, c'est devenu une tradition dans la famille Mongrain de la préparer pour le temps des fêtes. Je remplace parfois la moitié du saumon en conserve par de la truite ou du saumon fumé. On sert cette mousse sur des biscottes, comme élément d'un buffet ou dans des ramequins individuels. Pour gagner du temps, faites d'abord cuire l'œuf. Il est important de ne pas faire bouillir la gélatine, sinon elle perdra ses propriétés gélifiantes. N'hésitez pas à couper la recette de moitié au besoin.

INGRÉDIENTS

2	sachets de gélatine	2
125 ml	eau froide	½ tasse
250 ml	mayonnaise	1 tasse
2 ml	sel	½ c. à thé
0,5 ml	poivre de Cayenne	⅛ de c. à thé
10 ml	jus de citron frais	2 c. à thé
2 ml	sauce Worcestershire	½ c. à thé
2	boîtes de 213 g de saumon rouge (sockeye), égoutté et émietté (réserver l'eau de la boîte)	2
125 ml	olives vertes farcies, hachées finement	½ tasse
1	œuf dur, haché	1
2	oignons verts, hachés finement	2
60 ml	céleri, haché finement	¼ de tasse
	Biscottes nature	

ÉTAPES

1. Huiler très légèrement un moule à aspic, des bols en verre ou des ramequins (pour un volume total de 1,25 litre/5 tasses).

2. Saupoudrer la gélatine dans une tasse contenant 125 ml (½ tasse) d'eau froide. Laisser gonfler et liquéfier au micro-ondes quelques secondes, sans plus. Réserver.

3. Dans un grand bol, mélanger la mayonnaise au fouet avec le sel, le poivre de Cayenne, le jus de citron et la sauce Worcestershire. Incorporer la gélatine peu à peu.

4. Verser l'eau de la boîte de saumon dans une tasse à mesurer et ajouter de l'eau pour obtenir 250 ml (1 tasse) de liquide au total. Incorporer à la préparation de mayonnaise.

5. Réfrigérer jusqu'à ce que la préparation commence à adhérer aux parois du bol. Surveiller fréquemment : cette étape peut prendre de 15 à 30 minutes.

6. Entre-temps, dans un autre bol, déposer les olives, l'œuf dur, les oignons verts, le céleri et le saumon. Réserver.

7. À l'aide d'une cuillère en bois, incorporer le mélange de légumes et de saumon à la préparation liquide refroidie. (Il est normal de voir des petits morceaux ; c'est ce qui fait la beauté de cette mousse.) Verser immédiatement dans le ou les moules et couvrir de pellicule de plastique. Réfrigérer de 4 à 6 heures. Démouler dans une assiette avant de servir. Pour faciliter le démoulage, placer un linge chaud humide sur le moule pendant quelques secondes et dégager le rebord à l'aide d'un petit couteau avant de renverser. Conservation : 5 jours au réfrigérateur.

Les œufs se conservent assez longtemps, mais il est préférable qu'ils soient les plus frais possible pour obtenir de meilleurs résultats. La seule exception concerne les œufs durs, qui sont plus difficiles à écaler s'ils ont moins d'une semaine. En déposant un œuf cassé dans une assiette, on constate que plus le blanc se répand, moins l'œuf est frais. Si vos œufs proviennent d'une ferme artisanale et sont de différentes grosseurs, sachez qu'un œuf de calibre gros pèse de 56 à 62 g (environ 2 oz). Cette donnée est importante, surtout pour la confection des pâtisseries. Un gâteau qui renferme une trop grande quantité d'œufs manquera de légèreté.

Conservez vos œufs dans leur contenant d'origine plutôt que dans le compartiment du réfrigérateur prévu à cet effet. Il est plus facile de séparer le blanc du jaune lorsque l'œuf est froid. Les blancs d'œufs à température ambiante montent plus rapidement lorsqu'on les fouette. Utilisez un bol en verre ou en métal parfaitement propre, car une seule goutte de gras ou de jaune d'œuf empêchera les blancs de monter en meringue.

ŒUFS ET FROMAGE

ŒUFS POCHÉS (Rap) 60

ŒUFS DURS (Rap) 61

ŒUFS FARCIS (R) (Veg) (Rap) 61

DÉJEUNER CAMPAGNARD 62

OMELETTE FRANÇAISE (Rap) 64

QUICHE LORRAINE 65

FRITTATA AUX COURGETTES 67

TARTE AUX TOMATES 68

TARTE AUX COURGETTES (R) 69

CASSEROLES DE RACLETTE 70

ŒUFS POCHÉS

PRÉPARATION 5 MINUTES	CUISSON 3 À 5 MINUTES

Le vinaigre permet au blanc d'œuf de s'agglomérer autour du jaune. Plus l'œuf est frais, plus sa forme sera belle.

INGRÉDIENTS

1 litre	eau	4 tasses
15 ml	vinaigre	1 c. à soupe
	Œufs	

ÉTAPES

1. Dans une casserole moyenne, porter l'eau et le vinaigre à ébullition. Baisser le feu pour qu'elle frémisse.

2. Casser un œuf à la fois dans un petit ramequin, puis le faire glisser dans l'eau frémissante. Attendre quelques secondes et passer délicatement une écumoire sous l'œuf pour l'empêcher de coller au fond de la casserole.

3. Cuire 3 minutes ou jusqu'à ce que le blanc soit ferme au toucher et le jaune souple. À l'aide d'une écumoire, déposer l'œuf sur du papier absorbant. Éponger délicatement le dessus et servir immédiatement.

VARIANTES

Œufs pochés, sauce tomate et épinards : déposer les œufs pochés sur de la sauce tomate (page 229) et accompagner d'épinards bouillis.

Œufs bénédictine : couvrir des muffins anglais grillés d'une tranche de jambon. Déposer les œufs pochés et napper de sauce hollandaise (page 231).

ŒUFS DURS

PRÉPARATION 1 MINUTE	CUISSON 10 MINUTES

Les œufs fraîchement pondus sont plus difficiles à écaler. Il est préférable d'attendre quelques jours avant de les faire cuire.

INGRÉDIENTS

	Œufs	
	Eau froide	
2 ml	sel	½ c. à thé

ÉTAPES

1. Dans une casserole, déposer les œufs sur une seule rangée. Couvrir d'eau froide, ajouter le sel et porter à ébullition.

2. Baisser le feu, couvrir et laisser mijoter 10 minutes à feu très doux.

3. Laisser couler de l'eau froide dans la casserole pendant 1 minute ou jusqu'à ce que les œufs soient suffisamment refroidis pour être écalés et laisser les œufs dans l'eau froide. Craquer le gros bout et peler immédiatement. Pour se faciliter la tâche, pendant l'écalage, on peut tremper l'œuf dans l'eau pendant 1 seconde.

ŒUFS FARCIS

3 À 6 PORTIONS	PRÉPARATION 20 MINUTES

Les œufs farcis se conservent 1 jour au réfrigérateur.

INGRÉDIENTS

6	œufs cuits dur, coupés en deux sur la longueur	6
2	oignons verts (partie blanche), hachés	2
ou		
30 ml	ciboulette fraîche, hachée	2 c. à soupe
30 ml	persil frais, haché	2 c. à soupe
1 ml	moutarde de Dijon	¼ de c. à thé
45 ml	mayonnaise	3 c. à soupe
	Sel et poivre	
	Paprika, petites feuilles de persil ou tranches d'olives farcies	

ÉTAPES

1. Mettre les jaunes d'œufs dans un bol ou dans le bol du robot culinaire. Rincer les blancs à l'eau froide et les laisser égoutter sur du papier absorbant, côté plat en dessous. Réserver.

2. Réduire les jaunes en purée à l'aide du robot culinaire ou en les pressant dans un tamis. Ajouter les oignons verts, le persil, la moutarde et la mayonnaise. Mélanger quelques secondes ou jusqu'à consistance homogène, sans plus. Saler et poivrer.

3. À l'aide d'une cuillère à soupe ou d'une poche de pâtisserie munie d'une douille étoilée n° 7, remplir la cavité des œufs de jaunes d'œufs. Déposer dans un contenant hermétique ou couvrir de pellicule de plastique et réfrigérer.

4. Au moment de servir, saupoudrer chaque moitié d'œuf de paprika ou garnir d'un brin de persil ou d'une tranche d'olive.

DÉJEUNER CAMPAGNARD

4 PORTIONS	PRÉPARATION 20 MINUTES	CUISSON 30 À 45 MINUTES

Cette casserole est aussi délicieuse une fois réchauffée. Je vous suggère de la mettre au menu de votre prochain brunch.

INGRÉDIENTS

175 ml	jambon cuit, en dés de 1 cm (½ po)	¾ de tasse
15 ml	huile végétale	1 c. à soupe
1	petit oignon, haché	1
1	grosse pomme de terre, cuite, refroidie et coupée en dés de 1 cm (½ po)	1
6	œufs	6
75 ml	lait	⅓ de tasse
2 ml	sel	½ c. à thé
1 ml	poivre	¼ c. à thé
2 ml	paprika doux de Hongrie de préférence	½ c. à thé
250 ml	cheddar moyen (mi-fort), râpé	1 tasse

ÉTAPES

1. Placer la grille dans le tiers inférieur du four. Préchauffer le four à 180 °C (350 °F). Beurrer un moule carré de 20 à 23 cm (8 à 9 po) et étaler le jambon au fond.

2. Dans une poêle, à feu moyen, chauffer l'huile et cuire l'oignon 3 minutes en remuant sans cesse à l'aide d'une cuillère en bois. Ajouter les dés de pommes de terre et cuire 3 minutes. Déposer sur le jambon.

3. Dans un grand bol, battre les œufs au fouet jusqu'à consistance homogène. Incorporer le lait, le sel, le poivre et le paprika, puis verser dans la casserole.

4. Cuire au four de 20 à 25 minutes, jusqu'à ce que les œufs soient pris sans être liquides. Saupoudrer de cheddar et cuire de 5 à 10 minutes, jusqu'à ce qu'il soit fondu. Laisser reposer 5 minutes avant de servir.

OMELETTE FRANÇAISE

1 PORTION	PRÉPARATION 5 MINUTES	CUISSON 2 MINUTES

Apprendre à préparer une omelette française peut sembler fastidieux, mais c'est un peu comme apprendre à faire du patin ou de la bicyclette. Une fois qu'on maîtrise la technique, c'est pour la vie. Il s'agit d'un en-cas idéal lorsqu'on manque de temps ou que des invités s'annoncent à la dernière minute. Une fois la garniture préparée, il suffit de 15 minutes pour préparer quatre portions. On utilise idéalement une poêle à bord évasé en acier inoxydable ou une poêle en acier traitée à l'huile, qu'on réserve exclusivement à la cuisson des omelettes.

INGRÉDIENTS

2	œufs	2
15 ml	eau froide	1 c. à soupe
1	pincée de sel	1
1	pincée de poivre	1
15 ml	beurre	1 c. à soupe

ÉTAPES

1. Dans un petit bol, battre les œufs à la fourchette avec l'eau, le sel et le poivre. La texture doit être presque homogène et contenir des traces de blancs d'œufs.

2. Chauffer une poêle à feu moyen-vif jusqu'à ce qu'on ressente une bonne chaleur lorsqu'on met la main au-dessus. Ajouter le beurre et verser rapidement les œufs dès qu'il commence à devenir mousseux et doré. Remuer la poêle dans un mouvement de va-et-vient en brassant les œufs avec le dos d'une fourchette dans un mouvement de rotation.

3. Lorsque les œufs sont presque fermes mais encore un peu liquides, les étendre avec le dos de la fourchette. Déposer la garniture au centre dans le même sens que la poignée de la poêle et cuire quelques secondes avant de retirer du feu.

4. À l'aide d'une spatule, rabattre la partie gauche de l'omelette sur la partie droite. Dégager l'omelette avec la spatule et déposer l'omelette dans l'assiette en inclinant légèrement la poêle. Réserver au chaud 30 secondes avant de servir.

VARIANTES

Garniture aux asperges (1 portion) : 4 à 6 asperges cuites et 30 ml (2 c. à soupe) de fromage suisse ou emmental râpé. On peut aussi omettre le fromage et napper l'omelette avec 125 ml (½ tasse) de sauce béchamel au fromage (page 228).

Garniture forestière (4 portions) : cuire 3 tranches de bacon coupées en dés et réserver dans un bol. Ne pas nettoyer la poêle et cuire 125 ml (½ tasse) de champignons en tranches et 1 oignon haché. Ajouter le bacon et réserver au chaud. Répartir 125 ml (½ tasse) de cheddar moyen (mi-fort), râpé.

Garniture mexicaine (4 portions) : faire revenir 2 oignons verts et 4 champignons en tranches dans 10 ml (2 c. à thé) de beurre pendant 3 minutes. Ajouter 10 ml (2 c. à thé) de piment jalapeno haché et 1 tomate pelée et hachée finement. Cuire 2 minutes et réserver au chaud. Répartir 120 g (1 tasse) de cheddar doux, râpé.

QUICHE LORRAINE

4 À 6 PORTIONS	PRÉPARATION 25 MINUTES	CUISSON 1 HEURE

Si vous utilisez du bacon cuit, omettez l'étape 2. Cette quiche se conserve 3 jours au réfrigérateur.

INGRÉDIENTS

1	abaisse de pâte à tarte de 23 cm (9 po) non cuite	1
8	tranches de bacon, en morceaux de 1 cm (½ po)	8
3	œufs	3
250 ml	crème 15 % ou lait entier	1 tasse
0,5 ml	poivre moulu	⅛ de c. à thé
250 ml	fromage suisse ou emmental, râpé	1 tasse

ÉTAPES

1. Placer la grille au centre du four. Préchauffer le four à 190 °C (375 °F). Mettre l'abaisse dans un moule à tarte et piquer avec une fourchette. Déposer un papier d'aluminium ou un papier-parchemin dans l'abaisse et remplir de haricots secs. Cuire au four 15 minutes, retirer le papier et les haricots et cuire encore 7 minutes.

2. Entre-temps, dans une poêle, cuire le bacon à feu doux jusqu'à ce qu'il soit croustillant. À l'aide d'une cuillère à égoutter, le déposer sur du papier absorbant et bien l'éponger.

3. Dans un bol moyen, battre les œufs au fouet jusqu'à ce qu'il n'y ait plus de trace de blanc. Incorporer la crème et le poivre.

4. Mettre le bacon et le fromage dans l'abaisse et verser la préparation d'œufs. Cuire au four de 35 à 40 minutes, jusqu'à ce que la quiche soit dorée.

VARIANTE

Quiche au jambon et aux asperges : omettre le bacon. À l'étape 4, mettre 250 ml (1 tasse) de jambon cuit, en dés de 5 mm (¼ de po), et 250 ml (1 tasse) de morceaux d'asperges, cuits et égouttés, et le fromage dans l'abaisse avant de verser la préparation d'œufs.

FRITTATA AUX COURGETTES

2 OU 3 PORTIONS	PRÉPARATION 10 MINUTES	CUISSON 25 MINUTES

INGRÉDIENTS

15 ml	huile végétale	1 c. à soupe
15 ml	beurre	1 c. à soupe
1	petit oignon, coupé en deux, puis en tranches	1
2	petites courgettes, en tranches de 5 mm (¼ de po) d'épaisseur	2
3	œufs	3
75 ml	parmesan, râpé	⅓ de tasse
3	feuilles de basilic ou de persil frais, hachées	3
2 ml	sel	½ c. à thé
	Poivre du moulin	

ÉTAPES

1. Dans une poêle de 25 cm (10 po), à feu doux, chauffer l'huile et le beurre. Cuire l'oignon 5 minutes en remuant de temps à autre. Ajouter les courgettes et cuire de 5 à 10 minutes en remuant fréquemment jusqu'à ce qu'elles soient dorées.

2. Entre-temps, placer la grille dans le tiers supérieur du four. Préchauffer le gril du four.

3. Dans un bol, battre les œufs au fouet avec le parmesan, le basilic, le sel et du poivre au goût. Verser sur les légumes. Cuire en remuant à l'aide d'une fourchette de 5 à 10 minutes ou jusqu'à ce que les œufs soient cuits mais encore liquides sur le dessus.

4. Griller au four de 1 à 2 minutes, jusqu'à ce que la frittata soit légèrement dorée. Servir immédiatement.

TARTE AUX TOMATES

4 À 6 PORTIONS	PRÉPARATION 20 MINUTES	REPOS 40 MINUTES	CUISSON 50 MINUTES

Préparez cette tarte à la fin de l'été alors que les tomates regorgent de saveur.

INGRÉDIENTS

1	abaisse de pâte à tarte de 23 cm (9 po) non cuite	1
3	tomates, en tranches	3
	Sel	
15 ml	huile d'olive	1 c. à soupe
1	oignon moyen, haché finement	1
1	grosse gousse d'ail, hachée finement	1
7 ml	moutarde de Dijon	1 ½ c. à thé
500 ml	fromage Mont Saint-Benoît, fromage suisse ou mozzarella, râpé	2 tasses
15 ml ou	basilic frais, haché finement	1 c. à soupe
2 ml	basilic séché	½ c. à thé
	Poivre du moulin	

ÉTAPES

1. Sur une feuille de papier absorbant, saupoudrer les tomates de sel et laisser reposer 30 minutes. Éponger le dessus des tranches.

2. Placer la grille dans le bas du four. Préchauffer le four à 200 °C (400 °F). Cuire l'abaisse en suivant les indications de la recette de quiche lorraine (page 65). Réserver. Baisser la température à 190 °C (375 °F). Enfiler des gants isolants et placer la grille au centre du four.

3. Dans une poêle, à feu doux, chauffer l'huile d'olive et cuire l'oignon 5 minutes ou jusqu'à ce qu'il soit transparent. Ajouter l'ail et cuire 1 minute.

4. Avec le dos d'une cuillère, étendre la moutarde au fond de l'abaisse. Déposer le tiers du fromage et couvrir de la moitié des tomates et des oignons. Saupoudrer de basilic et poivrer au goût. Couvrir du deuxième tiers de fromage, puis ajouter le reste des tomates et oignons. Couvrir du reste de fromage.

5. Cuire au four 30 minutes ou jusqu'à ce que la croûte et le fromage soient dorés. Laisser reposer de 10 à 15 minutes avant de servir.

Suggestion d'accompagnement : salade de laitue garnie d'olives noires avec vinaigrette au vinaigre de vin blanc (page 241).

TARTE AUX COURGETTES

6 PORTIONS	PRÉPARATION 30 MINUTES	CUISSON 45 MINUTES

C'est pendant la saison des courgettes que cette tarte est la meilleure. Elles sont particulièrement bonnes et n'ont aucune amertume, comme c'est souvent le cas hors saison.

INGRÉDIENTS

30 ml	huile d'olive	2 c. à soupe
1 litre	courgettes, en tranches de 5 mm (¼ de po) d'épaisseur	4 tasses
1	gros oignon, haché	1
1	gousse d'ail, hachée finement	1
2	œufs	2
30 ml	persil frais, haché	2 c. à soupe
2 ml	sel	½ c. à thé
1 ml	poivre	¼ de c. à thé
1 ml	basilic séché	¼ de c. à thé
2 ml	origan séché	½ c. à thé
375 ml	mozzarella, râpée	1 ½ tasse
1	abaisse de pâte à tarte de 23 cm (9 po) non cuite	1
10 ml	moutarde préparée	2 c. à thé

ÉTAPES

1. Dans une grande poêle, à feu moyen, chauffer l'huile d'olive et cuire les courgettes et l'oignon 10 minutes ou jusqu'à ce qu'ils soient tendres, en remuant fréquemment à l'aide d'une cuillère en bois. Ajouter l'ail et cuire 1 minute. Retirer du feu et laisser tiédir.

2. Dans un grand bol, battre les œufs au fouet jusqu'à ce qu'il n'y ait plus de trace de blanc, puis ajouter le persil, le sel, le poivre, le basilic, l'origan et la mozzarella. Mélanger avec une cuillère en bois jusqu'à consistance homogène et réserver.

3. Placer la grille dans le bas du four. Préchauffer le four à 190 °C (375 °F).

4. Avec le dos d'une cuillère, étendre la moutarde au fond de l'abaisse.

5. Ajouter les légumes à la préparation d'œufs, puis verser dans l'abaisse. Cuire au four de 30 à 45 minutes, jusqu'à ce que la tarte soit dorée.

Suggestions d'accompagnements : tranches de tomate et olives noires.

AU ROBOT CULINAIRE

Râper le fromage avec le disque râpeur, couper les courgettes en tranches avec le disque éminceur et hacher l'oignon avec le couteau.

CASSEROLES DE RACLETTE

4 PORTIONS	PRÉPARATION 45 MINUTES	CUISSON 30 MINUTES	REPOS 5 MINUTES

Vous pouvez préparer cette recette la veille et réfrigérer jusqu'au moment de mettre au four.

INGRÉDIENTS

1 litre	pommes de terre, pelées et coupées en cubes de 2 cm (¾ de po)	4 tasses
500 ml	petits bouquets de brocoli	2 tasses
30 ml	beurre	2 c. à soupe
30 ml	farine tout usage	2 c. à soupe
375 ml	lait ou crème 15 %	1 ½ tasse
250 g	fromage à raclette, en tranches	8 oz
1 ml	poivre moulu	¼ de c. à thé
0,5 ml	muscade moulue	⅛ de c. à thé
375 ml	jambon cuit, en dés	1 ½ tasse

ÉTAPES

1. Cuire les pommes de terre et le brocoli dans l'eau bouillante dans des casseroles différentes. Réserver.

2. Placer la grille au centre du four. Préchauffer le four à 200 °C (400 °F).

3. Dans une petite casserole, chauffer le beurre sans coloration. Retirer du feu et incorporer la farine au fouet. Cuire à feu très doux 1 minute en remuant sans cesse. Retirer du feu et incorporer le lait peu à peu. Remettre la casserole sur le feu et porter à ébullition en remuant sans cesse à l'aide d'une cuillère en bois. Baisser le feu et laisser mijoter de 3 à 5 minutes en remuant fréquemment jusqu'à ce que la sauce épaississe.

4. Incorporer la moitié du fromage, le poivre et la muscade. Remuer jusqu'à ce que le fromage soit fondu, sans plus. Réserver.

5. Mettre les légumes et le jambon dans 4 plats à gratin de 500 ml (2 tasses), puis napper de sauce. Couvrir du reste de fromage.

6. Cuire au four 20 minutes. Laisser reposer 5 minutes avant de servir.

Suggestion d'accompagnement : salade de laitue et vinaigrette au vinaigre de vin blanc (page 241).

Les meilleurs légumes sont de culture locale. En saison, ils sont tellement savoureux qu'on se contente de les cuire simplement. Les soupes, les plats de légumes et les tartes sont bien meilleurs si on les prépare avec des légumes de saison. Par exemple, la courgette achetée hors saison a un goût amer très différent de la délicate saveur de noisette d'une courgette fraîchement cueillie. Je préfère préparer mes soupes avec des légumes de saison et les congeler plutôt que d'utiliser les légumes moins frais qu'on trouve au supermarché en hiver. Les légumes surgelés s'avèrent un meilleur choix que les légumes frais qui ont voyagé des milliers de kilomètres avant d'arriver sur nos étalages.

La seule façon d'obtenir des légumes cuits à point est de les goûter pendant la cuisson. Une carotte ou une betterave fraîchement cueillie prend beaucoup moins de temps à cuire que si on l'a récoltée quelques jours auparavant.

Pour préserver la couleur des légumes verts (haricots, asperges, petits pois, brocolis, etc.), on les fait bouillir à découvert dans une grande casserole d'eau salée. Le sel et la rapidité de la cuisson contribuent à préserver leurs nutriments.

LÉGUMES

AIL CONFIT AU FOUR	**75**
AUBERGINE PANÉE (*)	**76**
CHOU ET OIGNONS SAUTÉS	**77**
COURGETTES À L'AIL (Rap)	**77**
FENOUIL BRAISÉ	**78**
PETITS POIS À L'OIGNON (Rap)	**80**
POIREAUX GOURMETS (Rap)	**80**
PURÉE DE CITROUILLE (*)	**81**
CRÊPES AUX POMMES DE TERRE (Rap)(*)	**83**
POMMES DE TERRE EN PAPILLOTES (Rap)	**84**
POMMES DE TERRE DORÉES	**84**
FRITES AU FOUR (Rap)	**85**
PURÉE DE RUTABAGA	**85**
TOMATES PROVENÇALES (Rap)	**87**

AIL CONFIT AU FOUR

4 PORTIONS	PRÉPARATION 5 MINUTES	CUISSON 45 À 60 MINUTES

L'ail confit tartiné sur des tranches de pain croûté est délicieux en entrée ou comme accompagnement d'un plat de pâtes à l'italienne. On coupe les têtes d'ail en deux avant de les mettre au four afin de pouvoir extraire plus facilement les gousses cuites. La plupart du temps, les têtes vendues en vrac ont moins de saveur que celles en boîte de carton ou en tresse.

INGRÉDIENTS

| 4 | têtes d'ail, coupées en deux sur la largeur | 4 |
| 30 ml | huile d'olive vierge extra de préférence | 2 c. à soupe |

ÉTAPES

1. Placer la grille dans le tiers inférieur du four. Préchauffer le four à 180 °C (350 °F).

2. Sur une grande feuille de papier d'aluminium légèrement froissée, déposer l'ail en une seule couche, côté plat sur le dessus. Arroser d'huile d'olive, bien fermer le papier et déposer sur une plaque.

3. Cuire au four de 45 à 60 minutes, jusqu'à ce que l'ail soit très tendre. Servir chaud ou à température ambiante. Conservation : 2 semaines au réfrigérateur.

AUBERGINE PANÉE

4 PORTIONS	PRÉPARATION 30 MINUTES	REPOS 8 À 24 HEURES	CUISSON 30 À 40 MINUTES

C'est ma belle-sœur Michelle Descôteaux-Dontigny qui m'a enseigné à faire tremper les aubergines dans l'eau pour éliminer leur amertume. Je sers l'aubergine panée avec une salade de saumon ou je la couvre de mozzarella, la gratine au four et la sers accompagnée de sauce tomate. Congelez les tranches frites sur une plaque, puis rangez-les dans un contenant rigide. Pour faire cuire les tranches congelées, mettez-les quelques minutes au four préchauffé à 180 °C (350 °F).

INGRÉDIENTS

1	aubergine moyenne, pelée et coupée en tranches de 3 mm (⅛ de po) d'épaisseur	1
	Farine tout usage	
3	œufs, battus	3
375 ml	chapelure de pain ou de biscuits soda	1 ½ tasse
	Huile végétale	

ÉTAPES

1. Dans un grand bol, couvrir les tranches d'aubergine d'eau froide. Placer une assiette sur le dessus pour bien les immerger. Couvrir et réfrigérer de 8 à 24 heures.
2. Égoutter les aubergines et les éponger une à une avec du papier absorbant ou un linge propre.
3. Étaler de la farine dans une assiette, verser les œufs battus dans un bol moyen et mettre la chapelure dans un moule à gâteau rond ou carré.
4. Fariner une tranche d'aubergine à la fois, puis les secouer pour enlever l'excédent de farine. Tremper dans les œufs et enrober de chapelure en pressant celle-ci pour qu'elle adhère bien.
5. Espacer les tranches sur une plaque.
6. Verser 2,5 cm (1 po) d'huile dans une grande poêle et chauffer à feu moyen-vif. Faire frire de 2 à 4 tranches à la fois jusqu'à ce qu'elles soient dorées des deux côtés en les retournant une seule fois.
7. Éponger immédiatement avec du papier absorbant. Réserver dans le four chaud pendant la cuisson des autres tranches.

VARIANTE

Aubergine parmigiana (Veg) : 375 ml (1 ½ tasse) de sauce tomate, 500 ml (2 tasses) de mozzarella râpée, 150 ml (⅔ de tasse) de parmesan râpé. Préchauffer le four à 180 °C (350 °F). Verser la moitié de la sauce dans un plat à gratin de 23 cm x 33 cm (9 po x 13 po). Couvrir de la moitié des aubergines frites, puis de la moitié de la mozzarella. Répéter avec le reste de la sauce, des aubergines et de la mozzarella. Saupoudrer de parmesan. Cuire au four à 180 °C (350 °F) de 20 à 30 minutes.

CHOU ET OIGNONS SAUTÉS

4 PORTIONS	PRÉPARATION 10 MINUTES	CUISSON 40 À 60 MINUTES

Cette recette de madame Marthe Lacombe a un goût délicat légèrement sucré. Le temps de cuisson peut varier considérablement puisque le chou d'été cuit beaucoup plus rapidement que le chou d'hiver.

INGRÉDIENTS

1	petit chou vert	1
30 ml	beurre	2 c. à soupe
1	petit oignon, haché	1
	Sel et poivre	

ÉTAPES

1. Couper le chou en quatre. Enlever et jeter le trognon. Couper le chou en tranches de 1 cm (½ po) d'épaisseur.

2. Dans une grande poêle, à feu moyen, chauffer le beurre et cuire le chou et l'oignon jusqu'à ce qu'ils soient légèrement dorés en remuant sans cesse à l'aide d'une cuillère en bois.

3. Saler et poivrer. Couvrir et laisser mijoter de 30 à 60 minutes en remuant de temps à autre jusqu'à ce que le chou soit tendre.

Accompagnement pour : saucisses, porc et poulet.

COURGETTES À L'AIL

4 PORTIONS	PRÉPARATION 5 MINUTES	CUISSON 10 MINUTES

On peut aussi couper les courgettes en tranches sur la longueur. Cela demande moins de surveillance puisqu'on les retourne une seule fois pendant la cuisson.

INGRÉDIENTS

30 ml	huile végétale	2 c. à soupe
3	petites courgettes, en tranches de 5 mm (¼ de po) d'épaisseur	3
1	gousse d'ail, hachée finement	1
	Sel et poivre	

ÉTAPES

1. Dans une grande poêle, à feu moyen-vif, chauffer l'huile et cuire les courgettes de 7 à 10 minutes en remuant sans cesse à l'aide d'une cuillère en bois jusqu'à ce qu'elles soient dorées et légèrement croquantes.

2. Ajouter l'ail et cuire 30 secondes. Saler et poivrer.

Accompagnement pour : mets italiens, veau, poulet.

FENOUIL BRAISÉ

4 PORTIONS	PRÉPARATION 10 MINUTES	CUISSON 1 H 15 MIN

INGRÉDIENTS

2	bulbes de fenouil	2
30 ml	huile d'olive vierge extra	2 c. à soupe
2 ml	sel	½ c. à thé
125 ml	vin blanc sec	½ tasse
60 ml	eau	¼ de tasse

ÉTAPES

1. Placer la grille dans le tiers inférieur du four. Préchauffer le four à 180 °C (350 °F).

2. Ôter les tiges et le feuillage des bulbes avant de les couper en quatre. Enlever le cœur à l'aide d'un petit couteau d'office et couper les bulbes sur la largeur en tranches de 5 mm (¼ de po) d'épaisseur.

3. Badigeonner le fond d'une cocotte de 2 litres (8 tasses) de la moitié de l'huile d'olive. Ajouter le fenouil et le sel. Arroser avec le reste de l'huile, puis verser le vin blanc et l'eau.

4. Couvrir et cuire au four de 30 à 45 minutes, jusqu'à ce que le fenouil soit tendre. Ôter le couvercle et cuire 30 minutes ou jusqu'à ce qu'il ne reste presque plus de liquide. Servir chaud ou tiède..

Accompagnement pour : poissons tels que saumon et vivaneau grillés, poulet rôti.

PETITS POIS À L'OIGNON

2 OU 3 PORTIONS	PRÉPARATION 10 MINUTES	CUISSON 15 À 20 MINUTES

Vous aimerez ces petits pois que mon ami Jean Cantin adore cuisiner lors de ses excursions de pêche.

INGRÉDIENTS

15 ml	beurre	1 c. à soupe
1	oignon, haché	1
1	boîte de 398 ml de petits pois	1
	Sel et poivre	

ÉTAPES

1. Dans une grande poêle, à feu doux, chauffer le beurre et cuire l'oignon jusqu'à ce qu'il soit bien doré, en remuant de temps à autre.

2. Ajouter les pois égouttés et 1 c. à soupe du liquide de la boîte. Réchauffer en remuant délicatement. Saler et poivrer au goût.

Accompagnement pour : poulet, bœuf.

POIREAUX GOURMETS

4 PORTIONS	PRÉPARATION 10 MINUTES	CUISSON 20 MINUTES

Le poireau est un légume d'accompagnement trop peu utilisé. Vous apprécierez le petit goût de beurre et de citron qui le met brillamment en valeur.

INGRÉDIENTS

2 ml	sel	½ c. à thé
4	blancs de poireau moyens, en rondelles de 1 cm (½ po) d'épaisseur	4
30 ml	beurre	2 c. à soupe
5 ml	jus de citron frais	1 c. à thé
60 ml	parmesan, râpé	¼ de tasse

ÉTAPES

1. Dans une casserole moyenne, porter à ébullition 500 ml (2 tasses) d'eau froide. Ajouter le sel et cuire les poireaux à feu moyen de 15 à 20 minutes, jusqu'à ce qu'ils soient tendres.

2. Égoutter et remettre dans la casserole. Cuire à feu doux de 1 à 2 minutes pour laisser évaporer le surplus de liquide.

3. Ajouter le beurre et le jus de citron. Saupoudrer de parmesan au moment de servir.

Accompagnement pour : steak, rôti de bœuf, volaille.

PURÉE DE CITROUILLE

PRÉPARATION	CUISSON	REPOS
10 MINUTES	45 MINUTES	1 À 2 H

Seules les petites citrouilles méritent d'être cuisinées. Les grosses sont jolies comme décoration d'Halloween, mais manquent nettement de saveur. On peut remplacer la citrouille par le potiron rouge vif d'Étampes, fort apprécié en Europe. Cette purée sert à préparer les galettes à la citrouille (page 302) et la tarte à la citrouille (page 346). Elle se conserve 1 semaine au réfrigérateur ou 1 an au congélateur.

INGRÉDIENT

1	citrouille de 20 cm (8 po) de diamètre au plus	1

ÉTAPES

1. Placer la grille au centre du four. Préchauffer le four à 180 °C (350 °F).

2. Couper la citrouille en deux sur la largeur, puis l'évider. Mettre les moitiés sur une plaque, côté plat vers le fond. Cuire 45 minutes ou jusqu'à ce que la citrouille soit tendre lorsqu'on la pique avec une fourchette. Laisser refroidir à température ambiante.

3. Au robot culinaire ou au mélangeur, réduire la chair de citrouille en purée. Déposer dans une passoire tapissée de papier absorbant. Laisser égoutter de 1 à 2 heures pour obtenir une belle purée dense.

CRÊPES AUX POMMES DE TERRE

4 PORTIONS	PRÉPARATION 20 MINUTES	CUISSON 10 À 15 MINUTES

Ces crêpes se congèlent facilement. Faites-les réchauffer 10 minutes sur une grille posée sur une lèchefrite placée dans le four préchauffé à 200 °C (400 °F).

INGRÉDIENTS

500 g	pommes de terre, pelées et râpées (environ 6)	1 lb
1	œuf	1
22 ml	farine tout usage	1 ½ c. à soupe
5 ml	sel	1 c. à thé
45 ml	oignon, haché finement (facultatif)	3 c. à soupe
30 ml	beurre	2 c. à soupe
30 ml	huile végétale	2 c. à soupe

ÉTAPES

1. Déposer les pommes de terre dans un tamis ou une passoire et presser pour extraire le surplus de liquide. Réserver.

2. Dans un bol, battre l'œuf au fouet avec la farine et le sel. À l'aide d'une cuillère, incorporer les pommes de terre et l'oignon.

3. Dans une grande poêle, à feu moyen, chauffer le beurre et l'huile. À l'aide d'une grosse cuillère, déposer la préparation dans la poêle en formant 4 pâtés de 1 cm (½ po) d'épaisseur. (Il est normal que la préparation semble liquide ; elle raffermira à la cuisson et il sera facile de retourner les crêpes.)

4. Cuire à feu moyen de 5 à 7 minutes, jusqu'à ce que le dessous soit doré. Retourner les crêpes et cuire de 5 à 7 minutes.

Accompagnement pour : assiette déjeuner, omelette, steak.

VARIANTE

Crêpes aux pommes de terre au fromage oka : couvrir la crêpe cuite de fromage oka et cuire quelques minutes au four jusqu'à ce qu'il fonde, sans plus. Accompagner de salade de laitue avec vinaigrette à l'huile de noisette (page 241).

POMMES DE TERRE EN PAPILLOTES

4 PORTIONS	PRÉPARATION 15 MINUTES	CUISSON 15 MINUTES

Cette recette est très pratique pour les repas cuisinés au barbecue. Réservez les papillotes au chaud pendant que vous procédez à la cuisson de la viande.

INGRÉDIENTS

4	pommes de terre, pelées et coupées en tranches fines	4
	Sel et poivre du moulin	
1	oignon, en tranches fines	1
5 ml	thym séché	1 c. à thé
ou		
4	petites branches de thym frais	4

ÉTAPES

1. Badigeonner d'huile 4 feuilles de papier d'aluminium. Étaler les pommes de terre au centre, puis saler et poivrer légèrement. Couvrir d'oignon et saupoudrer de thym.

2. Bien fermer les papillotes et cuire au barbecue, à intensité moyenne, pendant 8 minutes. Retourner les papillotes et cuire 7 minutes ou jusqu'à ce que les pommes de terre soient tendres.

Accompagnement pour : volaille, côtelettes de porc ou steaks grillés.

POMMES DE TERRE DORÉES

4 PORTIONS	PRÉPARATION 10 MINUTES	CUISSON 35 MINUTES

INGRÉDIENTS

4	petites pommes de terre (ovales de préférence)	4
30 ml	huile végétale	2 c. à soupe

ÉTAPES

1. Placer la grille au centre du four. Préchauffer le four à 180 °C (350 °F).

2. Peler les pommes de terre. Rincer à l'eau froide et éponger.

3. Dans une petite poêle allant au four, à feu moyen, chauffer l'huile et cuire les pommes de terre jusqu'à ce qu'elles soient légèrement dorées sur toutes les faces.

4. Placer la poêle au four sans enlever l'huile et cuire à découvert 15 minutes. Retourner les pommes de terre et poursuivre la cuisson de 10 à 15 minutes, jusqu'à ce qu'elles soient dorées et tendres quand on les pique avec une fourchette.

Accompagnement pour : poitrines de poulet sautées à la crème (page 154), steaks.

FRITES AU FOUR

| 2 PORTIONS | PRÉPARATION 10 MINUTES | CUISSON 20 MINUTES |

INGRÉDIENTS

15 ml	huile végétale	1 c. à soupe
2 ml	paprika de Hongrie doux de préférence	½ c. à thé
1 ml	poudre de chili	¼ de c. à thé
1 ml	sel	¼ de c. à thé
0,5 ml	poivre	⅛ de c. à thé
2	pommes de terre, pelées et coupées en 6 quartiers	2

ÉTAPES

1. Placer la grille dans le tiers inférieur du four. Préchauffer le four à 200 °C (400 °F).
2. Dans un bol moyen, mélanger l'huile, le paprika, la poudre de chili, le sel et le poivre.
3. Ajouter les pommes de terre épongées et bien remuer.
4. Déposer les pommes de terre sur une plaque, côté plat vers le fond, et cuire au four 10 minutes. Retourner à l'aide d'une pince et cuire de 7 à 10 minutes, jusqu'à ce que les frites soient dorées et croustillantes à l'extérieur et tendres à l'intérieur.

Accompagnement pour : poulet frit, hamburgers, hot-dogs, sandwichs à la viande fumée.

PURÉE DE RUTABAGA

| 4 À 6 PORTIONS | PRÉPARATION 10 MINUTES | CUISSON 30 MINUTES |

Dans le langage populaire, on emploie souvent le mot navet pour désigner le rutabaga. On l'appelle aussi chou de Siam ou naveau, un héritage du vieux français des régions rurales de France. Le rutabaga doit être pelé jusqu'à la chair jaune.

INGRÉDIENTS

2	petits rutabagas, en morceaux	2
2 ml	sel	½ c. à thé
60 ml	beurre	¼ de tasse
175 ml	lait chaud	¾ de tasse
	Sel et poivre	

ÉTAPES

1. Dans une casserole moyenne, couvrir les rutabagas d'eau froide. Ajouter le sel, couvrir et porter à ébullition. Baisser le feu, et cuire 30 minutes ou jusqu'à ce que les légumes soient très tendres.
2. Égoutter et réduire en purée. Incorporer le beurre et le lait. Saler et poivrer au goût.

Accompagnement pour : bœuf, porc ou poulet braisé.

TOMATES PROVENÇALES

| 4 PORTIONS | PRÉPARATION 15 MINUTES | CUISSON 10 MINUTES |

INGRÉDIENTS

15 ml	beurre	1 c. à soupe
45 ml	chapelure	3 c. à soupe
1	gousse d'ail, hachée très finement	1
30 ml	persil frais, haché	2 c. à soupe
4	tomates, coupées en deux	4

ÉTAPES

1. Dans une petite poêle, à feu doux, chauffer le beurre et ajouter la chapelure. Cuire en remuant sans cesse jusqu'à ce qu'elle soit légèrement dorée. Ajouter l'ail et poursuivre la cuisson 1 minute.

2. Retirer du feu et ajouter le persil.

3. Placer la grille dans le tiers supérieur du four. Préchauffer le gril du four.

4. Déposer les moitiés de tomates dans un plat de cuisson, face coupée vers le haut. À l'aide d'une cuillère à soupe, répartir la chapelure sur les tomates.

5. Cuire les tomates quelques minutes, jusqu'à ce que la chapelure soit dorée.

Accompagnement pour : rôti de bœuf ou de veau, spaghetti carbonara (page 109).

La grande variété de céréales et de légumineuses qui nous est maintenant offerte nous fait découvrir tout un monde de saveurs provenant des quatre coins de la planète. Pour éviter que les farines et les céréales complètes développent un goût rance, conservez-les 1 mois au réfrigérateur ou 1 an au congélateur.

Les légumineuses bénéficient d'une cuisson lente à basse température. On peut les faire cuire et les congeler dans leur eau de cuisson. Elles seront prêtes à employer dans une salade, une soupe ou un chili. Pour gagner du temps, utilisez des haricots en conserve (sans additifs de préférence). Évitez de trop les remuer pour empêcher les féculents de se dissoudre et de se transformer en purée ou en sauce.

CÉRÉALES ET LÉGUMINEUSES

CRÊPES AU GRUAU (*)	**90**
CRÊPES FRANÇAISES MINCES	**92**
QUINOA (Rap) (*)	**93**
FÈVES AU LARD (Mij) (Veg) (*)	**94**
RIZ BLANC ÉTUVÉ	**95**
RIZ PILAF (Rap)	**95**
SALADE DE FÈVES ÉGYPTIENNE (Veg) (Rap)	**97**
RIZ AU SAFRAN À LA MILANAISE (Rap) (Veg)	**98**
CASSEROLE DE RIZ SAUVAGE	**99**
RIZ FRIT (Rap) (Veg)	**100**
TAJINE VÉGÉTARIEN AUX NOIX ET AUX FRUITS SÉCHÉS (Veg)	**101**

CRÊPES AU GRUAU

DONNE 24 PETITES CRÊPES	PRÉPARATION 10 MINUTES	CUISSON 30 MINUTES

Cette recette est un bel héritage transmis par les Britanniques venus s'installer au Québec. Réchauffez les crêpes congelées au four quelques minutes.

INGRÉDIENTS

250 ml	gruau, cuit	1 tasse
250 ml	lait	1 tasse
1	œuf	1
250 ml	farine tout usage	1 tasse
5 ml	poudre à pâte	1 c. à thé
1 ml	sel	¼ de c. à thé
	Beurre et huile végétale	
	Sirop d'érable ou sauce aux bleuets (page 288)	

ÉTAPES

1. Dans un grand bol, battre le gruau, le lait et l'œuf jusqu'à consistance homogène.

2. Dans un autre bol, mélanger la farine, la poudre à pâte et le sel. Mélanger peu à peu avec la préparation de gruau jusqu'à consistance homogène.

3. Dans une grande poêle (en fonte de préférence), à feu moyen, chauffer 1 c. à soupe de beurre et 1 c. à soupe d'huile. Déposer des cuillerées à soupe de pâte et cuire jusqu'à ce que les crêpes soient encore humides et que des trous se forment à la surface. Retourner et cuire jusqu'à ce que le dessous soit doré. Ajouter du beurre et de l'huile au besoin pour cuire le reste des crêpes. Arroser de sirop d'érable au moment de servir.

CRÊPES FRANÇAISES MINCES

5 OU 6 PORTIONS	PRÉPARATION 10 MINUTES	RÉFRIGÉRATION 1 À 2 HEURES	CUISSON 30 MINUTES

La pâte peut être préparée 2 ou 3 jours à l'avance et réfrigérée jusqu'au moment de faire cuire les crêpes. Avant de procéder à la cuisson, laissez-la reposer à température ambiante et vérifiez s'il est nécessaire d'y ajouter un peu d'eau.

INGRÉDIENTS

3	œufs	3
325 ml	lait	1 ⅓ tasse
250 à 375 ml	eau	1 à 1 ½ tasse
2 ml	sel	½ c. à thé
500 ml	farine tout usage	2 tasses
45 ml	beurre fondu	3 c. à soupe
	Huile végétale	

ÉTAPES

1. Au mélangeur, mixer les œufs, le lait, 250 ml (1 tasse) d'eau, le sel, la farine et le beurre. Réfrigérer de 1 à 2 heures.

2. Au besoin, incorporer jusqu'à 125 ml (½ tasse) d'eau pour qu'elle ait la consistance d'une crème épaisse.

3. Sortir une louche d'une contenance de 30 ml (1 oz), une grande assiette et une spatule métallique.

4. Chauffer une poêle de 20 cm (8 po) à feu moyen jusqu'à ce qu'une goutte d'eau y grésille. Huiler légèrement. Incliner la poêle et verser le contenu d'une louche. Faire pivoter la poêle afin d'étendre la pâte le plus vite possible. Retirer l'excédent de pâte au besoin.

5. Cuire 1 minute ou jusqu'à ce que le pourtour de la crêpe commence à sécher. Retourner et cuire 30 secondes ou jusqu'à ce que des petits points bruns apparaissent sous la crêpe.

6. **Conservation :**

- Empiler les crêpes cuites en les séparant avec une feuille de papier ciré ou de papier-parchemin. Ranger dans un sac de plastique à fermeture hermétique. Conservation : 3 jours au réfrigérateur ou 3 mois au congélateur.

- Pour réchauffer les crêpes, les placer côte à côte sur une plaque et les mettre au four préchauffé à 180 °C (350 °F) pendant environ 5 minutes.

- Pour retirer des crêpes congelées de la pile sans les abîmer, on doit d'abord laisser reposer le sac à température ambiante environ 10 minutes.

QUINOA

4 PORTIONS	PRÉPARATION 5 MINUTES	CUISSON 20 MINUTES	REPOS 5 MINUTES

Le quinoa blanc est plus doux que le rouge et le noir. On peut s'en servir pour préparer des soupes ou des salades et leur texture rappellera celle du taboulé. Il faut toujours rincer le quinoa avant de le faire cuire, même si l'emballage indique qu'il a été lavé. Cela permet d'éliminer la saponine, une substance végétale qui lui donne un goût amer.

INGRÉDIENTS

250 ml	quinoa	1 tasse
500 ml	eau ou bouillon de poulet	2 tasses
2 ml	sel	½ c. à thé
15 ml	beurre (facultatif)	1 c. à soupe

ÉTAPES

1. Rincer le quinoa dans un tamis pendant environ 1 minute ou jusqu'à ce qu'il n'y ait plus de bulles qui se forment dans le quinoa.

2. Dans une petite casserole, porter l'eau et le quinoa à ébullition avec le sel. Baisser le feu, couvrir et laisser mijoter 15 minutes ou jusqu'à ce que le liquide soit absorbé. Ajouter le beurre et laisser reposer 5 minutes avant de servir.

Accompagnement pour : poulet rôti ; peut servir de base pour différentes salades.

FÈVES AU LARD

6 PORTIONS	PRÉPARATION 20 MINUTES	TREMPAGE 8 HEURES	CUISSON AU FOUR 6 À 8 HEURES

Les fèves au lard sont meilleures si on les fait cuire la veille. Procurez-vous des haricots blancs de qualité, c'est-à-dire intacts et sans brisures et peau abîmée. Les casseroles en fonte, en fonte émaillée ou en céramique sont idéales pour la cuisson des fèves au lard.

INGRÉDIENTS

500 ml	petits haricots blancs	2 tasses
125 g	lard salé, en tranches	¼ de lb
1	oignon moyen, pelé	1
45 ml	cassonade	3 c. à soupe
60 ml	mélasse	¼ de tasse
5 ml	moutarde sèche	1 c. à thé
15 ml	ketchup	1 c. à soupe
1,25 litre	eau froide	5 tasses

ÉTAPES

1. Bien nettoyer les haricots en éliminant ceux qui sont foncés ou abîmés de même que les petits cailloux. Laver à l'eau froide. Mettre dans un grand bol et couvrir abondamment d'eau froide. Laisser tremper 8 heures ou toute la nuit. Égoutter et rincer à l'eau froide.

2. Placer la grille dans le bas du four. Préchauffer le four à 120 °C (250 °F).

3. Dans une grande casserole allant au four, mettre la moitié du lard et les haricots. Enfouir l'oignon dans les haricots.

4. Dans un petit bol, mélanger la cassonade, la mélasse, la moutarde et le ketchup, puis verser sur les haricots. Ajouter le reste du lard et verser l'eau (les haricots doivent être recouverts d'au moins 1 cm/½ po de liquide). Couvrir et cuire au four de 6 à 8 heures, jusqu'à ce que les fèves soient tendres. Si le temps le permet, éteindre le four et y laisser reposer les fèves pendant 1 heure avant de servir.

À LA MIJOTEUSE

Ne mettre que 875 ml (3 ½ tasses) d'eau et cuire de 10 à 12 heures à basse température.

VARIANTE

Fèves au lard végétariennes: remplacer le lard salé par 75 ml (⅓ de tasse) d'huile végétale et ajouter 10 ml (2 c. à thé) de sel.

RIZ BLANC ÉTUVÉ

4 PORTIONS	PRÉPARATION 5 MINUTES	CUISSON 20 MINUTES

Le beurre et le jus de citron rehaussent la saveur de ce plat de riz tout simple.

INGRÉDIENTS

250 ml	riz blanc à grain long étuvé	1 tasse
500 ml	eau froide	2 tasses
2 ml	sel	½ c. à thé
15 ml	beurre	1 c. à soupe
10 ml	jus de citron frais	2 c. à thé

ÉTAPE

1. Dans une casserole, porter le riz, l'eau et le sel à ébullition. Baisser le feu, couvrir et cuire 20 minutes ou jusqu'à ce que l'eau soit complètement absorbée. Retirer du feu et incorporer le beurre et le jus de citron à l'aide d'une fourchette. Laisser reposer de 5 à 10 minutes avant de servir.

RIZ PILAF

4 PORTIONS	PRÉPARATION 10 MINUTES	CUISSON 30 MINUTES

INGRÉDIENTS

15 ml	beurre	1 c. à soupe
1	oignon, haché finement	1
250 ml	riz étuvé ou basmati	1 tasse
425 ml	bouillon de poulet	1 ¾ tasse
5 ml	sel	1 c. à thé
0,5 ml	poivre du moulin	⅛ de c. à thé
1	feuille de laurier	1

ÉTAPES

1. Placer la grille dans le tiers inférieur du four. Préchauffer le four à 180 °C (350 °F).

2. Dans une casserole allant au four, à feu doux, chauffer le beurre et cuire l'oignon en remuant fréquemment pendant 5 minutes ou jusqu'à ce qu'il soit transparent.

3. Ajouter le riz et cuire en remuant sans cesse jusqu'à ce qu'il devienne luisant.

4. Ajouter le bouillon, le sel et le poivre. Porter à ébullition et retirer du feu.

5. Ajouter le laurier, couvrir et cuire au four 20 minutes.

SALADE DE FÈVES ÉGYPTIENNE

| 2 PORTIONS | PRÉPARATION 10 MINUTES |

Je prépare souvent cette salade dont le secret m'a été transmis par mon ami Selim Gennaoui. On la prépare quelques minutes avant le repas et on l'accompagne de pain croûté et d'olives. On peut remplacer les gourganes par des doliques à œil noir ou des pois chiches.

INGRÉDIENTS

1	boîte de 540 ml de petites gourganes	1
1	grosse tomate, en dés	1
60 ml	oignon, haché	¼ de tasse
5 ml	cumin moulu	1 c. à thé
45 ml	huile d'olive vierge extra	3 c. à soupe
	Sel et poivre du moulin	
2	quartiers de citron	2

ÉTAPES

1. Rincer les gourganes à l'eau froide, égoutter et répartir dans des bols creux.

2. Déposer les tomates et les oignons sur les gourganes et saupoudrer de cumin. Arroser d'huile d'olive, saler et poivrer.

3. Arroser de jus de citron au moment de servir.

RIZ AU SAFRAN À LA MILANAISE

| 6 PORTIONS | PRÉPARATION 10 MINUTES | CUISSON 25 MINUTES |

Le safran, le parmesan et le beurre donnent une saveur riche et onctueuse à ce riz. Le safran est l'épice la plus chère au monde, mais il en faut heureusement très peu pour parfumer un plat. Certains marchands vendent du faux safran, qu'on reconnaît à sa couleur orangée uniforme. Les filaments de vrai safran sont petits et leur couleur varie du jaune à l'orangé. Préférez les filaments à la poudre.

INGRÉDIENTS

500 ml	riz étuvé	2 tasses
2 ml	filaments de safran	½ c. à thé
1 litre	bouillon de bœuf	4 tasses
500 ml	parmesan fraîchement râpé	2 tasses
125 ml	beurre, fondu	½ tasse

ÉTAPES

1. Dans une casserole moyenne, déposer le riz et ajouter le safran en le frottant entre les doigts pour extraire toute sa saveur.

2. Verser le bouillon et porter à ébullition en remuant à l'aide d'une cuillère en bois. Baisser le feu, couvrir et laisser mijoter 20 minutes ou jusqu'à ce que le riz soit tendre.

3. Ajouter la moitié du parmesan et le beurre, puis remuer à l'aide d'une fourchette.

4. Accompagner le riz du reste de parmesan servi dans un bol à part.

Accompagnement pour : escalopes de veau, osso buco (page 182).

CASSEROLE DE RIZ SAUVAGE

6 PORTIONS	PRÉPARATION 15 MINUTES	CUISSON 1 H 30 MIN

Si vous n'avez pas de casserole allant à la fois au four et sur la cuisinière, préparez l'étape 2 dans une poêle et versez le contenu dans une casserole allant au four avant de procéder aux étapes suivantes.

INGRÉDIENTS

45 ml	beurre	3 c. à soupe
1	petit oignon, haché	1
125 ml	céleri, haché	½ tasse
60 ml	riz sauvage	¼ de tasse
625 ml	bouillon de poulet	2 ½ tasses
15 ml	persil frais, haché	1 c. à soupe
2 ml	sel	½ c. à thé
1 ml	sauge séchée	¼ de c. à thé
1 ml	basilic séché	¼ de c. à thé
175 ml	riz étuvé	¾ de tasse

ÉTAPES

1. Placer la grille au centre du four. Préchauffer le four à 180 °C (350 °F).

2. Rincer et égoutter le riz sauvage.

3. Dans une casserole de 1,5 litre (6 tasses) allant au four, à feu moyen, chauffer le beurre. Cuire l'oignon, le céleri et le riz sauvage en remuant fréquemment pendant 5 minutes ou jusqu'à ce que l'oignon soit transparent.

4. Ajouter le bouillon, le persil, le sel, la sauge et le basilic. Couvrir et cuire au four 45 minutes.

5. Ajouter le riz étuvé. Couvrir et cuire de 30 à 45 minutes, jusqu'à ce qu'il soit tendre.

Accompagnement pour : volaille, poulet de Cornouailles.

RIZ FRIT

| 4 PORTIONS | PRÉPARATION
15 MINUTES | CUISSON
30 MINUTES |

J'ai l'habitude de mélanger du tamari et de la sauce soja à parts égales dans une bouteille pour rehausser le goût des mets chinois. Pour faire un plat végétarien, omettez le poulet, le porc ou les crevettes.

INGRÉDIENTS

250 ml	riz blanc	1 tasse
30 ml	huile végétale	2 c. à soupe
1	branche de céleri, en tranches fines	1
1	petit oignon, haché	1
250 ml	champignons, en quartiers	1 tasse
1	poivron vert, haché	1
500 ml	poulet, porc ou crevettes, cuits	2 tasses
45 ml	sauce soja	3 c. à soupe
2	oignons verts, en tranches fines	2

ÉTAPES

1. Cuire le riz selon les indications inscrites sur l'emballage. Réserver.

2. Dans une grande poêle, à feu moyen-vif, chauffer l'huile et cuire le céleri, l'oignon, les champignons et le poivron en remuant sans cesse à l'aide d'une cuillère en bois de 5 à 10 minutes ou jusqu'à ce qu'ils soient tendres et légèrement croquants.

3. Ajouter le poulet et réchauffer 2 minutes.

4. Ajouter le riz et la sauce soja et bien remuer. Couvrir et cuire 2 minutes à feu très doux ou mettre dans le four chaud 5 minutes.

5. Ajouter les oignons verts, remuer et servir.

TAJINE VÉGÉTARIEN AUX NOIX ET AUX FRUITS SÉCHÉS

6 À 8 PORTIONS	PRÉPARATION 30 MINUTES	CUISSON 1 HEURE

Le tajine est cuit traditionnellement dans le contenant dont il porte le nom. Ce ragoût épicé marocain est habituellement servi sur un lit de couscous. Étalez le couscous cuit dans une grande assiette et couvrez-le de la préparation de légumes, de noix et de fruits séchés.

INGRÉDIENTS

30 ml	huile d'olive	2 c. à soupe
2	oignons, en tranches	2
1	poivron rouge, en tranches	1
2	gousses d'ail, hachées finement	2
5 ml	curcuma moulu	1 c. à thé
5 ml	gingembre moulu	1 c. à thé
5 ml	coriandre moulue	1 c. à thé
2 ml	cannelle moulue	½ c. à thé
1 à 2 ml	poivre de Cayenne	¼ à ½ c. à thé
250 ml	bouillon de légumes ou de poulet	1 tasse
500 ml	tomates, hachées	2 tasses
500 ml	carottes, hachées	2 tasses
500 ml	haricots verts, hachés	2 tasses
150 ml	abricots séchés	⅔ de tasse
150 ml	figues séchées	⅔ de tasse
500 ml	pois chiches, cuits	2 tasses
500 ml	courgettes, hachées	2 tasses
375 ml	noix de Grenoble, hachées	1 ½ tasse
	Sel et poivre	
500 ml	couscous non cuit	2 tasses

ÉTAPES

1. Dans une grande casserole, à feu moyen, chauffer l'huile et cuire les oignons en remuant fréquemment à l'aide d'une cuillère en bois jusqu'à ce qu'ils soient légèrement dorés.

2. Ajouter le poivron, l'ail, le curcuma, le gingembre, la coriandre, la cannelle et le cayenne. Mélanger et cuire 5 minutes en remuant sans cesse.

3. Ajouter le bouillon, les tomates, les carottes, les haricots, les abricots et les figues. Porter à ébullition. Baisser le feu, couvrir et laisser mijoter 30 minutes ou jusqu'à ce que les légumes soient tendres.

4. Ajouter les pois chiches et les courgettes. Cuire 10 minutes ou jusqu'à ce que les courgettes soient tendres.

5. Ajouter les noix, saler et poivrer. Réserver.

6. Cuire le couscous selon les indications inscrites sur l'emballage. Servir le couscous dans une grande assiette et ajouter la préparation de légumes.

VARIANTE

Pour une variante à base de volaille ou de viande, ajoutez 500 g (1 lb) de petits cubes de poulet ou d'agneau sautés et dorés dans l'huile d'olive en même temps que les oignons. Prolongez la cuisson de 15 minutes avant d'ajouter les pois chiches et les courgettes.

On peut se procurer des pâtes fraîches dans les boutiques spécialisées et les supermarchés, sinon on peut les faire soi-même. Celles qu'on trouve dans le commerce ne sont pas toujours meilleures que les pâtes sèches. Mieux vaut cuisiner des pâtes sèches de qualité que des pâtes fraîches de qualité moindre. Les pâtes fraîches doivent être servies le jour même de leur fabrication, sinon on les garde au congélateur.

La cuisson des pâtes

- On fait cuire les pâtes dans une eau à pleine ébullition. Pour 500 g (1 lb) de pâtes, on compte 4 litres (16 tasses) d'eau additionnée de 15 ml (1 c. à soupe) de sel.

- L'expression italienne al dente signifie qu'on doit cuire les pâtes jusqu'à ce qu'elles soient tendres mais fermes. Il ne doit toutefois pas rester de blanc à l'intérieur de la pâte.

- On n'ajoute pas d'huile à l'eau de cuisson.

- On ne rince pas les pâtes et on les égoutte presque complètement. L'humidité résiduelle aidera à faire adhérer la sauce aux pâtes.

- On doit réduire le temps de cuisson des pâtes qu'on finira de cuire au four (ex.: lasagnes, macaronis).

PÂTES

PÂTES ALIMENTAIRES AU ROBOT CULINAIRE (R)(*) — 104

SAUCE À SPAGHETTI AU BŒUF ET AU BACON (R)(*) — 105

FARFALLES AUX POIS CHICHES ET AU BACON — 106

SPAGHETTI AUX PALOURDES (*) — 108

SPAGHETTI CARBONARA (Rap) — 109

PESTO (R)(Veg)(Rap)(*) — 111

LASAGNE (*) — 112

MACARONI AU JAMBON — 113

PÂTES AUX CREVETTES ET AUX PÉTONCLES, SAUCE ROSÉE (Rap) — 114

PÂTES ALIMENTAIRES AU ROBOT CULINAIRE

6 PORTIONS	PRÉPARATION 45 MINUTES	CUISSON 3 MINUTES	REPOS 30 MINUTES

Le robot culinaire et la machine à pâtes facilitent grandement la confection des pâtes. Faire cette activité en famille est très agréable. Les enfants adorent tourner la manivelle et sont fascinés de voir les pâtes sortir du rouleau coupeur.

INGRÉDIENTS

560 ml	farine tout usage non blanchie ou semoule de blé dur	2 ¼ tasses
5 ml	sel	½ c. à thé
3	gros œufs	3
15 ml	huile d'olive	1 c. à soupe

ÉTAPES

1. Au robot culinaire, mélanger la farine et le sel. Mettre les œufs et l'huile d'olive dans une tasse à mesurer. Mettre le robot en marche et verser les œufs d'un seul coup par le goulot. Mélanger de 15 à 30 secondes. Presser sur la pâte avec les doigts pour voir si elle s'agglomère. Si ce n'est pas le cas, l'asperger d'un peu d'eau et mélanger quelques secondes de plus. Pétrir à la main 1 minute. Emballer dans de la pellicule de plastique et laisser reposer 30 minutes.

2. Couper la pâte en quatre et travailler un morceau à la fois. Réserver le reste dans l'emballage. Positionner les rouleaux de la machine à pâtes au plus grand espace, fariner légèrement la pâte et l'amincir entre les rouleaux. Plier en deux et amincir deux autres fois. En réduisant l'espace des rouleaux à chaque tour, amincir la pâte sans la plier jusqu'à l'épaisseur voulue.

3. Déposer la pâte sur un plan de travail légèrement fariné. Laisser reposer 15 minutes en la retournant trois fois.

4. Passer la pâte dans les rouleaux pour tagliatelles ou fettuccinis, puis étendre ceux-ci sur un séchoir à pâtes ou un manche de balai propre placé entre deux chaises. Les lasagnes sont taillées à la main et séchées à plat. Pour faire des farfalles, couper la pâte en morceaux de 2,5 cm x 5 cm (1 po x 2 po) et pincer au centre avec le pouce et l'index.

5. Cuire les pâtes de 3 à 8 minutes dans une casserole d'eau en pleine ébullition.

6. Congélation : former des nids de pâtes en les enroulant sur une main. Déposer sur une plaque et congeler avant de ranger dans un contenant rigide. Plonger les pâtes congelées dans l'eau bouillante pour les faire cuire.

SAUCE À SPAGHETTI AU BŒUF ET AU BACON

10 À 12 PORTIONS	PRÉPARATION 45 MINUTES	CUISSON 4 HEURES

Le bacon, le vin rouge et les herbes donnent un goût riche et parfumé à la sauce. On peut remplacer les tomates en boîte par des tomates fraîches pelées. Si vos tomates en conserve contiennent de la purée, omettez la pâte de tomates. Vous pouvez écraser les tomates à l'aide d'un pilon à purée si vous n'avez pas de robot. Pour améliorer la saveur, ajoutez à la sauce 10 ml (2 c. à thé) de vin par portion avant de la réchauffer.

INGRÉDIENTS

250 g	bacon, en dés de 1 cm (½ po)	8 oz
3	oignons, hachés	3
1	poivron vert, haché	1
1 kg	bœuf haché	2 lb
6	gousses d'ail, pelées	6
3	boîtes de 796 ml de tomates	3
1	boîte de 369 ml de pâte de tomates	1
250 ml	vin rouge sec	1 tasse
25 ml	origan séché	5 c. à thé
25 ml	basilic séché	5 c. à thé
10 ml	thym séché	2 c. à thé
125 ml	eau	½ tasse
125 ml	persil frais, haché	½ tasse
	Poivre du moulin	
10 ml	sel	2 c. à thé

ÉTAPES

1. Dans une grande casserole, à feu doux, cuire le bacon jusqu'à ce qu'il soit croustillant. Réserver dans un bol. Retirer le gras de la casserole, sauf 30 ml (2 c. à soupe). Ajouter les oignons et le poivron et cuire dans le gras conservé, à feu moyen, 5 minutes en remuant sans cesse à l'aide d'une cuillère en bois. Ajouter le bœuf haché et cuire de 5 à 8 minutes en remuant sans cesse jusqu'à ce qu'il perde sa couleur rosée. Retirer du feu.

2. Mettre le robot culinaire en marche et laisser tomber l'ail par le goulot pour le hacher. Ajouter une boîte de tomates, broyer quelques secondes et verser dans la casserole. Broyer le reste des tomates, une boîte à la fois, et les mettre dans la casserole avec le reste des ingrédients. Porter à ébullition à feu moyen en remuant sans cesse. Baisser le feu et laisser mijoter à feu très doux pendant 3 heures. Conservation : 1 semaine au réfrigérateur. Garder la sauce 2 jours au réfrigérateur avant de la congeler.

Suggestions d'accompagnements : salade de laitue avec sauce ranch au babeurre (page 238), courgettes à l'ail (page 77), ail confit au four (page 75) sur pain croûté.

FARFALLES AUX POIS CHICHES ET AU BACON

4 PORTIONS	PRÉPARATION 15 MINUTES	CUISSON 45 MINUTES

Si vous utilisez du bacon précuit, omettez l'étape 1 et hachez-le avant de l'ajouter à la sauce.

INGRÉDIENTS

8	tranches de bacon, en dés de 1 cm (½ po)	8
30 ml	huile végétale	2 c. à soupe
1	petit oignon, haché	1
1	branche de céleri, hachée	1
1	petite gousse d'ail, hachée finement	1
1	boîte de 796 ml de tomates	1
2 ml	origan séché	½ c. à thé
	Poivre du moulin	
250 ml	pois chiches, cuits	1 tasse
	Sel	
300 g	farfalles, linguines ou spaghettis	10 oz
	Parmesan, râpé	

ÉTAPES

1. Dans une casserole moyenne, à feu doux, cuire le bacon jusqu'à ce qu'il soit croustillant. Réserver dans un bol et retirer le gras avec du papier absorbant.

2. Dans la même poêle, à feu moyen, chauffer l'huile et cuire l'oignon et le céleri 5 minutes en remuant sans cesse à l'aide d'une cuillère en bois. Ajouter l'ail et cuire 1 minute.

3. Ajouter les tomates et les broyer à l'aide d'un pilon à purée. Ajouter l'origan, le poivre, les pois chiches et le bacon, puis porter à ébullition. Baisser le feu et laisser mijoter 30 minutes. Saler au goût.

4. Lorsque la cuisson de la sauce est presque terminée, cuire les pâtes selon les indications inscrites sur l'emballage.

5. Servir les pâtes dans de grands bols creux. Napper de sauce et saupoudrer de parmesan.

SPAGHETTI AUX PALOURDES

| 4 PORTIONS | PRÉPARATION 20 MINUTES | CUISSON 1 HEURE |

Le reste du bouillon de palourdes peut être congelé et servir ultérieurement à la préparation d'une bouillabaisse ou d'une autre recette nécessitant du bouillon de poisson.

INGRÉDIENTS

2	boîtes de 142 g de palourdes	2
30 ml	huile d'olive ou végétale	2 c. à soupe
1	oignon, haché finement	1
2	gousses d'ail, hachées finement	2
1	boîte de 796 ml de tomates	1
5 ml	origan séché	1 c. à thé
45 ml	basilic ou persil frais, haché	3 c. à soupe
300 g	spaghettis	10 oz

ÉTAPES

1. Égoutter les palourdes en réservant 125 ml (½ tasse) du liquide.
2. Dans une casserole moyenne, à feu moyen, chauffer l'huile d'olive et faire revenir l'oignon 3 minutes en remuant fréquemment. Baisser le feu, ajouter l'ail et cuire 1 minute.
3. Ajouter les tomates et broyer à l'aide d'un pilon à purée. Ajouter l'origan et l'eau réservée des palourdes, puis porter à ébullition. Baisser le feu et laisser mijoter 45 minutes.
4. Ajouter les palourdes et le basilic puis laisser mijoter 5 minutes.
5. Lorsque la cuisson de la sauce est presque terminée, cuire les spaghettis selon les indications inscrites sur l'emballage.
6. Servir les pâtes dans des bols creux et napper de sauce.

SPAGHETTI CARBONARA

2 PORTIONS	PRÉPARATION 15 MINUTES	CUISSON 15 MINUTES

INGRÉDIENTS

100 g	pancetta ou bacon, en dés de 1 cm (½ po)	3 ½ oz
15 ml	beurre	1 c. à soupe
15 ml	huile d'olive	1 c. à soupe
1	gousse d'ail, pelée	1
200 g	spaghettis	7 oz
2	œufs	2
15 ml	crème 15 % ou 35 %	1 c. à soupe
125 ml	parmesan, râpé	½ tasse
	Poivre du moulin	

ÉTAPES

1. Dans une grande poêle, à feu doux, cuire la pancetta jusqu'à ce qu'elle soit croustillante. Réserver dans un bol.

2. Retirer tout le gras de la poêle. Ajouter le beurre et l'huile d'olive. Faire dorer légèrement la gousse d'ail à feu doux, puis la jeter.

3. Cuire les spaghettis selon les indications inscrites sur l'emballage.

4. Entre-temps, dans un bol moyen, battre les œufs avec la crème et le parmesan. Réserver.

5. Hors du feu, mettre les pâtes chaudes dans la poêle. Verser la préparation d'œufs et bien remuer. Ajouter la pancetta et remuer quelques secondes. Servir immédiatement dans de grands bols creux tièdes et poivrer au goût.

Suggestions d'accompagnements : tomates provençales (page 87), salade de laitue.

PESTO

5 OU 6 PORTIONS	PRÉPARATION 20 MINUTES

Il est facile et rapide de préparer le pesto à l'aide du robot culinaire. Les puristes préfèrent préparer le pesto dans un mortier de la façon suivante : pilonner les herbes, ajouter les pignons, l'ail et un peu d'huile à la fois et continuer de pilonner jusqu'à l'obtention d'une sauce qui tombe facilement d'une cuillère. Je le verse directement sur chaque portion, ainsi on ne se désole plus de se priver de la sauce irrécupérable qui adhère à la casserole. Conserver les pignons au congélateur, car ils rancissent rapidement. Pour compléter le repas, je vous suggère une entrée de cocktail de fruits de mer (page 55) ou de salade de chèvre chaud (page 47).

INGRÉDIENTS

500 ml	basilic frais (ou moitié basilic, moitié persil), haché grossièrement	2 tasses
5 ml	sel	1 c. à thé
2 ml	poivre	½ c. à thé
1	gousse d'ail, hachée finement	1
30 ml	pignons, noix de Grenoble ou pacanes, hachés finement	2 c. à soupe
125 ml	huile d'olive vierge extra	½ tasse
60 ml	parmesan fraîchement râpé	¼ de tasse

ÉTAPES

1. Au robot culinaire, mélanger tous les ingrédients, sauf le parmesan, jusqu'à ce que le pesto soit onctueux (on doit voir de fines particules).

2. Ajouter le parmesan et pulser jusqu'à consistance homogène.

Pour servir avec des pâtes

3. Au moment de faire cuire les pâtes, réserver 30 ml (2 c. à soupe) de l'eau de cuisson juste avant qu'elle n'arrive à ébullition. Incorporer cette eau au pesto. Napper chaque portion de pâtes avec 45 ml (3 c. à soupe) de pesto. Remuer et saupoudrer de parmesan.

Suggestions d'accompagnements : escalopes de veau sautées au beurre, côtelettes de porc grillées.

VARIANTES

Champignons au pesto : farcir les chapeaux de pesto et les déposer en rangs dans une casserole huilée. Cuire au four préchauffé à 190 °C (375 °F) pendant 10 minutes.

Tomates au pesto : couvrir des moitiés de tomates de pesto. Cuire au four préchauffé à 180 °C (350 °F) pendant 15 minutes.

Vinaigrette au pesto : mélanger la vinaigrette au vinaigre balsamique (page 241) avec 15 ml (1 c. à soupe) de pesto.

LASAGNE

12 PORTIONS	DONNE 1 MOULE DE 23 CM X 33 CM X 5 CM (9 PO X 13 PO X 2 PO) ET 1 MOULE DE 18 CM X 28 CM X 5 CM (7 PO X 11 PO X 2 PO)	PRÉPARATION 40 MINUTES	CUISSON 2 H 30 MIN	REPOS 10 À 15 MIN

On peut congeler la sauce pendant 6 mois. Une fois montée, la lasagne peut être réfrigérée 2 jours ou congelée 6 mois avant d'être cuite. Il est toutefois important de ne pas utiliser de pâtes sans cuisson. La première couche de mozzarella peut être remplacée par du fromage cottage ou ricotta égoutté.

INGRÉDIENTS

30 ml	huile d'olive ou végétale	2 c. à soupe
4	gros oignons, hachés	4
1 kg	bœuf haché	2 lb
1	boîte de 796 ml de tomates	1
2	boîtes de 284 ml de soupe condensée aux tomates	2
2	boîtes de 156 ml de pâte de tomates	2
15 ml	sucre	1 c. à soupe
15 ml	origan séché	1 c. à soupe
2 ml	poivre	½ c. à thé
400 g	lasagnes aux épinards ou blanches	14 oz
2 litres	mozzarella, râpée	8 tasses

ÉTAPES

1. Dans une grande casserole, à feu doux, chauffer l'huile et cuire l'oignon 10 minutes en remuant fréquemment à l'aide d'une cuillère en bois. Ajouter le bœuf haché et cuire de 5 à 10 minutes en remuant sans cesse jusqu'à ce qu'il perde sa couleur rosée.

2. Ajouter les tomates et broyer à l'aide d'un pilon à purée. Ajouter la soupe, la pâte de tomates, le sucre, l'origan et le poivre. Porter à ébullition en remuant sans cesse. Baisser le feu et laisser mijoter à feu très doux pendant 1 h 30 minutes en remuant de temps à autre.

MONTAGE

3. Cuire les lasagnes selon les indications inscrites sur l'emballage. Placer la casserole dans l'évier et laisser couler de l'eau froide sur les pâtes jusqu'à ce qu'on puisse les manipuler sans se brûler. Étaler les lasagnes sur du papier absorbant ou un linge propre et éponger avec soin.

4. Placer la grille dans le tiers inférieur du four. Préchauffer le four à 180 °C (350 °F).

5. Étaler de la sauce au fond du moule. Couvrir d'un rang de lasagnes, puis de mozzarella. Répéter cette étape en plaçant le second rang de lasagnes dans le sens contraire du premier afin que la lasagne se tienne bien au moment de servir. Cuire au four de 30 à 40 minutes, jusqu'à ce que le fromage soit doré. Laisser reposer de 10 à 15 minutes avant de servir.

Suggestions d'accompagnements: champignons sautés, pain croûté et ail confit au four (page 75), salade de laitue avec sauce ranch au babeurre (page 238).

MACARONI AU JAMBON

4 PORTIONS	PRÉPARATION 25 MINUTES	CUISSON 1 HEURE	REPOS 10 À 15 MIN

Ce macaroni préparé avec un reste de jambon est très prisé dans les familles hollandaises. Pour gagner du temps, coupez le jambon, râpez le fromage et faites cuire les pâtes pendant que la sauce mijote. On peut préparer la sauce 2 jours à l'avance et la réfrigérer.

INGRÉDIENTS

30 ml	huile végétale	2 c. à soupe
1	oignon, haché	1
½	poivron vert, haché	½
1	boîte de 796 ml de tomates	1
5 ml	basilic séché	1 c. à thé
1 ml	poivre	¼ de c. à thé
375 ml	macaronis coupés	1 ½ tasse
375 ml	jambon, cuit et coupé en cubes de 5 mm (¼ de po)	1 ½ tasse
500 ml	gouda, râpé	2 tasses

ÉTAPES

1. Dans une casserole moyenne, à feu moyen, chauffer l'huile et cuire l'oignon et le poivron 3 minutes en remuant fréquemment à l'aide d'une cuillère en bois.

2. Ajouter les tomates et broyer à l'aide d'un pilon à purée. Ajouter le basilic et le poivre, puis porter à ébullition. Baisser le feu et laisser mijoter 20 minutes en remuant de temps à autre.

3. Entre-temps, cuire les macaronis dans l'eau bouillante salée pendant 8 minutes. Égoutter et mettre dans une casserole de 2 litres (8 tasses) allant au four.

4. Placer la grille dans le tiers inférieur du four. Préchauffer le four à 180 °C (350 °F).

5. Mélanger les macaronis avec la sauce tomate et le jambon. Couvrir de gouda. Cuire au four 30 minutes ou jusqu'à ce que le fromage soit légèrement doré. Laisser reposer de 5 à 10 minutes avant de servir.

Suggestions d'accompagnements : champignons sautés, petits pois, salade de laitue.

PÂTES AUX CREVETTES ET AUX PÉTONCLES, SAUCE ROSÉE

4 PORTIONS	PRÉPARATION 15 MINUTES	CUISSON 30 MINUTES

Vous pouvez remplacer les crevettes nordiques par des crevettes crues décortiquées que vous ferez cuire en même temps que les pétoncles.

INGRÉDIENTS

30 ml	beurre	2 c. à soupe
250 g	pétoncles moyens, coupés en deux	8 oz
250 ml	sauce tomate	1 tasse
250 ml	crème 35 %	1 tasse
5 ml	thym séché	1 c. à thé
5 ml	origan séché	1 c. à thé
5 ml	basilic séché	1 c. à thé
15 ml	persil frais, haché	1 c. à soupe
	Sel et poivre du moulin	
250 g	crevettes nordiques, décortiquées et cuites	8 oz
2 litres	eau froide	8 tasses
300 g	linguines ou fettucines	10 oz
125 ml	parmesan, râpé	½ tasse

ÉTAPES

1. Dans une poêle, à feu doux, chauffer le beurre sans coloration et cuire les pétoncles 3 minutes. Réserver.

2. Dans la même poêle, ajouter la sauce tomate, la crème, le thym, l'origan, le basilic et le persil. Saler et poivrer, puis porter à ébullition. Baisser le feu et cuire à feu moyen, en remuant de temps à autre, pendant 15 minutes ou jusqu'à ce que la sauce adhère au dos d'une cuillère. Ajouter les crevettes et les pétoncles et laisser mijoter 5 minutes à feu très doux. Réserver au chaud.

3. Entre-temps, dans une grande casserole, porter l'eau à ébullition et cuire les pâtes en suivant les indications inscrites sur l'emballage.

4. Servir les pâtes dans de grands bols creux. Napper de sauce et saupoudrer de parmesan.

Les poissons

On reconnaît un poisson frais à ses yeux clairs et à sa chair lisse non desséchée. Une odeur forte indique qu'il manque de fraîcheur. Comptez 10 minutes de cuisson par 2,5 cm (1 po) d'épaisseur et vérifiez-le souvent ; la chair deviendra sèche si on le cuit trop longtemps et il perdra sa saveur. Le poisson frais se conserve 1 jour au réfrigérateur. Pour préserver la fraîcheur de vos prises, mettez-les dans une glacière aussitôt qu'elles ont été capturées. Pour les congeler, mettez-les dans un sac de plastique, ajoutez de l'eau froide à hauteur, puis fermez hermétiquement. Mettez les poissons sur une plaque jusqu'à ce qu'ils soient congelés. Faites décongeler les poissons entiers et les filets au réfrigérateur ou dans l'eau froide et épongez-les avec soin avant de les apprêter.

Les fruits de mer

Dans la mesure du possible, procurez-vous des fruits de mer qui ne proviennent pas de l'élevage commercial. Contrairement à la croyance populaire, pour obtenir une chair tendre, on doit faire mijoter et non pas bouillir les fruits de mer (ex. : homards, crevettes, crabes). En faisant cuire les homards vivants, on peut profiter au maximum de leur saveur. Ils doivent être très vigoureux à la sortie du vivier. Si vous achetez du homard déjà cuit, vérifiez sa fraîcheur en tirant sur sa queue. Si elle reprend immédiatement sa position initiale, c'est qu'il est bien frais.

Les mollusques tels que les huîtres, les palourdes et les moules doivent être nettoyés et brossés à l'eau froide. Tapez ensuite délicatement sur les coquilles ouvertes. Si elles ne se referment pas, jetez-les. Éliminez également toutes celles qui restent fermées une fois la cuisson terminée.

POISSONS ET FRUITS DE MER

GIBELOTTE DES ÎLES DE SOREL	**119**
BOUILLABAISSE (R) (*)	**120**
HOMARD BOUILLI	**121**
DARNES DE SAUMON GRILLÉES	**122**
PÂTÉ AU SAUMON D'AUTREFOIS	**123**
FILETS DE DORÉ AMANDINE (Rap)	**124**
FILETS DE POISSON POÊLÉS AVEC CREVETTES ET AMANDES (Rap)	**126**
POISSON AUX TOMATES GRATINÉ (Rap)	**127**
BOULETTES DE MORUE	**129**
TRUITE OU SAUMON ENTIER AU FOUR	**130**
FISH AND CHIPS	**132**
FILETS DE SOLE À LA MOUTARDE DE MEAUX (Rap)	**133**
POIVRONS FARCIS AU THON	**135**
CREVETTES NORDIQUES, SAUCE AU VIN BLANC	**136**
BROCHETTES DE PÉTONCLES ET DE CREVETTES	**137**
MOULES MARINIÈRE (Rap)	**138**
HUÎTRES ROCKEFELLER (R)	**140**
HUÎTRES CASINO	**141**

GIBELOTTE DES ÎLES DE SOREL

4 PORTIONS	PRÉPARATION 20 MINUTES	CUISSON 45 MINUTES

On apprête traditionnellement cette gibelotte avec de la perche ou de la barbotte, mais un poisson blanc à chair ferme fera aussi l'affaire. Certains la préfèrent avec du lard salé plutôt qu'avec du beurre.

INGRÉDIENTS

30 ml	beurre	2 c. à soupe
2	oignons moyens, hachés	2
1	branche de céleri, hachée	1
250 ml	bouillon de bœuf	1 tasse
4	carottes moyennes, en tranches	4
4	pommes de terre, pelées et coupées en petits cubes	4
310 ml	haricots verts, en tronçons de 2,5 cm (1 po)	1 ¼ tasse
125 ml	crème de tomate en conserve	½ tasse
1 ml	sarriette d'hiver séchée	¼ de c. à thé
1	pincée de sel	1
1	pincée de poivre	1
125 ml	maïs en crème en conserve	½ tasse
125 ml	petits pois frais ou surgelés	½ tasse
500 g	filets de perche, de barbotte ou d'un autre poisson à chair blanche ferme	1 lb

ÉTAPES

1. Dans une grande casserole, à feu doux, chauffer le beurre et cuire les oignons et le céleri 5 minutes en remuant de temps à autre.

2. Ajouter le bouillon, les carottes, les pommes de terre, les haricots, la crème de tomate, la sarriette, le sel et le poivre. Porter à ébullition. Baisser le feu, couvrir et laisser mijoter 30 minutes ou jusqu'à ce que les légumes soient presque cuits.

3. Ajouter le maïs, les pois et le poisson. Couvrir et cuire de 5 à 10 minutes, jusqu'à ce que le poisson s'effeuille à la fourchette. Servir dans des bols creux.

Suggestion d'accompagnement : pain croûté.

BOUILLABAISSE

5 OU 6 PORTIONS	PRÉPARATION 1 HEURE	CUISSON 1 H 20 MINUTES

La bouillabaisse est une soupe classique du sud de la France. Les pêcheurs la préparent traditionnellement avec les poissons du jour qui n'ont pas trouvé preneur. On la sert de deux façons. La première, ma préférée, consiste à servir dans un même bol le bouillon, les légumes, les poissons et les fruits de mer. L'autre présentation consiste à servir le bouillon filtré dans un bol et à servir les poissons et les fruits de mer à côté dans une assiette. Le bouillon, la rouille et les croûtons peuvent être préparés 2 jours à l'avance et réfrigérés. Il ne restera plus qu'à faire cuire les poissons et les fruits de mer avant le repas.

INGRÉDIENTS

60 ml	huile d'olive vierge extra	¼ de tasse
2	oignons, hachés	2
3	gousses d'ail, en tranches	3
2	blancs de poireau, hachés	2
1 litre	jus de palourdes	4 tasses
500 ml	eau froide	2 tasses
4	tomates, pelées, évidées et coupées en dés	4
5 ml	graines de fenouil	1 c. à thé
10 ml	sel	2 c. à thé
2 ml	poivre	½ c. à thé
1	petite pincée de filaments de safran	1
15 ml	persil frais, haché	1 c. à soupe
1	feuille de laurier	1
1	morceau d'écorce d'orange	1
1	baguette de pain, en tranches	1
1 kg	crabe ou homard vivant ou cuit, non décortiqué	2 lb
750 g	filets de poisson à chair blanche (aiglefin, morue ou doré)	1 ½ lb
500 g	moules, crevettes ou pétoncles	1 lb

Rouille

2	poivrons rôtis en conserve, égouttés et épongés	2
2	gousses d'ail, hachées finement	2
3	gouttes de tabasco	3
30 ml	huile d'olive vierge extra	2 c. à soupe
45 ml	chapelure	3 c. à soupe

ÉTAPES

1. Dans une grande casserole, à feu moyen, chauffer l'huile d'olive et cuire les oignons, l'ail et les poireaux 5 minutes.

2. Ajouter le jus de palourdes, l'eau, les tomates, les graines de fenouil, le sel, le poivre, le safran, le persil, le laurier et l'écorce d'orange. Porter à ébullition. Baisser le feu, couvrir et laisser mijoter 30 minutes.

3. Entre-temps, préparer les croûtons. Placer la grille au centre du four. Préchauffer le four à 180 °C (350 °F). Déposer le pain sur une plaque et cuire 15 minutes. Retourner et cuire 15 minutes. Réserver.

4. **Rouille :** au robot culinaire ou au mélangeur, réduire les poivrons en purée. Ajouter le reste des ingrédients et mélanger jusqu'à consistance homogène. Réserver.

5. Déposer le crabe ou le homard vivant dans le bouillon. Couvrir et cuire 5 minutes. Ajouter le poisson et cuire 5 minutes. Ajouter le reste des fruits de mer et cuire 5 minutes. Si vous utilisez du crabe ou du homard cuit, ajoutez-le en même temps que le reste des fruits de mer.

6. Pour servir, tartiner les croûtons de rouille et les déposer dans de grands bols à soupe. Verser la bouillabaisse. Offrir le reste de la rouille et des croûtons à table.

HOMARD BOUILLI

PRÉPARATION	CUISSON
10 MINUTES	15 À 25 MINUTES

Pour profiter pleinement du goût exquis des homards, on doit les cuire vivants. Les meilleurs sont vigoureux et on les cuit le jour même de leur sortie du vivier. Le homard cuit se conserve 1 jour au réfrigérateur ou 1 mois au congélateur. Si vous préférez acheter du homard cuit, vérifiez sa fraîcheur en tirant sur sa queue, laquelle devrait aussitôt reprendre sa position initiale.

INGRÉDIENTS

- Eau froide
- Gros sel marin
- Homards vivants

ÉTAPES

1. Dans une très grande casserole, mesurer et verser suffisamment d'eau froide pour immerger la quantité de homards à faire cuire. Ajouter 15 ml (1 c. à soupe) de sel par litre (4 tasses) d'eau.

2. Porter à ébullition, puis plonger les homards tête première. Ramener à ébullition, baisser le feu et laisser mijoter 12 minutes pour les homards de 500 g (1 lb); 17 minutes pour ceux de 750 g (1 ½ lb); ou 20 minutes pour ceux de 1 kg (2 lb). Retirer immédiatement de la casserole et refroidir 30 secondes à l'eau froide. Déposer les homards sur le dos jusqu'au moment de servir.

Suggestions d'accompagnements: riz blanc étuvé (page 95), pommes de terre nouvelles, grelots, salade de laitue, avocat et tomates, beurre d'ail (page 236), beurre de safran (page 237) ou sauce rosée (page 233).

DARNES DE SAUMON GRILLÉES

4 PORTIONS	**PRÉPARATION** 10 MINUTES	**RÉFRIGÉRATION** 1 HEURE	**CUISSON** 10 MINUTES

On peut remplacer les darnes par du filet de saumon, mais, comme c'est le cas pour les viandes cuites avec les os, elles ont plus de saveur qu'un filet sans peau ni arêtes. Il est aussi plus difficile d'obtenir une cuisson uniforme, car l'épaisseur du filet est inégale.

INGRÉDIENTS

4	darnes de saumon de 250 g (8 oz) chacune	4

Marinade

60 ml	huile végétale	¼ de tasse
5 ml	zeste de citron	1 c. à thé
30 ml	jus de citron frais	2 c. à soupe
15 ml	persil frais, haché finement	1 c. à soupe
1 ml	estragon séché	¼ de c. à thé
1 ml	fenouil séché	¼ de c. à thé
1 ml	poivre fraîchement moulu	¼ de c. à thé
5 ml	sel	1 c. à thé

ÉTAPES

1. **Marinade :** mélanger tous les ingrédients dans un sac de plastique à fermeture hermétique.

2. Mettre les darnes de saumon dans le sac et bien remuer. Réserver au réfrigérateur pendant 1 heure.

3. Placer la grille du four à 15 cm (6 po) du gril. Préchauffer le gril du four. (On peut aussi cuire le poisson sur le gril du barbecue à intensité moyenne.)

4. Déposer les darnes sur la grille d'une lèchefrite et cuire au four 5 minutes. Retourner et poursuivre la cuisson de 3 à 5 minutes, jusqu'à ce que l'arête centrale se détache lorsqu'on presse dessus avec une fourchette.

Suggestions d'accompagnements : pommes de terre au four, asperges, champignons de Paris, chanterelles, morilles.

PÂTÉ AU SAUMON D'AUTREFOIS

4 À 6 PORTIONS	PRÉPARATION 40 MINUTES	CUISSON 40 MINUTES

À l'époque où le saumon abondait dans les rivières de Charlevoix, on préparait ce type de pâté avec du poisson frais. On peut cuire le saumon dans une poêle avec du beurre, le faire pocher ou le cuire au four en papillote d'aluminium.

INGRÉDIENTS

2	abaisses de pâte à tarte de 23 cm (9 po) non cuites	2
375 ml	saumon, cuit et défait en petits morceaux	1 ½ tasse
375 ml	sauce béchamel (page 228)	1 ½ tasse
500 ml	purée de pommes de terre sans beurre ni lait	2 tasses
1	petit oignon, haché finement	1
1	œuf, battu avec 15 ml (1 c. à soupe) de lait	1

ÉTAPES

1. Placer la grille dans le bas du four. Préchauffer le four à 200 °C (400 °F).

2. Étaler une abaisse dans un moule à tarte. Déposer le saumon et couvrir de sauce béchamel.

3. Dans un bol, mélanger la purée de pommes de terre avec l'oignon, puis la déposer par grosses cuillerées sur la préparation de saumon. Badigeonner le pourtour d'œuf battu et couvrir de l'autre abaisse. Couper l'excédent de pâte. Faire trois incisions de 2,5 cm (1 po) au centre du pâté et badigeonner d'œuf battu, sauf le pourtour.

4. Cuire au four à 200 °C (400 °F) pendant 20 minutes. Baisser la température à 180 °C (350 °F) et cuire 20 minutes ou jusqu'à ce que la pâte soit dorée.

Suggestions d'accompagnements : salade de laitue avec vinaigrette au vinaigre de vin blanc (page 241), tranches de tomate.

FILETS DE DORÉ AMANDINE

| 4 PORTIONS | PRÉPARATION 10 MINUTES | CUISSON 15 MINUTES |

On peut remplacer le doré par de l'aiglefin, de la sole ou du brochet. Pour une cuisson parfaite, espacez les filets dans la poêle. Si vous utilisez du poisson décongelé, épongez-le parfaitement avec du papier absorbant avant de le faire cuire.

INGRÉDIENTS

4	filets de doré	4
	Sel et poivre	
60 ml	farine tout usage	¼ de tasse
30 ml	beurre	2 c. à soupe
30 ml	huile végétale	2 c. à soupe

Garniture

45 ml	beurre	3 c. à soupe
150 ml	amandes mondées et tranchées	⅔ de tasse
	Le jus de ½ citron	
30 ml	persil frais, haché finement	2 c. à soupe

ÉTAPES

1. Placer la grille au centre du four. Préchauffer le four à 95 °F (200 °F).

2. Saler et poivrer légèrement le poisson. Étaler la farine sur une feuille de papier ciré. Fariner les filets et secouer pour enlever l'excédent de farine. Réserver en les espaçant.

3. Dans une grande poêle, à feu moyen-vif, chauffer le beurre avec l'huile jusqu'à ce qu'il soit mousseux. Déposer les filets, côté intérieur vers le fond, et faire dorer de 3 à 5 minutes. Retourner le poisson à l'aide de deux spatules et faire dorer de 3 à 5 minutes. Éponger sur du papier absorbant et réserver au chaud.

4. **Garniture :** dans une autre poêle, à feu doux, chauffer le beurre jusqu'à ce qu'il devienne mousseux. Faire dorer les amandes de 3 à 5 minutes en remuant sans cesse. Retirer du feu et arroser immédiatement de jus de citron. Ajouter le persil et remuer.

5. Garnir le poisson d'amandes et servir.

Suggestions d'accompagnements : purée de pommes de terre, haricots verts, petits pois.

FILETS DE POISSON POÊLÉS AVEC CREVETTES ET AMANDES

| 4 PORTIONS | PRÉPARATION 15 MINUTES | CUISSON 15 MINUTES |

On peut faire cette recette avec de la sole, de la morue ou de l'aiglefin.

INGRÉDIENTS

500 g	filets de poisson à chair blanche, coupés en portions individuelles	1 lb
	Sel et poivre	
	Farine tout usage	
30 ml	huile végétale	2 c. à soupe
30 ml	beurre	2 c. à soupe

Garniture

30 ml	beurre	2 c. à soupe
60 ml	amandes mondées et tranchées	¼ de tasse
250 ml	crevettes nordiques, cuites	1 tasse
½	citron, pelé, coupé en tranches, puis en petits dés	½
30 ml	câpres, rincées	2 c. à soupe

ÉTAPES

1. Saler et poivrer légèrement le poisson. Étaler un peu de farine sur une feuille de papier ciré. Fariner le poisson et secouer l'excédent de farine. Réserver sur du papier ciré en espaçant les filets.

2. Dans une poêle, à feu moyen, chauffer l'huile et le beurre. Faire dorer légèrement le poisson de 2 à 3 minutes de chaque côté. Éponger avec du papier absorbant et réserver au chaud.

3. **Garniture :** dans la même poêle, à feu doux, chauffer le beurre et faire dorer légèrement les amandes de 2 à 5 minutes en remuant avec une fourchette. Ajouter le reste des ingrédients et cuire 2 minutes.

4. Déposer la garniture sur le poisson et servir immédiatement.

Suggestions d'accompagnements : riz blanc étuvé (page 95), haricots verts, tomates.

POISSON AUX TOMATES GRATINÉ

| 4 PORTIONS | PRÉPARATION 15 MINUTES | CUISSON 15 MINUTES |

INGRÉDIENTS

750 g	filets de poisson à chair blanche	1 ½ lb
	Sel et poivre	
30 ml	oignon, haché finement	2 c. à soupe
2 ml	origan, séché	½ c. à thé
15 ml	persil frais, haché finement	1 c. à soupe
2	tomates, pelées, épépinées et coupées en dés	2
310 ml	mozzarella, râpée	1 ¼ tasse

ÉTAPES

1. Placer la grille dans le tiers supérieur du four. Préchauffer le gril du four.

2. Déposer le poisson dans un plat de cuisson. Saler et poivrer légèrement. Parsemer d'oignon, d'origan et de persil, puis couvrir de tomates.

3. Cuire au four de 5 à 10 minutes, jusqu'à ce que le poisson s'effeuille à l'aide d'une fourchette.

4. Couvrir de mozzarella et faire dorer légèrement au four pendant 3 minutes.

Suggestions d'accompagnements : riz blanc, épinards, bettes à carde.

BOULETTES DE MORUE

2 OU 3 PORTIONS	TREMPAGE 6 À 8 HEURES	PRÉPARATION 30 MINUTES	CUISSON ENVIRON 1 HEURE

Ces boulettes sont populaires en Gaspésie, une région où l'on produit une grande partie de la production mondiale de morue salée séchée. Les Gaspésiens les préparent avec des morceaux (*bits*) préemballés vendus dans les épiceries, mais ailleurs au Québec on les prépare avec de la morue achetée chez le poissonnier.

INGRÉDIENTS

250 ml	morue salée séchée, en petits morceaux	1 tasse
3	pommes de terre (environ)	3
15 ml	huile végétale	1 c. à soupe
1	petit oignon, haché finement	1
2 ml	sarriette d'hiver séchée	½ c. à thé
2 ml	poivre	½ c. à thé
	Farine tout usage	
1	œuf, battu	1
	Chapelure	
	Huile à friture	

ÉTAPES

1. Dans un bol, couvrir la morue d'eau froide et laisser reposer de 6 à 8 heures en changeant l'eau deux ou trois fois.

2. Égoutter la morue, mettre dans une petite casserole et couvrir d'eau froide. Porter à ébullition, retirer immédiatement du feu et égoutter. Couvrir la morue d'eau froide et laisser mijoter de 15 à 30 minutes, jusqu'à ce que les morceaux s'émiettent à la fourchette. Égoutter et réserver.

3. Entre-temps, cuire les pommes de terre dans l'eau bouillante non salée. Réduire en purée. Mesurer et réserver 500 ml (2 tasses).

4. Entre-temps, dans une petite poêle, à feu moyen, chauffer l'huile et faire dorer l'oignon en remuant fréquemment. Réserver.

5. Émietter la morue et mélanger avec la purée de pommes de terre, l'oignon, la sarriette et le poivre jusqu'à consistance homogène.

6. Étaler de la farine dans une assiette. Verser l'œuf battu dans un bol à soupe et mettre la chapelure dans une assiette.

7. Façonner 8 boulettes de morue de 8 cm (3 po) de diamètre. Fariner, tremper dans l'œuf et enrober de chapelure.

8. Dans une grande poêle profonde, à feu moyen, chauffer 1 cm (½ po) d'huile à friture. Frire les boulettes quelques minutes, jusqu'à ce qu'elles soient dorées. Éponger avec du papier absorbant avant de servir.

Suggestions d'accompagnements : salade de laitue, tomates, haricots verts.

TRUITE OU SAUMON ENTIER AU FOUR

4 PORTIONS	PRÉPARATION 15 MINUTES	CUISSON 20 À 30 MINUTES

C'est ma façon préférée d'apprêter les gros poissons entiers. Durant la saison estivale, je fais cuire le poisson au barbecue à faible intensité. Selon sa grosseur, on peut doubler ou tripler la recette et augmenter le temps de cuisson en comptant 10 minutes par 2,5 cm (1 po) d'épaisseur.

INGRÉDIENTS

15 ml	beurre	1 c. à soupe
1	carotte, hachée finement	1
1	oignon, haché finement	1
1	truite ou saumon entier de 1 kg (2 lb)	1
	Sel et poivre	
3	tranches de citron, pelées	3
125 ml	vin blanc sec	½ tasse

ÉTAPES

1. Placer la grille dans le tiers inférieur du four. Préchauffer le four à 230 °C (450 °F).

2. Dans une petite poêle, à feu doux, chauffer le beurre et cuire la carotte et l'oignon 5 minutes en remuant sans cesse à l'aide d'une cuillère en bois. Étendre les légumes sur deux épaisseurs de papier d'aluminium suffisamment large pour former une papillote une fois qu'on y aura déposé le poisson.

3. Placer le poisson sur les légumes. Saler et poivrer l'intérieur et insérer les tranches de citron. Arroser de vin blanc et bien fermer la papillote. Cuire au four 10 minutes par 2,5 cm (1 po) d'épaisseur.

4. Enlever la peau et les arêtes et servir le poisson avec les légumes et le jus de cuisson.

Suggestions d'accompagnements : riz pilaf (page 95), asperges, haricots verts, champignons sautés, chanterelles.

FISH AND CHIPS

3 PORTIONS	PRÉPARATION 30 MINUTES	REPOS 30 MINUTES	CUISSON 40 MINUTES

Ce classique de la cuisine britannique est très populaire dans plusieurs familles québécoises, surtout celles qui ont des ancêtres irlandais ou écossais. Pendant que l'on fait frire des aliments, on doit éviter toute distraction, quelles qu'elles soient. Pour une cuisson parfaite, utilisez une friteuse ou un thermomètre.

Les filets frits peuvent être congelés. Pour les réchauffer, mettez-les congelés sur une grille et faites-les cuire 10 minutes au four préchauffé à 200 °C (400 °F). Il est préférable de servir le poisson sans tarder pour profiter pleinement de sa saveur. On peut toutefois le réserver sur la grille d'une lèchefrite, dans le four chaud, environ 20 minutes.

INGRÉDIENTS

125 ml	farine tout usage	½ tasse
125 ml	fécule de maïs	½ tasse
10 ml	poudre à pâte	2 c. à thé
6 ml	sel	1 ¼ c. à thé
5 ml	sucre	1 c. à thé
125 ml	bière	½ tasse
125 ml	eau froide	½ tasse
500 g	filets de sole ou d'aiglefin, en morceaux de 8 cm (3 po)	1 lb
	Sel et poivre	
	Huile à friture	

ÉTAPES

1. Dans un bol moyen, mélanger la farine, la fécule de maïs, la poudre à pâte, le sel et le sucre. À l'aide d'un fouet, incorporer peu à peu la bière et l'eau jusqu'à consistance homogène. Laisser reposer la pâte à température ambiante 30 minutes.

2. Saler et poivrer légèrement le poisson.

3. Dans une casserole profonde ou une friteuse, verser de l'huile à mi-hauteur et chauffer à 182 °C (360 °F).

4. Fariner deux ou trois morceaux de poisson à la fois et secouer pour retirer l'excédent de farine. Tremper les morceaux dans la pâte et retirer à l'aide d'une fourchette. Frire de 5 à 8 minutes ou jusqu'à ce qu'ils soient dorés en les retournant une seule fois. Éponger avec du papier absorbant.

Suggestions d'accompagnements: pommes de terre frites, salade de chou crémeuse (page 245), sauce tartare (page 233), quartiers de citron.

FILETS DE SOLE À LA MOUTARDE DE MEAUX

| 2 PORTIONS | PRÉPARATION 10 MINUTES | CUISSON 10 MINUTES |

Ce plat est aussi délicieux avec des filets de truite.

INGRÉDIENTS

2	filets de sole	2
30 ml	beurre à température ambiante	2 c. à soupe
10 ml	moutarde de Meaux	2 c. à thé
2 ml	moutarde de Dijon	½ c. à thé
15 ml	persil frais, haché	1 c. à soupe
	Poivre du moulin	

ÉTAPES

1. Placer la grille dans le tiers supérieur du four. Préchauffer le gril du four.

2. Déposer les filets dans un plat de 18 cm x 28 cm (7 po x 11 po) allant au four.

3. Dans un petit bol, mélanger le beurre, les moutardes, le persil et le poivre. Couvrir le poisson avec le beurre et cuire au four de 5 à 10 minutes, jusqu'à ce qu'il s'effeuille à la fourchette. Arroser de beurre fondu à mi-cuisson.

4. Napper le poisson avec le reste du beurre fondu et servir.

Suggestions d'accompagnements : pommes de terre au four ou en purée, brocoli, asperges.

POIVRONS FARCIS AU THON

4 PORTIONS	PRÉPARATION 20 MINUTES	CUISSON 50 MINUTES

On peut remplacer les poivrons frais par des moitiés de poivrons surgelés non décongelés.

INGRÉDIENTS

2	gros poivrons verts, coupés en deux sur la longueur, épépinés et évidés	2
1	boîte de 184 g de thon, égoutté	1
75 ml	chapelure	⅓ de tasse
250 ml	tomates fraîches ou en conserve, hachées	1 tasse
60 ml	olives vertes farcies, hachées	¼ de tasse
15 ml	câpres, hachées	1 c. à soupe
1	gousse d'ail, hachée finement	1
30 ml	persil frais, haché	2 c. à soupe
	Poivre du moulin	
30 ml	huile d'olive	2 c. à soupe

ÉTAPES

1. Placer la grille dans le tiers inférieur du four. Préchauffer le four à 180 °C (350 °F).

2. Dans un bol moyen, émietter le thon. Ajouter la chapelure, les tomates, les olives, les câpres, l'ail et le persil. Poivrer au goût et mélanger jusqu'à consistance homogène. (On peut aussi faire cette étape au robot culinaire en prenant soin de ne pas trop mélanger, car on doit voir de petits morceaux.)

3. Farcir les moitiés de poivrons et les ranger dans un plat de 23 cm x 33 cm (9 po x 13 po) allant au four. Arroser d'huile d'olive.

4. Cuire au four de 45 à 50 minutes, jusqu'à ce que les poivrons soient tendres quand on les pique avec une fourchette.

Suggestions d'accompagnements : riz blanc étuvé (page 95), maïs.

CREVETTES NORDIQUES, SAUCE AU VIN BLANC

2 PORTIONS	PRÉPARATION 30 MINUTES	CUISSON 20 MINUTES

Les crevettes nordiques du Québec sont beaucoup plus savoureuses que la plupart des crevettes d'élevage des supermarchés. Elles sont délicieuses en salade, en sauce et dans les recettes qui requièrent des crevettes cuites.

INGRÉDIENTS

60 ml	beurre à température ambiante	4 c. à soupe
15 ml	farine tout usage	1 c. à soupe
225 g	champignons, en tranches fines	2 ¾ tasses
1	grosse échalote française, hachée finement	1
2 ml	estragon séché	½ c. à thé
150 ml	vin blanc sec	⅔ de tasse
125 ml	crème 35 %	½ tasse
250 g	crevettes nordiques, cuites	8 oz
	Sel et poivre du moulin	

ÉTAPES

1. Dans un petit bol, mélanger 30 ml (2 c. à soupe) de beurre et la farine. Réserver.

2. Dans une grande poêle, à feu moyen, chauffer le reste du beurre et faire dorer légèrement les champignons environ 5 minutes en remuant sans cesse à l'aide d'une cuillère en bois. Ajouter l'échalote et l'estragon et cuire 2 minutes.

3. Verser le vin et porter à ébullition. Baisser le feu et laisser mijoter jusqu'à ce que le vin ait réduit de moitié (incliner la poêle pour évaluer plus facilement la quantité de liquide).

4. Incorporer au fouet d'abord la crème, puis la préparation de farine. Laisser mijoter jusqu'à épaississement de la sauce.

5. Ajouter les crevettes. Saler et poivrer au goût et laisser mijoter 2 minutes.

Suggestions d'accompagnements : riz, pâtes aux œufs, salade de laitue avec vinaigrette au vinaigre de vin blanc (page 241).

BROCHETTES DE PÉTONCLES ET DE CREVETTES

4 PORTIONS	PRÉPARATION 15 MINUTES	RÉFRIGÉRATION 30 MINUTES	CUISSON 10 MINUTES

On peut aussi faire griller ces brochettes à intensité moyenne sur le barbecue.

INGRÉDIENTS

20	crevettes de calibre 31-40, décortiquées (300 g/10 oz)	20
16	pétoncles de calibre 41-60 (300 g/10 oz)	16
1	gros poivron vert, en morceaux de 4 cm (1 ½ po)	1
1	oignon moyen, en morceaux de 4 cm (1 ½ po)	1

Marinade

75 ml	xérès sec	⅓ de tasse
20 ml	huile de sésame	4 c. à thé
30 ml	gingembre frais, haché grossièrement	2 c. à soupe
1	gousse d'ail, hachée finement	1
1 ml	sel	¼ de c. à thé
	Poivre du moulin	

ÉTAPES

1. Dans un sac de plastique à fermeture hermétique ou un bol moyen, mélanger tous les ingrédients de la marinade. Ajouter les crevettes et les pétoncles et remuer. Réfrigérer 30 minutes.

2. Placer la grille dans le tiers supérieur du four. Préchauffer le four à gril.

3. Enfiler les fruits de mer et les légumes sur les brochettes en alternant.

4. Cuire au four 5 minutes. Badigeonner de marinade et retourner les brochettes. Cuire de 3 à 5 minutes, jusqu'à ce que le centre des pétoncles soit opaque.

Suggestions d'accompagnements : riz blanc étuvé (page 95) ou riz pilaf (page 95).

MOULES MARINIÈRE

4 PORTIONS	PRÉPARATION 30 MINUTES	CUISSON 6 MINUTES

Au moment de nettoyer les moules, on doit s'assurer qu'elles sont toutes vivantes en tapant légèrement sur celles qui sont ouvertes. Jetez celles qui ne se sont pas refermées au bout de quelques minutes.

INGRÉDIENTS

2 kg	moules	4 lb
60 ml	oignons verts, hachés	¼ de tasse
60 ml	persil frais, haché	¼ de tasse
1 ml	poivre du moulin	¼ de c. à thé
125 ml	vin blanc sec	½ tasse
125 ml	crème 35 %	½ tasse
10 ml	jus de citron frais	2 c. à thé

ÉTAPES

1. Laver et brosser les moules une à une, à l'eau froide sous le robinet. Retirer la barbe (petits filaments noirs) en tirant avec les doigts.

2. Déposer les moules dans une très grande casserole. Parsemer d'oignons verts, de persil et de poivre, puis verser le vin. Couvrir et porter à ébullition. Cuire 5 minutes ou jusqu'à ce que les moules soient ouvertes en remuant de temps à autre à l'aide d'une grande cuillère de service. À l'aide d'une cuillère à égoutter, servir les moules dans de grands bols creux et réserver au chaud.

3. Porter le jus de cuisson à ébullition et laisser bouillir 1 minute. Ajouter la crème et le jus de citron. Réchauffer et verser sur les moules.

Suggestions d'accompagnements : pommes de terre frites, pain croûté.

HUÎTRES ROCKEFELLER

| 4 PORTIONS | PRÉPARATION 45 MINUTES | CUISSON 10 MINUTES |

Si vous utilisez le robot culinaire pour mixer le beurre avec les herbes, assurez-vous qu'il reste des particules d'herbes dispersées ici et là.

INGRÉDIENTS

250 ml	beurre à température ambiante	1 tasse
125 ml	feuilles d'épinards, hachées	½ tasse
60 ml	céleri, haché	¼ de tasse
3	oignons verts, hachés finement	3
30 ml	persil frais, haché	2 c. à soupe
30 ml	chapelure	2 c. à soupe
1	goutte de tabasco	1
1 ml	sauce Worcestershire	¼ de c. à thé
48	huîtres	48

ÉTAPES

1. Dans un bol moyen ou au robot culinaire, mélanger tous les ingrédients, sauf les huîtres. Réserver.

2. Mettre du papier d'aluminium légèrement froissé dans deux lèchefrites.

3. À l'aide d'une brosse, nettoyer les huîtres à l'eau froide. À l'aide d'un couteau à huître, les ouvrir en réservant leur jus et en sectionnant le muscle pour le dégager de la coquille. Déposer les coquilles inférieures dans la lèchefrite en les enfonçant légèrement dans le papier d'aluminium.

4. Placer la grille dans le tiers inférieur du four. Préchauffer le four à 230 °C (450 °F).

5. Déposer environ 10 ml (2 c. à thé) de la préparation d'épinards sur chaque huître et cuire au four 10 minutes.

Suggestions d'accompagnements : pommes de terre au four, champignons sautés, asperges.

HUÎTRES CASINO

4 PORTIONS	PRÉPARATION 45 MINUTES	CUISSON 3 À 5 MINUTES

Cette recette a été créée en 1917 à l'hôtel Little Casino, dans le Rhode Island. On y apprêtait déjà les palourdes de cette façon, mais un jour quelqu'un a eu la bonne idée de créer une variante avec des huîtres. Si vous les servez en entrée, comptez 6 huîtres par personne. Contrairement au bacon, le prosciutto ne nécessite pas de cuisson, ce qui permet de gagner du temps. Le résultat final est tout aussi délicieux.

INGRÉDIENTS

6	tranches de bacon	6
ou		
4	tranches minces de prosciutto, hachées finement	4
90 ml	poivron vert, haché finement	6 c. à soupe
60 ml	persil frais, haché	¼ de tasse
	Poivre du moulin	
48	huîtres	48
1	citron	1

ÉTAPES

1. Cuire le bacon presque complètement, puis le hacher finement. Réserver. Dans un petit bol, mélanger le poivron, le persil et le poivre. Réserver.

2. Mettre du papier d'aluminium légèrement froissé dans deux lèchefrites.

3. À l'aide d'une brosse, nettoyer les huîtres à l'eau froide. À l'aide d'un couteau à huître, les ouvrir en réservant leur jus et en sectionnant le muscle pour le dégager de la coquille. Déposer les coquilles inférieures dans la lèchefrite en les enfonçant légèrement dans le papier d'aluminium.

4. Placer la grille dans le tiers supérieur du four. Préchauffer le gril du four.

5. Répartir la préparation de poivron sur les huîtres et arroser de quelques gouttes de jus de citron. Garnir de bacon et cuire au four de 3 à 5 minutes, jusqu'à ce que les huîtres commencent à se raffermir.

Suggestions d'accompagnements : pommes de terre au four ou grelots, maïs en conserve, petits pois.

La meilleure volaille est celle refroidie à l'air, car elle est généralement plus savoureuse et moins grasse. La volaille fraîche se conserve 1 jour au réfrigérateur. La poitrine est à point à 74 °C (165 °F) et la cuisse à 80 °C (175 °F) (on doit insérer le thermomètre dans un haut de cuisse). Une exception toutefois : le magret de canard, car sa chair est rouge. Une fois la cuisson terminée, laissez reposer un poulet de 1,5 kg (3 lb) pendant 15 minutes et une cuisse ou une poitrine de 5 à 8 minutes avant de servir. La volaille doit être décongelée au réfrigérateur ; comptez 1 jour par 2,75 kg (6 lb).

Manipulation sécuritaire des volailles

Pour éviter la contamination due à la salmonelle ou à d'autres bactéries, nettoyez tous les ustensiles et surfaces ayant été en contact avec de la volaille crue à l'eau savonneuse, puis avec du vinaigre. Lavez vos mains après avoir manipulé la volaille. Si vous utilisez le barbecue, ne mettez jamais la volaille cuite dans l'assiette ayant servi à transporter la volaille crue.

VOLAILLE

POULET BRAISÉ AUX LÉGUMES-RACINES	**145**
POULET RÔTI À L'ESTRAGON	**146**
BOUILLI DE POULET	**147**
COQ AU VIN	**148**
GOMBO AU POULET (*)	**150**
COUSCOUS AU POULET (*)	**151**
POULET AU CARI (Mij) (*)	**153**
POITRINES DE POULET SAUTÉES À LA CRÈME (Rap)	**154**
POULET FRIT AU FOUR (Rap)	**155**
CUISSES DE POULET PANÉES (Rap)	**156**
POULET À LA CHINOISE (Rap)	**158**
GRATINS DE POULET (*)	**159**
BROCHETTES DE POULET (Rap)	**161**
POULETS DE CORNOUAILLES RÔTIS	**162**
FAISAN BRAISÉ AU VIN ROUGE	**163**
MAGRET DE CANARD AU PORTO ET AUX CERISES (Rap)	**164**

POULET BRAISÉ AUX LÉGUMES-RACINES

4 PORTIONS	PRÉPARATION 15 MINUTES	CUISSON 1 H 30 MIN À 2 H

Madame Irène Tremblay, de Saint-Irénée, préparait fréquemment ce poulet pour ses repas familiaux. Les légumes et le poulet cuisent dans la même casserole. Pour une version allégée, retirez la peau du poulet avant la cuisson.

INGRÉDIENTS

1	poulet de 1,5 à 2 kg (3 à 4 lb)	1
1	petit navet, en morceaux de 5 cm (2 po)	1
4	grosses carottes, en tronçons de 5 cm (2 po)	4
125 ml	eau froide	½ tasse
1	sachet de soupe à l'oignon déshydratée	1

ÉTAPES

1. Placer la grille dans le bas du four. Préchauffer le four à 180 °C (350 °F).

2. Retirer l'excédent de gras du poulet.

3. Déposer le poulet dans une grande casserole allant au four munie d'un couvercle. Disposer les légumes autour du poulet, arroser d'eau et saupoudrer de soupe à l'oignon déshydratée.

4. Couvrir et cuire au four de 1 h 30 min à 2 h, jusqu'à ce que le poulet et les légumes soient tendres. Arroser le poulet deux ou trois fois en cours de cuisson.

Suggestion d'accompagnement : pommes de terre bouillies.

POULET RÔTI À L'ESTRAGON

4 PORTIONS	PRÉPARATION 10 MINUTES	CUISSON 1 H 30 MIN À 2 H	REPOS 15 MINUTES

Pour dégraisser le jus de cuisson, je le retire du plat 20 minutes avant la fin de la cuisson pour le mettre au congélateur. Je verse ensuite 125 ml (½ tasse) d'eau froide autour du poulet, puis je le remets au four. Quelques minutes avant de servir, je dégraisse le jus refroidi pour l'ajouter au jus chaud. Le secret d'une chair rôtie tendre et juteuse consiste à l'arroser fréquemment en cours de cuisson.

INGRÉDIENTS

1	oignon, en tranches	1
1	poulet de 1,5 kg (3 lb)	1
	Sel et poivre	
30 ml	huile végétale	2 c. à soupe
15 ml	moutarde sèche	1 c. à soupe
5 ml	estragon séché	1 c. à thé

ÉTAPES

1. Placer la grille dans le bas du four. Préchauffer le four à 160 °C (325 °F).

2. Déposer les tranches d'oignon en une seule couche au centre d'un plat de cuisson. Déposer le poulet sur le lit d'oignons. Saler et poivrer.

3. Dans un petit bol, mélanger l'huile et la moutarde, puis badigeonner le poulet. Saupoudrer d'estragon et cuire au four, à découvert, de 1 h 30 min à 2 h. Arroser le poulet toutes les 15 minutes dès qu'un peu de jus de cuisson commence à se former. La volaille est cuite lorsque le jus de cuisson est clair quand on pique un haut de cuisse à l'aide d'une fourchette à rôti ou que le thermomètre indique 80 °C (175 °F). Sortir le poulet du four et laisser reposer 15 minutes avant de procéder au dépeçage.

Suggestions d'accompagnements : riz blanc étuvé (page 95), asperges, petits pois, maïs en grains, haricots jaunes.

VARIANTE

Poulet au paprika : omettre l'huile, la moutarde et l'estragon et saupoudrer généreusement le poulet de paprika doux de Hongrie.

BOUILLI DE POULET

6 À 8 PORTIONS	PRÉPARATION 30 MINUTES	CUISSON ENVIRON 3 HEURES

Le teneur en sel du lard salé peut varier grandement. C'est pourquoi il est préférable de goûter au bouillon et de le saler au besoin avant de faire cuire les légumes. Si vous faites cuire le poulet la veille, vous pourrez dégraisser le bouillon avant d'y ajouter les légumes. Le bouilli se conserve 4 jours au réfrigérateur et il est tout aussi délicieux une fois réchauffé.

INGRÉDIENTS

3	tranches de lard salé entrelardé	3
1	poulet de 2 à 3 kg (4 à 7 lb)	1
	Sel et poivre	
1	branche de thym	1
ou		
1 ml	thym séché	¼ de c. à thé
1	gousse d'ail, écrasée	1
2	oignons, hachés grossièrement	2
2 ml	sarriette d'hiver séchée	½ c. à thé
1	pincée de clou de girofle moulu	1
6	pommes de terre, pelées	6
12	carottes	12
500 g	haricots jaunes	2 ½ tasses
1	rutabaga, en tranches épaisses	1
1	chou vert, coupé en 6 quartiers	1

ÉTAPES

1. Dans une petite casserole, couvrir le lard d'eau froide et porter à ébullition. Baisser le feu, laisser mijoter 1 minute et égoutter.

2. Retirer l'excédent de gras du poulet. Saler et poivrer au goût, puis déposer le thym et l'ail à l'intérieur.

3. Dans une grande casserole, à feu doux, cuire les tranches de lard jusqu'à ce qu'elles soient presque croustillantes. Réserver. Faire légèrement dorer le poulet dans le gras de lard et réserver. Dans la même casserole, à feu moyen, cuire les oignons 3 minutes en remuant sans cesse.

4. Remettre le poulet et le lard dans la casserole. Ajouter la sarriette, le clou de girofle et de l'eau froide à hauteur du poulet. Porter à ébullition. Baisser le feu, couvrir et laisser mijoter de 1 h 30 min à 2 h, jusqu'à ce que le poulet soit tendre. Retirer le poulet de la casserole et réserver au chaud dans une casserole munie d'un couvercle ou recouverte de papier d'aluminium.

5. Dans la casserole ayant servi à la cuisson du poulet, déposer les pommes de terre, les carottes, les haricots, le rutabaga et le chou. Couvrir et laisser mijoter 1 heure ou jusqu'à ce que les légumes soient tendres.

6. Servir le poulet et les légumes dans de grands bols creux et arroser généreusement de bouillon.

COQ AU VIN

4 PORTIONS	PRÉPARATION 1 HEURE	CUISSON 1 HEURE

Ce classique de la cuisine française fera le bonheur de vos convives. Pour peler facilement les petits oignons, plongez-les 10 secondes dans une casserole d'eau à pleine ébullition, puis refroidissez-les à l'eau froide. Coupez les bouts, épluchez-les et faites une petite incision en croix à la base pour les empêcher de se déformer pendant la cuisson.

INGRÉDIENTS

100 g	lard salé entrelardé, sans couenne, coupé en lardons de 5 mm x 2,5 cm (¼ de po x 1 po)	3 ½ oz
45 ml	beurre à température ambiante	3 c. à soupe
30 ml	huile végétale	2 c. à soupe
225 g	champignons, coupés en bouchées	2 ¾ tasses
12	petits oignons, pelés	12
	Sel et poivre	
75 ml	farine tout usage	⅓ de tasse
4	pilons de poulet non désossés, sans peau	4
4	hauts de cuisse de poulet non désossés, sans peau	4
1	gousse d'ail, hachée finement	1
1	feuille de laurier	1
1	brin de persil	1
2 ml	thym séché	½ c. à thé
500 ml	vin rouge (bourgogne ou côtes-du-rhône de préférence)	2 tasses
250 ml	bouillon de poulet non salé	1 tasse

ÉTAPES

1. Dans une petite casserole, couvrir les lardons d'eau froide et porter à ébullition. Baisser le feu, laisser mijoter 2 minutes et égoutter.

2. Dans une grande casserole ou un faitout, à feu moyen, chauffer 15 ml (1 c. à soupe) de beurre et 15 ml (1 c. à soupe) d'huile. Cuire les champignons 5 minutes en remuant sans cesse à l'aide d'une cuillère en bois. Réserver.

3. Dans la même casserole, à feu doux, chauffer le reste de l'huile et faire dorer les lardons 5 minutes, jusqu'à ce qu'ils soient croustillants. Réserver. Ajouter les oignons et faire revenir à feu moyen 5 minutes. Réserver.

4. Saler et poivrer légèrement le poulet, puis l'enrober de 45 ml (3 c. à soupe) de farine en secouant l'excédent. Dans la même casserole, à feu moyen, faire dorer 4 morceaux de poulet à la fois.

5. Ajouter les oignons, l'ail, le laurier, le persil, le thym, le vin et le bouillon. Porter à ébullition, couvrir et cuire au four de 20 à 30 minutes, jusqu'à ce que le thermomètre indique 80 °C (175 °F).

6. Entre-temps, préparer un beurre manié en mélangeant 30 ml (2 c. à soupe) de beurre et 30 ml (2 c. à soupe) de farine. Réserver.

7. Retirer le poulet, les oignons, la feuille de laurier et le persil de la casserole. Porter le bouillon à ébullition et laisser bouillir 5 minutes à feu moyen-vif. Incorporer le beurre manié au fouet jusqu'à ce qu'il ne reste plus de particules de beurre visibles. Laisser mijoter de 3 à 5 minutes, jusqu'à ce que la sauce épaississe. Ajouter les champignons, les oignons, les lardons et le poulet. Réchauffer quelques minutes avant de servir.

Suggestions d'accompagnements : pommes de terre bouillies, haricots verts.

GOMBO AU POULET

4 PORTIONS	PRÉPARATION 30 MINUTES	CUISSON 1 H 15 MIN

Le gombo louisianais a subi l'influence de la cuisine française pour le roux, de la cuisine africaine pour les okras et de la cuisine antillaise pour le mélange d'épices. À La Nouvelle-Orléans et en Louisiane, on prépare des gombos au poulet, aux fruits de mer, aux saucisses et aux huîtres, etc. Pour un goût moins piquant, utilisez seulement la moitié du poivre de Cayenne.

INGRÉDIENTS

75 ml	d'huile végétale	⅓ de tasse
75 ml	farine tout usage	⅓ de tasse
1	oignon, haché finement	1
1	poivron vert, épépiné et haché finement	1
500 ml	tomates fraîches ou en conserve, hachées	2 tasses
1 litre	bouillon de poulet	4 tasses
1	feuille de laurier	1
1	pincée de thym	1
1 ml	poivre de Cayenne	¼ de c. à thé
12	okras frais ou congelés, équeutés et coupés en tronçons de 2,5 cm (1 po)	12
	Sel et poivre	
250 ml	riz blanc à grain long	1 tasse
4	poitrines de poulet désossées et sans peau	4
	Huile (pour badigeonner le poulet)	

ÉTAPES

1. Dans une grande casserole, chauffer 75 ml (⅓ de tasse) d'huile à feu doux. Ajouter la farine peu à peu en remuant sans cesse à l'aide d'une cuillère en bois. Poursuivre la cuisson à feu doux en remuant sans cesse de 15 à 20 minutes, jusqu'à ce que la farine ait la couleur du beurre d'arachide.

2. Ajouter l'oignon et le poivron et cuire à feu doux 5 minutes en remuant. Ajouter les tomates, le bouillon, le laurier, le thym et le cayenne. Porter à ébullition. Baisser le feu, couvrir et laisser mijoter 15 minutes.

3. Ajouter les okras et cuire 15 minutes ou jusqu'à ce qu'ils soient tendres. Saler et poivrer.

4. Entre-temps, cuire le riz selon les indications inscrites sur l'emballage. Placer la grille dans le tiers supérieur du four. Préchauffer le gril du four. Badigeonner le poulet d'huile et faire griller 10 minutes de chaque côté ou jusqu'à ce que la chair ne soit plus rosée au centre.

5. Servir le riz dans de grands bols à soupe ou à pâtes. Couvrir d'une poitrine de poulet et verser la préparation de gombo.

COUSCOUS AU POULET

| 4 GROSSES PORTIONS | PRÉPARATION 30 MINUTES | CUISSON 1 HEURE |

Le couscous est l'un de mes plats exotiques favoris. Pour simplifier sa préparation, j'utilise du couscous à cuisson rapide, ce qui m'évite de le faire cuire à la vapeur dans un couscoussier, comme l'exige le mode de préparation traditionnel.

INGRÉDIENTS

45 ml	farine tout usage	3 c. à soupe
4	morceaux de poulet au choix (cuisses ou poitrines), sans peau	4
30 ml	huile végétale	2 c. à soupe
1	gros oignon, coupé en huit	1
3	gousses d'ail, en tranches minces	3
2 ml	curcuma moulu	½ c. à thé
2 ml	cannelle moulue	½ c. à thé
2 ml	gingembre moulu	½ c. à thé
0,5 ml	cumin moulu	⅛ de c. à thé
1 ml	sel	¼ de c. à thé
2 ml	poivre	½ c. à thé
875 ml	bouillon de poulet	3 ½ tasses
2 ou	tomates, pelées et hachées	2
250 ml	tomates en conserve	1 tasse
30 ml	persil frais, haché	2 c. à soupe
10 ml	jus de citron frais	2 c. à thé
8	petites carottes	8
375 ml	pois chiches, cuits	1 ½ tasse
2	petites courgettes, en tranches de 1 cm (½ po) d'épaisseur	2
375 ml	couscous moyen à cuisson rapide	1 ½ tasse

ÉTAPES

1. Étaler la farine sur une feuille de papier ciré et fariner le poulet. Dans une grande casserole, à feu moyen, chauffer 1 c. à soupe d'huile et faire dorer la volaille des deux côtés. Réserver.

2. Ajouter 1 c. à soupe d'huile dans la casserole et cuire l'oignon à feu doux jusqu'à ce qu'il soit transparent. Ajouter l'ail, le curcuma, la cannelle, le gingembre, le cumin, le sel et le poivre. Cuire 1 minute en remuant sans cesse à l'aide d'une cuillère en bois.

3. Ajouter 500 ml (2 tasses) de bouillon de poulet, les tomates, le persil, le jus de citron et le poulet, puis porter à ébullition. Baisser le feu, couvrir et laisser mijoter 20 minutes.

4. Ajouter les carottes et les pois chiches puis cuire 20 minutes. Ajouter les courgettes et cuire 10 minutes.

5. Dans une casserole moyenne, porter à ébullition 375 ml (1 ½ tasse) de bouillon de poulet. Verser le couscous, couvrir et retirer du feu. Laisser reposer 5 minutes.

6. Servir le couscous dans de grands bols à soupe ou à pâtes. Couvrir de poulet et de légumes, puis arroser généreusement de bouillon.

Suggestions d'accompagnements : pain pita, olives noires.

POULET AU CARI

4 PORTIONS	PRÉPARATION 15 MINUTES	RÉFRIGÉRATION 24 HEURES	CUISSON 1 H 15 MIN

Voici une recette santé puisque ce poulet au cari renferme peu de matière grasse. En le faisant mariner la veille, les épices auront tout le temps qu'il faut pour parfumer agréablement la chair de la volaille.

INGRÉDIENTS

1 ml	thym séché	¼ de c. à thé
0,5 à 1 ml	flocons de piment	⅛ à ¼ de c. à thé
3	gousses d'ail, hachées finement	3
30 ml	sauce soja	2 c. à soupe
15 ml	poudre ou pâte de cari douce	1 c. à soupe
8	morceaux de poulet au choix (pilons, hauts de cuisse, poitrine coupée en deux)	8
1	poivron vert, en morceaux de 2,5 cm (1 po)	1
1	gros oignon, haché grossièrement	1
2	tomates, pelées et coupées en morceaux de 2,5 cm (1 po)	2
30 ml	huile végétale	2 c. à soupe
175 ml	eau froide	¾ de tasse

ÉTAPES

1. Dans un grand bol, mélanger le thym, les flocons de piment, l'ail, la sauce soja et le cari. Ajouter le poulet, le poivron, l'oignon et les tomates. Remuer avec soin, couvrir et réfrigérer 24 heures.

2. Le lendemain, dans une grande casserole, à feu moyen, chauffer l'huile et faire dorer le poulet. Ajouter les légumes et l'eau, puis porter à ébullition. Baisser le feu et laisser mijoter 1 heure (ou cuire à la mijoteuse de 3 à 4 heures à basse température). Conservation : 4 jours au réfrigérateur ou 6 mois au congélateur.

Suggestions d'accompagnements : riz patna, riz au jasmin ou autre riz blanc.

POITRINES DE POULET SAUTÉES À LA CRÈME

| 4 PORTIONS | PRÉPARATION 15 MINUTES | CUISSON 30 MINUTES |

Si vous êtes amateur de champignons sauvages, ce plat est particulièrement délicieux avec des morilles ou des pleurotes.

INGRÉDIENTS

4	poitrines de poulet, désossées et sans peau	4
	Sel et poivre	
60 ml	farine tout usage	¼ de tasse
30 ml	beurre	2 c. à soupe
30 ml	huile végétale	2 c. à soupe
5 ml	estragon séché	1 c. à thé
225 g	champignons frais, en tranches	2 ¾ tasses
125 ml	vin blanc sec	½ tasse
310 ml	crème 35 %	1 ¼ tasse

ÉTAPES

1. Placer la grille dans le tiers inférieur du four. Préchauffer le four à 180 °C (350 °F).

2. Saler et poivrer le poulet. Étaler la farine sur une feuille de papier ciré. Fariner le poulet et secouer l'excédent de farine.

3. Dans une grande poêle allant au four, à feu moyen, chauffer le beurre et l'huile et faire dorer le poulet des deux côtés. Saupoudrer d'estragon et cuire au four, à découvert, pendant 10 minutes ou jusqu'à ce que le thermomètre indique 74 °C (165 °F). Réserver le poulet dans une assiette et couvrir de papier d'aluminium.

4. Retirer tout le gras de la poêle, sauf 30 ml (2 c. à soupe), et faire dorer les champignons à feu moyen pendant environ 5 minutes en remuant à l'aide d'une cuillère en bois.

5. Ajouter le vin blanc, porter à ébullition et laisser réduire de moitié à feu vif (incliner la poêle pour évaluer plus facilement la quantité de liquide).

6. Verser la crème et porter à ébullition. Baisser le feu et cuire à feu moyen de 5 à 10 minutes, jusqu'à ce que la sauce adhère au dos d'une cuillère.

7. Servir le poulet dans des assiettes et napper de sauce.

Suggestions d'accompagnements : pommes de terre dorées (page 84), brocoli, haricots verts.

POULET FRIT AU FOUR

| 4 PORTIONS | PRÉPARATION
10 MINUTES | CUISSON
50 MINUTES |

Petits et grands raffolent de ce poulet qui rappelle celui des restaurants-minute. Il est toutefois bien meilleur puisqu'on le cuisine à la maison !

INGRÉDIENTS

30 ml	huile végétale	2 c. à soupe
30 ml	beurre	2 c. à soupe
125 ml	farine tout usage	½ tasse
5 ml	paprika doux de Hongrie, de préférence	1 c. à thé
7 ml	sel	1½ c. à thé
1 ml	poivre	¼ de c. à thé
1	poulet de 1,5 kg (3 lb), coupé en 8 morceaux	1
ou		
8	hauts de cuisse non désossés, avec la peau	8

ÉTAPES

1. Placer la grille dans le tiers inférieur du four. Préchauffer le four à 220 °C (425 °F).

2. Mettre l'huile et le beurre dans un plat de cuisson de 23 cm x 33 cm (9 po x 13 po). Mettre au four de 3 à 5 minutes, jusqu'à ce que le beurre soit fondu. Réserver.

3. Dans un sac de plastique à fermeture hermétique, mélanger la farine, le paprika, le sel et le poivre. Mettre un morceau de poulet à la fois dans le sac et bien remuer.

4. Placer le poulet dans le plat, peau vers le fond. Cuire au four 25 minutes. Retourner et cuire de 15 à 20 minutes.

Suggestions d'accompagnements : pommes de terre frites, salade de maïs et d'avocat (page 252), salade de chou crémeuse (page 245).

CUISSES DE POULET PANÉES

4 PORTIONS	PRÉPARATION 10 MINUTES	CUISSON 45 MINUTES

La chapelure maison obtenue en pulvérisant des restes de pain séché est idéale pour cette recette. On peut la faire au robot culinaire, mais le hachoir à viande donne une chapelure plus belle encore.

INGRÉDIENTS

250 ml	chapelure	1 tasse
10 ml	poudre de chili	2 c. à thé
5 ml	sel	1 c. à thé
2 ml	poivre	½ c. à thé
4	cuisses de poulet	4

ÉTAPES

1. Placer la grille dans le tiers inférieur du four. Préchauffer le four à 200 °C (400 °F).

2. Dans un sac de plastique à fermeture hermétique, mélanger la chapelure, la poudre de chili, le sel et le poivre.

3. Rincer 1 cuisse de poulet à l'eau froide, puis la déposer dans le sac. Fermer le sac et bien secouer. Paner les autres cuisses une à une de la même façon. Disposer sur une plaque et cuire au four 45 minutes ou jusqu'à ce que les cuisses soient bien dorées.

Suggestions d'accompagnements: pommes de terre frites, salade de chou crémeuse (page 245), salade de laitue avec sauce ranch au babeurre (page 238).

POULET À LA CHINOISE

| 4 PORTIONS | PRÉPARATION 30 MINUTES | CUISSON 15 MINUTES |

En respectant les mêmes quantités, vous pouvez remplacer le brocoli, les mange-tout et le poivron rouge par du chou-fleur, des champignons et du poivron vert. Si vous utilisez des germes de haricot en conserve, ajoutez-les en même temps que les châtaignes d'eau.

INGRÉDIENTS

Sauce

60 ml	bouillon de poulet	¼ de tasse
30 ml	sauce soja	2 c. à soupe
15 ml	fécule de maïs	1 c. à soupe
15 ml	xérès sec ou eau	1 c. à soupe
0,5 à 1 ml	poivre de Cayenne	⅛ à ¼ de c. à thé
15 ml	sauce soja	1 c. à soupe
15 ml	fécule de maïs	1 c. à soupe
500 g	poitrines de poulet, désossées et sans peau, en languettes	1 lb
60 ml	huile végétale	¼ de tasse
250 ml	petits bouquets de brocoli	1 tasse
250 ml	pois mange-tout frais ou surgelés	1 tasse
375 ml	germes de haricot	1 ½ tasse
½	poivron rouge, coupé sur la longueur en lanières de 5 cm (2 po)	½
1	grosse gousse d'ail, hachée finement	1
5 ml	gingembre frais, haché finement	1 c. à thé
1	boîte de 227 ml de châtaignes d'eau en tranches, égouttées	1
2	oignons verts, en morceaux de 2,5 cm (1 po)	2

ÉTAPES

1. Mettre les ingrédients de la sauce dans un petit bol et réserver.

2. Dans un grand bol, mélanger la sauce soja et la fécule de maïs. Ajouter le poulet et mélanger.

3. Dans un wok ou une grande poêle, à feu moyen-vif, chauffer 45 ml (3 c. à soupe) d'huile et cuire le poulet en remuant sans cesse à l'aide d'une cuillère en bois jusqu'à ce qu'il soit légèrement doré. Réserver.

4. Verser le reste de l'huile dans le wok et cuire le brocoli et les mange-tout en remuant sans cesse pendant 2 minutes. Ajouter les germes de haricot, le poivron, l'ail et le gingembre. Cuire 2 minutes en remuant sans cesse. Ajouter le poulet, les châtaignes et les oignons verts.

5. Mélanger les ingrédients de la sauce à l'aide d'un petit fouet. Verser sur la préparation de poulet et cuire environ 2 minutes en remuant sans cesse jusqu'à épaississement.

Suggestion d'accompagnement : riz patna, riz au jasmin ou autre riz blanc.

GRATINS DE POULET

4 PORTIONS	PRÉPARATION 30 MINUTES	CUISSON 1 HEURE

On peut congeler ces gratins avant de les cuire au four, mais il est préférable de faire cuire le pâté au poulet (voir Variante) avant de le congeler. Il n'est pas nécessaire de les décongeler avant de procéder à la cuisson.

INGRÉDIENTS

3	carottes, en tranches	3
1	branche de céleri, en tranches	1
125 ml	petits pois frais ou surgelés	½ tasse
60 ml	beurre	¼ de tasse
60 ml	oignon, haché	¼ de tasse
60 ml	farine	¼ de tasse
250 ml	bouillon de poulet	1 tasse
250 ml	lait	1 tasse
2 ml	sel	½ c. à thé
1 ml	poivre	¼ de c. à thé
375 ml	poulet cuit, haché grossièrement	1 ½ tasse
250 ml	mozzarella, râpée	1 tasse
60 ml	chapelure	¼ de tasse

ÉTAPES

1. Dans une casserole moyenne, couvrir les carottes et le céleri d'eau froide. Porter à ébullition et cuire 15 minutes. Ajouter les pois et cuire 5 minutes. Égoutter, rincer à l'eau froide et réserver.

2. Entre-temps, dans une casserole moyenne, à feu doux, chauffer le beurre et cuire l'oignon 5 minutes en remuant de temps à autre à l'aide d'une cuillère en bois. Retirer du feu et incorporer la farine. Remettre à feu doux 1 minute en remuant sans cesse, puis retirer du feu. À l'aide d'un fouet, incorporer le bouillon et le lait peu à peu. Porter à ébullition en remuant sans cesse. Baisser le feu et laisser mijoter, en remuant de temps à autre, pendant 5 minutes ou jusqu'à ce que la sauce épaississe. Ajouter le sel et le poivre.

3. Placer la grille dans le tiers inférieur du four. Préchauffer le four à 190 °C (375 °F).

4. Mélanger le poulet et les légumes avec la sauce. Répartir dans quatre plats à gratin de 500 ml (2 tasses).

5. Dans un bol, mélanger la mozzarella et la chapelure. Parsemer les gratins de ce mélange.

6. Cuire au four 30 minutes ou jusqu'à ce que le fromage soit légèrement doré.

VARIANTE

Pâté au poulet : omettre la mozzarella et la chapelure. Verser la préparation dans une abaisse de pâte à tarte. Couvrir d'une autre abaisse. Cuire au four préchauffé à 220 °C (425 °F) pendant 15 minutes. Baisser la température à 180 °C (350 °F) et cuire 30 minutes.

BROCHETTES DE POULET

4 PORTIONS	PRÉPARATION 15 MINUTES	RÉFRIGÉRATION 4 À 8 HEURES	CUISSON 10 MINUTES

INGRÉDIENTS

60 ml	huile d'olive	¼ de tasse
60 ml	jus de citron frais	¼ de tasse
2	gousses d'ail, hachées très finement	2
5 ml	sel	1 c. à thé
0,5 ml	poivre de Cayenne	⅛ de c. à thé
4	poitrines de poulet, désossées et sans peau, en cubes de 4 cm (1 ½ po)	4
10	petits oignons, coupés en deux	10
ou		
1	oignon, en morceaux de 4 cm (1 ½ po)	1
2	poivrons verts, en morceaux de 4 cm (1 ½ po)	2

ÉTAPES

1. Dans un bol ou un sac de plastique à fermeture hermétique, mélanger l'huile d'olive, le jus de citron, l'ail, le sel et le cayenne. Ajouter le poulet, les oignons et les poivrons, puis remuer avec soin. Réfrigérer de 4 à 8 heures.

2. Placer la grille dans le haut du four. Préchauffer le gril du four. (Ou préchauffer le barbecue à intensité moyenne.)

3. Enfiler le poulet et les légumes sur les brochettes et cuire 5 minutes de chaque côté ou jusqu'à ce qu'il ne reste plus de trace rosée au centre de la volaille.

Suggestions d'accompagnements : riz pilaf (page 95), quartiers de tomate, maïs en épis.

POULETS DE CORNOUAILLES RÔTIS

4 PORTIONS	PRÉPARATION 15 MINUTES	CUISSON 1 HEURE	REPOS 10 MINUTES

INGRÉDIENTS

2	poulets de Cornouailles	2
2	oignons	2
	Feuilles de céleri avec tiges	
125 ml	beurre	½ tasse
5 ml	estragon séché	1 c. à thé
2 ml	thym séché	½ c. à thé
45 ml	jus de citron frais	3 c. à soupe
2 ml	paprika doux de Hongrie de préférence	½ c. à thé
2 ml	sel	½ c. à thé
2 ml	poivre	½ c. à thé

ÉTAPES

1. Placer la grille dans le tiers inférieur du four. Préchauffer le four à 180 °C (350 °F).

2. Laver et éponger les poulets. Mettre un oignon et quelques feuilles de céleri à l'intérieur de chacun. Déposer les poulets dans une casserole de 18 cm x 28 cm (7 po x 11 po).

3. Dans une petite casserole, à feu doux, chauffer le beurre avec l'estragon jusqu'à ce qu'il soit fondu. Ajouter le jus de citron, le paprika, le sel et le poivre.

4. Badigeonner le poulet de beurre d'estragon. Cuire au four 1 heure ou jusqu'à ce que le thermomètre inséré dans une cuisse indique 80 °C (175 °F). Badigeonner de nouveau le poulet de beurre d'estragon et le retourner toutes les 15 minutes pendant la cuisson. Laisser reposer 10 minutes. Servir un demi-poulet par personne.

Suggestions d'accompagnements : casserole de riz sauvage (page 99), riz brun, choux de Bruxelles, brocoli.

FAISAN BRAISÉ AU VIN ROUGE

6 PORTIONS	PRÉPARATION 10 MINUTES	RÉFRIGÉRATION 8 À 24 HEURES	CUISSON 2 À 3 HEURES

Le braisage convient parfaitement à la chair plutôt maigre du faisan. Cette recette se transmet de génération en génération dans la famille de ma belle-sœur Michelle Descôteaux-Dontigny. C'est lors d'un repas du temps des fêtes que j'ai eu le plaisir de découvrir ce plat et d'apprendre à le préparer avec sa mère.

INGRÉDIENTS

375 ml	vin rouge sec	1 ½ tasse
10 ml	sarriette d'hiver séchée	2 c. à thé
30 ml	persil frais, haché	2 c. à soupe
1	carotte, râpée grossièrement	1
2	faisans	2
250 g	lard salé entrelardé, en tranches	8 oz

ÉTAPES

1. Dans un grand bol, mélanger le vin rouge, la sarriette, le persil et la carotte. Ajouter les faisans, couvrir et réfrigérer de 8 à 24 heures en les retournant deux ou trois fois pendant cette période. Retirer les faisans de la marinade et éponger avec du papier absorbant. Réserver.

2. Dans une grande casserole allant au four munie d'un couvercle, faire dorer le lard à feu doux. Réserver.

3. Placer la grille dans le bas du four. Préchauffer le four à 180 °C (350 °F).

4. Retirer le gras de la casserole, sauf 45 ml (3 c. à soupe), et faire dorer les faisans à feu moyen.

5. Verser un peu de marinade sur les faisans. Mettre le lard sur le dessus et tout autour. Couvrir et cuire de 2 à 3 heures en arrosant fréquemment les faisans avec le reste de la marinade et en les retournant à mi-cuisson.

Suggestions d'accompagnements : purée de pommes de terre, choux de Bruxelles.

MAGRET DE CANARD AU PORTO ET AUX CERISES

2 PORTIONS	PRÉPARATION 30 MINUTES	CUISSON 30 MINUTES

La chair du magret de canard ressemble davantage à une viande rouge qu'à une viande blanche. Une cuisson mi-saignante est idéale.

INGRÉDIENTS

1	magret de canard	1
125 ml	bouillon de bœuf ou fond brun	½ tasse
15 ml	vinaigre balsamique	1 c. à soupe
45 ml	porto	3 c. à soupe
30 ml	confiture de cerises ou gelée de pommettes ou de cassis	2 c. à soupe

ÉTAPES

1. Placer la grille au centre du four. Préchauffer le four à 180 °C (350 °F).

2. Quadriller la peau du magret au couteau en espaçant les losanges de 2,5 cm (1 po). (Il est important de ne pas inciser la chair.)

3. Chauffer une poêle allant au four à feu moyen. Saisir le magret, côté peau vers le fond, jusqu'à ce qu'il soit légèrement doré. Retourner et saisir de l'autre côté. Retirer tout le gras fondu de la poêle.

4. Cuire au four, à découvert, pendant 10 minutes. Retourner le canard et poursuivre la cuisson de 5 à 10 minutes, jusqu'à ce que le thermomètre à viande inséré au centre du magret indique 52 °C (125 °F).

5. Entre-temps, dans une tasse à mesurer ou un verre gradué, mélanger le bouillon, le vinaigre, le porto et la confiture.

6. Réserver le magret dans une assiette pendant la préparation de la sauce.

7. Retirer le gras de la poêle. Verser le contenu de la tasse à mesurer et porter à ébullition. Laisser réduire à feu moyen de 5 à 10 minutes en remuant de temps à autre jusqu'à l'obtention d'un sirop léger et luisant. (La sauce est prête lorsqu'elle nappe légèrement le dos d'une cuillère.)

8. Déposer le magret côté peau sur une planche. Découper en tranches minces en commençant par le côté étroit. Verser un peu de sauce dans les assiettes et déposer quelques tranches de magret.

Suggestions d'accompagnements : purée de pommes de terre, petits pois, chou et oignons sautés (page 77).

VIANDES

CÔTELETTES D'AGNEAU À L'ORANGE (Rap)	**171**
GIGOT D'AGNEAU RÔTI	**172**
BAECKEOFFE ALSACIEN	**173**
FEUILLES DE VIGNE FARCIES À L'AGNEAU (*)	**174**
RÔTI DE VEAU À L'ESTRAGON	**177**
RÔTI DE VEAU BRAISÉ	**178**
ESCALOPES DE VEAU PANÉES	**179**
VEAU À LA CRÈME (*)	**180**
OSSO BUCO (R)(*)	**182**
RÔTI DE PORC À L'AIL ET À LA MARJOLAINE	**183**
CÔTELETTES DE PORC, SAUCE MOUTARDE À LA CRÈME (Rap)	**185**
MÉDAILLONS DE PORC À LA HONGROISE (*)	**186**
SOUVLAKIS	**189**
TZATZIKI	**189**
PÂTÉ À LA VIANDE (*)	**190**
TOURTIÈRE (*)	**191**
PAIN DE VIANDE AUX TOMATES DE MAMAN (*)	**192**
RAGOÛT DE PATTES ET DE BOULETTES DE PORC (*)	**194**

PÂTÉ AU LIÈVRE (*)	**195**
FRICASSÉE À LA SAUCISSE (Rap)	**197**
RIZ INDONÉSIEN (*)	**198**
PÂTÉS IMPÉRIAUX (R) (*)	**199**
CHOP SUEY AU PORC (Rap)	**200**
CÔTES LEVÉES À LA CHINOISE (Mij) (*)	**202**
CHOUCROUTE GARNIE	**203**
JAMBON, SAUCE AU FROMAGE SUISSE (Rap)	**205**
JAMBON AU FOUR (Mij)	**206**
BŒUF RÔTI	**207**
BŒUF BRAISÉ (R) (Mij) (*)	**208**
BŒUF BOUILLI	**211**
GOULACHE DE BŒUF	**212**
BŒUF BOURGUIGNON (Mij) (*)	**213**
FILET DE BŒUF GRILLÉ, SAUCE ROSÉE (Rap)	**214**
BŒUF À LA BIÈRE (Mij) (*)	**216**
CHILI (*)	**217**
FONDUE CHINOISE (Rap) (*)	**219**
ÉMINCÉ DE BŒUF À LA CHINOISE	**220**
CIPÂTE GASPÉSIEN	**222**

La meilleure façon de vérifier la cuisson des viandes est d'utiliser un thermomètre instantané ou un thermomètre à viande qu'on insère dans le rôti pendant la cuisson. On peut aussi insérer un couteau dans le rôti. La cuisson est à point si l'on ressent une bonne chaleur au moment de placer le couteau sur l'intérieur de notre poignet, mi-saignante si l'on ressent une douce chaleur, et saignante si l'on éprouve une sensation de tiédeur. Avant de servir un rôti, il est préférable de le laisser reposer de 15 à 20 minutes ; et un steak de 5 à 10 minutes selon l'épaisseur.

Manipulation sécuritaire des viandes

Pour éviter toute contamination bactérienne, nettoyez tous les ustensiles et surfaces ayant été en contact avec de la viande crue, d'abord à l'eau chaude savonneuse, puis avec du vinaigre. Lavez vos mains après avoir manipulé la viande. Si vous utilisez le barbecue, ne mettez jamais la viande cuite dans l'assiette ayant servi à transporter la viande crue.

Agneau

On peut se procurer facilement de l'agneau du Québec ou de la Nouvelle-Zélande. Ce dernier est un animal plus âgé, au goût beaucoup plus prononcé qui ne plaît pas à tous. L'agneau du Québec est un meilleur choix pour son goût délicat et ses arômes. La cuisson mi-saignante est celle qui convient le mieux aux grillades et aux rôtis. La cuisson à point donne une viande au goût plus intense qui convient aux plats mijotés et épicés.

Veau

On trouve deux types de veau sur le marché : le veau de lait, nourri au lait, et le veau de grain, nourri aux grains. Ce dernier a un goût plus prononcé que le premier. Évitez les pièces dont la couleur se rapproche de celle du bœuf, car cela indique que l'animal a presque atteint l'âge de devenir un bœuf. On peut utiliser les deux sortes de veau dans les recettes, mais un plat de veau préparé en sauce à la crème ou en rôti sera meilleur avec du veau de lait.

Porc

Grâce à la pression des consommateurs, le porc est maintenant beaucoup moins gras et il n'y a plus de risque de contamination si on le cuit jusqu'à ce que le thermomètre indique 58 °C (137 °F) ou plus. La viande de porc ne doit jamais être consommée crue. Le porc de qualité dégage une odeur agréable à la cuisson. Les grillades et les rôtis dans la longe peuvent être servis rosés à 63 °C (145 °F) ou à point à 71 °C (160 °F). Il est de plus en plus difficile de se procurer des jambons de qualité. Optez pour les jambons artisanaux vendus dans les charcuteries où la qualité de la viande est reconnue.

Bœuf

Le bœuf est classé en catégories A, B, C et D. La meilleure qualité et la plus vendue est la catégorie A. Les meilleurs steaks ont des marbrures de gras d'un blanc laiteux. Pour une cuisson saignante ou mi-saignante uniforme, laissez reposer les steaks et rôtis environ 30 minutes à température ambiante avant de les faire cuire. La cuisson est saignante à 52 °C (125 °F), mi-saignante à 60 °C (140 °F) et à point à 71 °C (160 °F)

Modes de cuisson des différentes coupes de bœuf

Aloyau : pour des steaks à griller, la partie du filet peut être grillée ou cuite à la poêle.
Côte de bœuf : pour cuire en rôti ou faire cuire des steaks grillés.
Épaule : pour du bœuf haché ou des cubes pour des mets braisés ou à mijoter.
Jarret : sert à la préparation de bouillons, peut aussi être braisé ou transformé en bœuf haché.
Palette : sert pour des plats de bœuf braisé ou bouilli.
Pointe de surlonge : la catégorie A peut être cuite en rôti et apprêtée en brochettes de bœuf.
Ronde : sert à la préparation de plats de bœuf braisé, en cubes à mijoter ou en bœuf haché.

CÔTELETTES D'AGNEAU À L'ORANGE

| 4 PORTIONS | PRÉPARATION 10 MINUTES | REPOS 30 MINUTES | CUISSON 15 MINUTES |

Madame Lucie Cadieux, de La Ferme Éboulmontaise située au cœur de Charlevoix, a bien raison de dire que sa recette de côtelettes est vite faite et savoureuse. Cette femme est reconnue pour sa pratique exemplaire de l'élevage de l'agneau de Charlevoix portant le sceau d'appellation contrôlée.

INGRÉDIENTS

| 8 | côtelettes d'agneau du Québec | 8 |
| 30 ml | huile végétale | 2 c. à soupe |

Marinade

1	petite gousse d'ail, hachée finement	1
30 ml	basilic frais, haché	2 c. à soupe
30 ml	oignon, haché finement	2 c. à soupe
60 ml	sauce soja	¼ de tasse
250 ml	jus d'orange	1 tasse

ÉTAPES

1. Dans un sac de plastique à fermeture hermétique ou un bol, mélanger les ingrédients de la marinade. Ajouter les côtelettes, fermer le sac ou couvrir le bol. Laisser mariner environ 30 minutes.

2. Retirer les côtelettes de la marinade et réserver celle-ci dans une casserole. Placer la grille au centre du four. Préchauffer le four à 160 °C (325 °F).

3. Dans une poêle allant au four, à feu moyen, chauffer l'huile et faire dorer la viande de chaque côté.

4. Cuire au four de 10 à 15 minutes, jusqu'à ce que la chair soit rosée au centre.

5. Entre-temps, porter la marinade à ébullition. Baisser le feu et laisser mijoter 1 minute.

6. Accompagner les côtelettes de petits ramequins de marinade chaude.

Suggestions d'accompagnements : pommes de terre dorées (page 84), haricots verts, tomates provençales (page 87).

GIGOT D'AGNEAU RÔTI

6 PORTIONS	PRÉPARATION 15 MINUTES	CUISSON 1 H À 1 H 30 MIN

On peut remplacer le vin par du bouillon de bœuf. Si votre lèchefrite ne peut être utilisée sur la cuisinière, faites cuire le bouillon au four pendant 10 minutes après avoir pris soin de racler le fond.

INGRÉDIENTS

1	gigot d'agneau de 1,5 kg (3 lb)	1
1	gousse d'ail, coupée en quatre	1
	Sel et poivre	
22 ml	huile végétale	1 ½ c. à soupe
5 ml	romarin séché	1 c. à thé
125 ml	vin rouge sec	½ tasse
125 ml	bouillon de bœuf	½ tasse

ÉTAPES

1. Placer la grille dans le premier tiers du four. Préchauffer le four à 230 °C (450 °F).

2. À l'aide d'un petit couteau, faire quatre incisions dans la partie grasse et charnue du gigot et y insérer les morceaux d'ail. Saler, poivrer et badigeonner d'huile, puis saupoudrer de romarin.

3. Déposer le gigot dans une lèchefrite et cuire au four 10 minutes. Baisser la température à 160 °C (325 °F) et cuire 15 minutes par 500 g (1 lb) ou jusqu'à ce que la température indique 55 °C (130 °F) pour une cuisson saignante ou 60 °C (140 °F) pour une cuisson mi-saignante.

4. Retirer le rôti de la lèchefrite. Couvrir de papier d'aluminium et laisser reposer 10 minutes.

5. Entre-temps, verser le vin rouge et le bouillon dans la lèchefrite. Racler le fond à l'aide d'une spatule, porter à ébullition et laisser mijoter 5 minutes à feu moyen.

6. Couper le rôti en tranches et napper chaque portion de jus de cuisson.

Suggestions d'accompagnements: pommes de terre, tomates provençales (page 87), fenouil braisé (page 78) ou petits pois.

BAECKEOFFE ALSACIEN

8 À 10 PORTIONS	PRÉPARATION 30 MINUTES	RÉFRIGÉRATION 24 HEURES	CUISSON 2 À 3 HEURES

Ce plat réconfortant est toujours bienvenu en automne et en hiver. Il est très facile à préparer et embaume toute la maisonnée. On obtiendra un accord gagnant en servant un verre de riesling à ses invités.

INGRÉDIENTS

500 g	épaule de porc, en cubes de 5 cm (2 po)	1 lb
500 g	épaule d'agneau, en cubes de 5 cm (2 po)	1 lb
500 g	bœuf, en cubes de 5 cm (2 po)	1 lb
3	gousses d'ail (couper chacune en 3 tranches sur la longueur)	3
1	bouquet garni (branche de céleri, persil, thym, feuille de laurier ficelés)	1
12	grains de poivre entiers	12
500 ml	riesling	2 tasses
7	pommes de terre, pelées (1 kg/2 lb), en tranches de 5 mm (¼ de po) d'épaisseur	7
2	gros oignons, en tranches épaisses	2
2	poireaux moyens, en tranches épaisses	2
4	carottes, en tronçons de 5 cm (2 po)	4
5 ml	marjolaine séchée	1 c. à thé
7 ml	sel	1 ½ c. à thé
	Poivre du moulin	
1	feuille de laurier	1

ÉTAPES

1. Dans un grand bol en verre ou en acier inoxydable, mettre les viandes, l'ail, le bouquet garni et le poivre. Arroser de riesling et mélanger. Couvrir et réfrigérer 24 heures.

2. Placer la grille dans le tiers inférieur du four. Préchauffer le four à 150 °C (300 °F).

3. Graisser une casserole de 5 litres (20 tasses) allant au four munie d'un couvercle. Déposer la moitié des légumes : un rang de pommes de terre, un d'oignons, un de poireaux et un autre de carottes. Saupoudrer de marjolaine et de la moitié du sel, puis poivrer au goût. Ajouter le laurier et les viandes.

4. Ajouter le reste des légumes : un rang de carottes, un d'oignons, un de poireaux et un autre de pommes de terre. Saupoudrer du reste de sel et poivrer au goût. Verser la marinade, couvrir et cuire au four de 2 à 3 heures, jusqu'à ce que la viande soit tendre.

Suggestions d'accompagnements : pain croûté, salade de laitue.

FEUILLES DE VIGNE FARCIES À L'AGNEAU

7 OU 8 PORTIONS	PRÉPARATION 1 HEURE	CUISSON 45 MINUTES	REPOS 15 MINUTES

On garde les feuilles de vigne farcies dans leur jus de cuisson et on les conserve au réfrigérateur ou au congélateur. Elles font une belle entrée ou un accompagnement de choix dans un repas aux saveurs du Moyen-Orient.

INGRÉDIENTS

1	pot de 500 g/1 lb feuilles de vigne	1
2 litres	eau bouillante	8 tasses
500 g	agneau haché	1 lb
500 g	porc haché	1 lb
1	œuf	1
150 ml	riz	⅔ de tasse
2	gousses d'ail, hachées finement	2
60 ml	persil frais, haché	¼ de tasse
5 ml	sel	1 c. à thé
2 ml	poivre	½ c. à thé
	Le jus de 2 citrons	

ÉTAPES

1. Mettre les feuilles de vigne dans un grand bol et verser l'eau bouillante. Réserver.

2. Dans un grand bol, mélanger les viandes, l'œuf, le riz, l'ail, le persil, le sel, le poivre et le jus de ½ citron.

3. Égoutter les feuilles de vigne lorsqu'elles sont suffisamment refroidies pour être manipulées. Couper la tige et déposer une grosse cuillerée à soupe de farce sur la partie inférieure de l'intérieur de la feuille. Replier les côtés sur la farce et rouler en formant un petit cylindre. (On peut couper les plus grandes feuilles en deux.)

4. Dans une grande casserole munie d'un couvercle, ranger les rouleaux côte à côte au fur et à mesure. Au besoin, mettre un second rang sur la première couche. Arroser du reste de jus de citron.

5. Couvrir les rouleaux d'une assiette pour les empêcher de flotter. Verser de l'eau bouillante lentement pour les couvrir. Laisser mijoter 45 minutes. Retirer du feu et laisser reposer 15 minutes avant de servir.

Suggestions d'accompagnements: entrée de houmous (page 54), riz et salade grecque (page 253).

RÔTI DE VEAU À L'ESTRAGON

6 PORTIONS	PRÉPARATION 10 MINUTES	CUISSON 1 H 30 MIN	REPOS 15 MINUTES

INGRÉDIENTS

4	tranches d'oignon	4
1	rôti de fesse ou de surlonge de veau désossé de 1,5 kg (3 lb)	1
	Sel et poivre	
45 ml	beurre à température ambiante	3 c. à soupe
15 ml	moutarde de Dijon	1 c. à soupe
5 ml	estragon séché	1 c. à thé
125 ml	vin blanc sec	½ tasse
125 ml	bouillon de poulet	½ tasse

ÉTAPES

1. Placer la grille dans le tiers inférieur du four. Préchauffer le four à 180 °C (350 °F).

2. Déposer les tranches d'oignon au centre d'une casserole de 5 cm (2 po) de profondeur. Saler et poivrer légèrement le veau et déposer sur les oignons.

3. Mélanger le beurre et la moutarde et badigeonner le rôti. Saupoudrer l'estragon. Cuire au four 1 h 30 min en arrosant la viande trois fois en cours de cuisson. Le thermomètre doit indiquer 63 °C (145 °F) pour une cuisson rosée ou 77 °C (170 °F) pour une cuisson à point.

4. Retirer le rôti de la casserole, couvrir de papier d'aluminium et laisser reposer 15 minutes.

5. Entre-temps, verser le vin blanc et le bouillon dans la casserole. Porter à ébullition et laisser mijoter à feu moyen 5 minutes.

6. Pour servir, découper le rôti en tranches fines et napper des jus de cuisson.

Suggestions d'accompagnements: pommes de terre au four ou en purée, carottes, champignons sautés (ex.: champignon de Paris, morilles, pleurotes).

RÔTI DE VEAU BRAISÉ

6 PORTIONS	PRÉPARATION 15 MINUTES	CUISSON 3 H 30 MIN

INGRÉDIENTS

1	rôti d'épaule ou de palette de veau de 1,5 kg (3 lb)	1
	Sel et poivre	
15 ml	huile végétale	1 c. à soupe
15 ml	beurre	1 c. à soupe
1	oignon, en tranches	1
5 ml	thym séché	1 c. à thé
3	tranches de lard salé	3
125 ml	eau froide	½ tasse

ÉTAPES

1. Placer la grille dans le bas du four. Préchauffer le four à 160 °C (325 °F).

2. Saler et poivrer le rôti. Dans une casserole allant au four, à feu moyen, chauffer l'huile et le beurre et saisir le veau de tous les côtés jusqu'à ce qu'il soit doré. Réserver.

3. Ajouter l'oignon et cuire jusqu'à ce qu'il soit légèrement doré.

4. Mettre le veau dans la casserole, saupoudrer de thym et couvrir de lard. Verser l'eau autour du rôti. Couvrir et cuire au four 2 à 3 heures ou jusqu'à ce qu'il soit tendre. Retourner le rôti après 1 heure de cuisson et ajouter de l'eau au besoin.

Suggestions d'accompagnements : pommes de terre bouillies, carottes bouillies, navets bouillis.

ESCALOPES DE VEAU PANÉES

4 PORTIONS	**PRÉPARATION** **30 MINUTES**	**CUISSON** **20 MINUTES**

Il est préférable d'utiliser une chapelure maison pour paner les escalopes. Pour ce faire, passez des restes de pain blanc séché au hachoir à viande ou au robot culinaire.

INGRÉDIENTS

500 g	escalopes de veau de 5 mm (¼ de po) d'épaisseur	1 lb
	Sel et poivre	
125 ml	farine tout usage	½ tasse
2 ml	paprika	½ c. à thé
2	œufs	2
30 ml	lait	2 c. à soupe
500 ml	chapelure	2 tasses
	Huile végétale (ou moitié beurre, moitié huile végétale)	
4	quartiers de citron	4

ÉTAPES

1. Faire quelques incisions de 5 mm (¼ de po) sur le pourtour des escalopes pour les empêcher de retrousser pendant la cuisson. Saler et poivrer légèrement.

2. Mélanger la farine avec le paprika, puis l'étaler sur une grande feuille de papier ciré ou de papier-parchemin.

3. Dans un bol moyen, battre les œufs avec le lait jusqu'à ce qu'il n'y ait plus de trace de blanc.

4. Fariner une escalope à la fois. Secouer pour retirer l'excédent de farine. Tremper dans les œufs et laisser égoutter un peu, puis enrober de chapelure en appuyant dessus pour qu'elle adhère bien à la viande. Secouer pour retirer l'excédent et déposer sur une grille posée sur une plaque. Préparer les autres escalopes de la même façon. Pour un meilleur résultat, réfrigérer 1 heure avant de faire frire.

5. Préchauffer le four à 120 °C (250 °F).

6. Dans une grande poêle profonde, à feu moyen-vif, chauffer 2,5 cm (1 po) d'huile (ou un mélange d'huile et de beurre). Faire dorer les escalopes de 1 à 2 minutes de chaque côté. Éponger immédiatement avec du papier absorbant et réserver au four sur la grille d'une lèchefrite. Éviter de faire cuire trop d'escalopes à la fois.

7. Servir avec les quartiers de citron.

Suggestions d'accompagnements : purée de pommes de terre, haricots verts au beurre d'ail, salade de laitue avec vinaigrette au vinaigre au vin blanc (page 241), pâtes à la sauce tomate.

VARIANTE

Escalopes de veau parmigiana : napper les escalopes de sauce tomate et saupoudrer de mozzarella. Gratiner au four jusqu'à ce que le fromage soit doré.

VEAU À LA CRÈME

6 PORTIONS	PRÉPARATION 30 MINUTES	CUISSON 1 H 30 MIN

Ce veau facile à préparer est digne de la fine cuisine. Il est tout indiqué pour recevoir sans stress, car on peut le préparer jusqu'à 3 jours à l'avance. Si vous avez la chance d'avoir des morilles ou des pleurotes frais, ils conviennent parfaitement à cette recette.

INGRÉDIENTS

90 ml	beurre	6 c. à soupe
1 kg	cubes de veau de 2,5 cm (1 po)	2 lb
310 ml	bouillon de poulet	1 ¼ tasse
310 ml	vin blanc sec	1 ¼ tasse
1	oignon, pelé	1
1	gousse d'ail, pelée	1
1	bouquet garni (branche de céleri, persil, thym, feuille de laurier ficelés)	1
5 ml	sel	1 c. à thé
1 ml	poivre	¼ de c. à thé
225 g	champignons, en morceaux	2 ¾ tasses
125 ml	crème 35 %	½ tasse

Beurre manié

60 ml	beurre à température ambiante	¼ de tasse
60 ml	farine tout usage	¼ de tasse

ÉTAPES

1. Placer la grille dans le bas du four. Préchauffer le four à 160 °C (325 °F).

2. Dans une grande casserole allant au four, à feu doux, chauffer 30 ml (2 c. à soupe) de beurre et cuire la moitié de la viande jusqu'à ce qu'elle perde sa couleur rosée. Retirer de la casserole. Ajouter 30 ml (2 c. à soupe) de beurre et cuire le reste du veau. Retirer de la casserole.

3. Verser le bouillon et le vin, porter à ébullition en raclant le fond à l'aide d'une cuillère ou d'une spatule en bois. Ajouter le veau, l'oignon, l'ail, le bouquet garni, le sel et le poivre. Couvrir et cuire 1 heure au four.

4. Entre-temps, dans une poêle, à feu moyen, chauffer 30 ml (2 c. à soupe) de beurre et faire dorer légèrement les champignons en remuant sans cesse à l'aide d'une cuillère en bois environ 5 minutes. Réserver. Préparer le beurre manié en mélangeant avec soin la farine avec le beurre. Réserver.

5. Retirer le veau, l'oignon, l'ail et le bouquet garni de la casserole et réserver la viande au chaud. Porter à ébullition et cuire à feu vif 5 minutes.

6. À feu moyen, incorporer au fouet le quart du beurre manié à la fois et laisser mijoter 5 minutes ou jusqu'à ce que la sauce épaississe. Incorporer la crème peu à peu et laisser mijoter 3 minutes. Ajouter le veau et les champignons à la sauce, réchauffer et servir.

Suggestions d'accompagnements : pommes de terre bouillies ou sautées au beurre, haricots verts au beurre.

OSSO BUCO

6 À 8 PORTIONS	PRÉPARATION 30 MINUTES	CUISSON 1 H 30 MIN À 2 H

INGRÉDIENTS

3 kg	jarrets de veau de 2,5 cm (1 po) d'épaisseur	7 lb
	Sel et poivre	
60 ml	farine tout usage	¼ de tasse
125 ml	huile d'olive	½ tasse
1	oignon, en tranches	1
1	carotte, en rondelles	1
1	branche de céleri, en tranches	1
2	gousses d'ail, hachées finement	2
250 ml	vin blanc sec	1 tasse
250 ml	bouillon de bœuf	1 tasse
1	boîte de 790 ml de tomates, hachées grossièrement	1
2 ml	basilic séché	½ c. à thé
2 ml	romarin séché	½ c. à thé

Gremolata

6	gousses d'ail, hachées finement	6
30 ml	zeste de citron	2 c. à soupe
125 ml	persil frais, haché	½ tasse

ÉTAPES

1. Placer la grille dans le bas du four. Préchauffer le four à 160 °C (325 °F).

2. Saler et poivrer les jarrets de veau, puis les fariner.

3. Dans une grande casserole allant au four, à feu moyen, chauffer l'huile d'olive et saisir les jarrets de veau sur toutes les faces jusqu'à ce qu'ils soient dorés. (Ne pas en mettre une trop grande quantité à la fois.) Réserver.

4. Ajouter l'oignon, la carotte et le céleri. Cuire 2 minutes en remuant sans cesse à l'aide d'une cuillère en bois.

5. Ajouter l'ail, le vin, le bouillon, les tomates, le basilic et le romarin. Porter à ébullition. Baisser le feu et ajouter les jarrets de veau. Couvrir et cuire au four de 1 h 30 min à 2 h, jusqu'à ce que la viande se détache de l'os.

6. **Gremolata :** entre-temps, dans un petit bol, mélanger tous les ingrédients de la gremolata avec les doigts. (On peut aussi faire cette étape au robot culinaire.) Réserver.

7. Retirer les jarrets de veau de la casserole et réserver au chaud. Au mélangeur ou au robot culinaire, mixer les légumes et juste assez de bouillon pour obtenir une sauce.

8. Napper les jarrets de veau de sauce. Servir avec des fourchettes à fondue afin de récupérer la moelle. Déposer le bol de gremolata sur la table afin que chaque convive puisse se servir au goût.

Suggestions d'accompagnements : riz au safran à la milanaise (page 98), riz blanc, petits pois.

RÔTI DE PORC À L'AIL ET À LA MARJOLAINE

6 PORTIONS	PRÉPARATION 15 MINUTES	CUISSON 1 H 30 MIN À 2 H	REPOS 15 MINUTES

Le dépeçage d'un rôti de longe non désossé demande un peu plus de travail, mais l'os lui transmettra plus de saveurs. On peut aussi utiliser un rôti d'épaule désossé et roulé.

INGRÉDIENTS

1	rôti de longe de porc de 1,5 kg (3 lb) désossé ou non	1
2	gousses d'ail, coupées en deux	2
	Sel et poivre	
1	oignon, en tranches épaisses	1
30 ml	beurre à température ambiante	2 c. à soupe
15 ml	moutarde sèche	1 c. à soupe
5 ml	marjolaine séchée	1 c. à thé
250 ml	eau	1 tasse

ÉTAPES

1. Placer la grille dans le tiers inférieur du four. Préchauffer le four à 160 °C (325 °F).

2. À l'aide d'un petit couteau, faire quatre incisions dans la partie grasse du rôti et y insérer l'ail. Saler et poivrer.

3. Déposer les oignons en une seule couche au centre d'une casserole de 5 cm (2 po) de profondeur un peu plus grande que le rôti. Déposer la viande sur les oignons.

4. Dans un petit bol, mélanger le beurre et la moutarde. Badigeonner les parties non grasses du rôti. Saupoudrer de marjolaine et verser l'eau tout autour. Cuire à découvert de 1 h 30 min à 2 h ou jusqu'à ce que le thermomètre indique 68 °C (155 °F) pour une cuisson à point ou 82 °C (180 °F) pour une viande bien cuite. Après 1 heure de cuisson, ajouter de l'eau au besoin pour qu'il y en ait toujours 5 mm (¼ de po) dans la casserole et arroser la viande toutes les 15 minutes.

5. Mettre le rôti dans une grande assiette, couvrir de papier d'aluminium et laisser reposer 15 minutes avant de le trancher.

6. Si désiré, retirer presque tout le gras en inclinant la casserole.

Suggestions d'accompagnements : pommes de terre au four, bouillies ou en purée, patates douces, brocoli, chou et oignons sautés (page 77).

CÔTELETTES DE PORC, SAUCE MOUTARDE À LA CRÈME

4 PORTIONS	PRÉPARATION 15 MINUTES	CUISSON 25 MINUTES

Voici une façon élégante et rapide d'apprêter les côtelettes de porc. On les dépose sur la sauce pour bien voir les os à la découpe ou on sert la sauce à part dans des petits ramequins.

INGRÉDIENTS

45 ml	beurre	3 c. à soupe
4	côtelettes de porc de 2 cm (¾ de po) d'épaisseur	4
	Sel et poivre	
1	jaune d'œuf	1
15 ml	moutarde préparée	1 c. à soupe
60 ml	crème 35 %	¼ de tasse
125 ml	vin blanc sec	½ tasse
30 ml	eau	2 c. à soupe
1	gousse d'ail, hachée finement	1
5 ml	estragon séché	1 c. à thé

ÉTAPES

1. Dans une grande poêle munie d'un couvercle, à feu moyen, chauffer le beurre et cuire les côtelettes des deux côtés jusqu'à ce qu'elles soient dorées. Baisser le feu, puis saler et poivrer légèrement. Couvrir et laisser mijoter 15 minutes.

2. Entre-temps, battre le jaune d'œuf au fouet avec la moutarde et la crème. Réserver.

3. Retirer les côtelettes de la poêle et réserver au chaud. Retirer tout le gras de la poêle. Ajouter le vin blanc, l'eau, l'ail et l'estragon. Porter à ébullition et cuire à feu moyen jusqu'à réduction de moitié.

4. Incorporer la préparation de crème et laisser mijoter à feu très doux en remuant jusqu'à ce que la sauce épaississe et adhère au dos d'une cuillère.

5. Verser la sauce dans les assiettes et déposer la viande au centre.

Suggestions d'accompagnements : pommes de terre, patates douces, brocoli.

MÉDAILLONS DE PORC À LA HONGROISE

| **4 PORTIONS** | **PRÉPARATION 20 MINUTES** | **CUISSON 50 MINUTES** |

On peut se procurer du paprika de Hongrie doux ou fort dans les épiceries fines et celles où l'on vend des produits de l'Europe de l'Est. Son goût est vraiment supérieur à celui du paprika du supermarché. Il suffit d'y goûter une seule fois pour ne plus vouloir s'en passer !

INGRÉDIENTS

8	médaillons de porc de 1 cm (½ po) d'épaisseur	8
1	gousse d'ail, coupée en deux	1
	Sel et poivre	
45 ml	beurre	3 c. à soupe
1	poivron vert, en julienne	1
1	poivron rouge, en julienne	1
1	oignon, en tranches minces	1
1	tomate, pelée, évidée et hachée grossièrement	1
30 ml	vin blanc sec	2 c. à soupe
2 ml	paprika doux de Hongrie de préférence	½ c. à thé

ÉTAPES

1. Frotter le porc avec l'ail. Saler et poivrer légèrement.

2. Dans une grande poêle, à feu moyen, chauffer le beurre et cuire les médaillons des deux côtés jusqu'à ce qu'ils soient dorés. Réserver dans une assiette.

3. Dans la même poêle, à feu moyen, cuire les poivrons et l'oignon 5 minutes en remuant à l'aide d'une cuillère en bois. Ajouter la tomate et les médaillons de porc. Couvrir et laisser mijoter 30 minutes.

4. Retirer le porc de la poêle et réserver au chaud.

5. Verser le vin blanc dans la poêle et laisser mijoter 5 minutes. Saupoudrer de paprika et laisser mijoter 1 minute avant de servir.

Suggestions d'accompagnements : riz blanc, riz pilaf (page 95), maïs en grains.

SOUVLAKIS

4 PORTIONS	PRÉPARATION 25 MINUTES	RÉFRIGÉRATION 8 À 48 HEURES	CUISSON 15 MINUTES

Pour un repas complet à la grecque, laissez-vous tenter par mes suggestions d'accompagnements. Le tzatziki peut être préparé la veille en même temps qu'on fait mariner la viande.

INGRÉDIENTS

22 ml	jus de citron frais	1 ½ c. à soupe
45 ml	huile d'olive	3 c. à soupe
2 ml	sel	½ c. à thé
1 ml	paprika doux de Hongrie de préférence	¼ de c. à thé
1	gousse d'ail, hachée finement	1
2 ml	origan	½ c. à thé
2 ou	feuilles de menthe, hachées finement	2
1 ml	menthe séchée	¼ de c. à thé
500 g	porc en cubes de 2,5 cm (1 po)	1 lb

ÉTAPES

1. Dans un grand bol ou un sac de plastique à fermeture hermétique, mélanger le jus de citron, l'huile d'olive, le sel, le paprika, l'ail, l'origan et la menthe. Ajouter la viande, remuer et couvrir le bol s'il y a lieu. Réfrigérer de 8 à 48 heures en remuant à quelques reprises.

2. Si on utilise des brochettes en bois, les laisser tremper dans l'eau 30 minutes avant d'enfiler les ingrédients.

3. Chauffer le barbecue à intensité moyenne ou placer la grille du four à 10 cm (4 po) du gril et préchauffer le gril du four.

4. Enfiler les cubes de porc sur les brochettes et cuire sur le gril, en les retournant trois fois, de 10 à 15 minutes ou jusqu'à ce que la viande ne soit plus rosée à l'intérieur. Pour cuire les brochettes au four, placez-les sur la grille d'une lèchefrite. Servir immédiatement et accompagner de tzatziki.

TZATZIKI

INGRÉDIENTS

125 ml	yogourt nature	½ tasse
15 ml	huile végétale	1 c. à soupe
7 ml	vinaigre	1 ½ c. à thé
1 ml	sel	¼ de c. à thé
2 ou	feuilles de menthe, hachées finement	2
1 ml	menthe séchée	¼ de c. à thé
1	gousse d'ail, hachée finement	1
1	petit concombre, pelé, râpé et égoutté	1

ÉTAPE

1. Dans un petit bol, mélanger tous les ingrédients. Réfrigérer jusqu'au moment de servir.

Suggestions d'accompagnements : riz, pain pita, houmous, salade grecque (page 253).

PÂTÉ À LA VIANDE

| 6 PORTIONS | PRÉPARATION
30 MINUTES | CUISSON
1 H 30 MIN |

Dans les régions urbaines du Québec, on donne le nom de tourtière à ce pâté. Dans plusieurs régions, on appelle tourtière le mets préparé avec des cubes de viande et de légumes, tandis que le mets préparé avec de la viande hachée, cuite au préalable comme dans cette recette, se nomme pâté à la viande. Il existe de nombreuses variantes pour ce pâté. Voici mon adaptation de la recette de la famille Dontigny. La préparation de viande peut être cuite jusqu'à 3 jours à l'avance.

INGRÉDIENTS

500 g	porc haché	1 lb
1	oignon, haché finement	1
1	gousse d'ail, hachée finement (facultatif)	1
1 ml	moutarde sèche	¼ de c. à thé
1 ml	poivre	¼ de c. à thé
2 ml	sel	½ c. à thé
1 ml	clou de girofle moulu	¼ de c. à thé
1 ml	cannelle moulue	¼ de c. à thé
250 ml	eau bouillante	1 tasse
1	pomme de terre, pelée et coupée en deux	1
2	abaisses de pâte à tarte de 23 cm (9 po) non cuites	2

ÉTAPES

1. Dans une casserole moyenne, mettre le porc, l'oignon, l'ail, la moutarde, le poivre, le sel, le clou de girofle et la cannelle. Verser l'eau bouillante peu à peu en remuant à l'aide d'une cuillère en bois. Enfouir les moitiés de pomme de terre dans la préparation et porter à ébullition. Baisser le feu et laisser mijoter 30 minutes ou jusqu'à ce que la pomme de terre soit cuite.

2. Retirer la pomme de terre, la réduire en purée et l'incorporer à la viande. Laisser tiédir.

3. Placer la grille dans le bas du four. Préchauffer le four à 200 °C (400 °F).

4. Tapisser un moule à tarte avec une abaisse. Remplir de la préparation de viande et couvrir de l'autre abaisse. À l'aide d'un petit couteau, faire deux incisions de 5 cm (2 po) au centre du pâté.

5. Cuire au four 15 minutes. Baisser la température à 180 °C (350 °F) et cuire de 20 à 30 minutes, jusqu'à ce que la pâte soit dorée.

Suggestions d'accompagnements : betteraves marinées, ketchup maison, salade de laitue avec vinaigrette au vinaigre balsamique (page 241).

TOURTIÈRE

12 PORTIONS	PRÉPARATION 1 H 30 MIN	RÉFRIGÉRATION 8 À 16 HEURES	CUISSON 7 HEURES

C'est dans les régions de Charlevoix et du Saguenay que ce plat est le plus populaire. La tourtière est aussi le nom du contenant utilisé autrefois pour faire cuire un pâté dans lequel entraient divers ingrédients selon leur disponibilité du moment.

On peut hacher la viande avec la grille à larges trous du hachoir à viande, mais je préfère la couper au couteau. Lorsqu'on réchauffe la tourtière, on ajoute un petit peu d'eau dans la cheminée de papier d'aluminium à mi-cuisson.

INGRÉDIENTS

500 g	épaule ou palette de porc, en cubes de 1 cm (½ po)	1 lb
500 g	bœuf, orignal ou outarde, en cubes de 1 cm (½ po)	1 lb
500 g	épaule ou palette de veau, en cubes de 1 cm (½ po)	1 lb
6	oignons, hachés	6
15 ml	sel	1 c. à soupe
5 ml	poivre	1 c. à thé
4	grosses pommes de terre, pelées et coupées en cubes de 1 cm (½ po)	4
3	recettes de pâte à tarte (page 343)	3
45 ml	herbes salées, rincées (facultatif)	3 c. à soupe
1	œuf, battu avec 1 c. à soupe de lait	1

ÉTAPES

1. Dans un grand bol en verre ou en acier inoxydable, mélanger les trois viandes, les oignons, le sel et le poivre. Couvrir et réfrigérer de 8 à 16 heures.

2. Dans un autre bol, couvrir les pommes de terre d'eau froide jusqu'à 2,5 cm (1 po) au-dessus. Réfrigérer de 8 à 16 heures.

3. Égoutter les pommes de terre en réservant l'eau de trempage.

4. Placer la grille dans le bas du four. Préchauffer le four à 180 °C (350 °F).

5. Tapisser de pâte à tarte un grand moule de 6 litres (24 tasses) ou 3 moules de 2 litres (8 tasses). Mettre un rang de viande, un rang de pommes de terre et alterner ainsi jusqu'à 2,5 cm (1 po) du bord. Ajouter les herbes salées et verser l'eau de trempage réservée jusqu'à égalité de la viande. S'il en manque, compléter avec de l'eau froide.

6. Badigeonner le pourtour d'œuf battu et couvrir de pâte. Sceller en appuyant délicatement. Faire un trou de 5 cm (2 po) au centre de la tourtière ou deux si le moule est gros. Insérer une cheminée de papier d'aluminium dans le trou. Badigeonner le pourtour d'œuf battu et sceller avec un cordon de pâte.

7. Cuire au four 1 heure. Baisser la température à 120 °C (250 °F) et cuire 6 heures.

Suggestions d'accompagnements : salade de laitue avec vinaigrette au vinaigre de vin rouge (page 241) ou au vinaigre balsamique (page 241), ketchup rouge.

PAIN DE VIANDE AUX TOMATES DE MAMAN

4 À 6 PORTIONS	PRÉPARATION 10 MINUTES	CUISSON 1 HEURE

Ce pain de viande de maman est toujours mon préféré. Une fois cuit, il est recouvert d'une couche de sauce tomate onctueuse.

INGRÉDIENTS

250 g	porc haché	8 oz
250 g	bœuf haché	8 oz
	(ou 500 g de bœuf haché seulement)	1 lb
1	petit oignon, haché finement	1
1	œuf	1
2 ml	sel	½ c. à thé
1 ml	poivre du moulin	¼ de c. à thé
125 ml	chapelure ou flocons d'avoine à cuisson rapide	½ tasse
125 ml	lait	½ tasse
1	boîte de 284 ml de soupe aux tomates	1
125 ml	eau	½ tasse

ÉTAPES

1. Placer la grille dans le tiers inférieur du four. Préchauffer le four à 180 °C (350 °F).

2. Dans un grand bol, mettre le porc, le bœuf, l'oignon, l'œuf, le sel, le poivre, la chapelure et le lait. Bien mélanger avec les mains ou une cuillère en bois. (On peut aussi faire cette étape avec le fouet plat du batteur sur socle.)

3. Déposer la préparation dans un moule à pain de 23 cm x 13 cm (9 po x 5 po).

4. Verser la soupe aux tomates sur le pain de viande, puis verser l'eau sur la soupe sans les mélanger. Cuire au four 1 heure.

Suggestions d'accompagnements : pommes de terre bouillies ou au four, haricots verts ou jaunes.

RAGOÛT DE PATTES ET DE BOULETTES DE PORC

8 À 10 PORTIONS	PRÉPARATION 45 MINUTES	CUISSON 3 HEURES

Pour un ragoût sans gras, faites cuire les viandes 1 ou 2 jours avant de le servir. Les pattes de derrière ont plus de viande que celles de devant. Ce ragoût se conserve 5 jours au réfrigérateur.

INGRÉDIENTS

1 kg	pattes de porc	2 lb
2 litres	eau froide	8 tasses
1	oignon	1
1	branche de céleri, avec les feuilles	1
5 ml	épices pour marinades	1 c. à thé
3	clous de girofle	3
7 ml	sel	1 ½ c. à thé
250 ml	farine tout usage	1 tasse

Boulettes

1 kg	porc haché	2 lb
1	petit oignon, haché finement	1
1	œuf	1
1 ml	cannelle moulue	¼ de c. à thé
2 ml	muscade moulue	½ c. à thé
2 ml	clou de girofle moulu	½ c. à thé
10 ml	sel	2 c. à thé
2 ml	poivre	½ c. à thé
30 ml	fécule de maïs	2 c. à soupe
60 ml	eau froide	¼ de tasse

ÉTAPES

1. Dans une grande casserole, porter les pattes de porc et l'eau à ébullition. Baisser le feu et écumer le résidu qui se forme à la surface. Ajouter l'oignon, le céleri, les épices pour marinades, les clous de girofle et le sel. Laisser mijoter 2 heures ou jusqu'à ce que la chair se détache des os.

2. Entre-temps, dans une grande poêle (en fonte de préférence), à feu moyen-doux, faire griller la farine jusqu'à ce que sa couleur soit semblable à celle du beurre d'arachide en remuant sans cesse à l'aide d'une spatule en bois ou le dos d'une fourchette. Réserver.

3. Retirer les pattes de porc, l'oignon et le céleri de la casserole. Filtrer le bouillon et verser de nouveau dans la casserole. Laisser tiédir la viande, désosser et réserver.

4. **Boulettes :** dans un grand bol ou avec le fouet plat du batteur sur socle, mélanger le porc haché, l'oignon, l'œuf, la cannelle, la muscade, le clou de girofle, le sel et le poivre. Façonner des boulettes de 4 cm (1 ½ po). À feu doux, déposer les boulettes dans le bouillon au fur et à mesure et laisser mijoter 30 minutes.

5. À cette étape, les pattes et la préparation de boulettes peuvent être réfrigérées jusqu'à 2 jours. Dégraisser au besoin, réchauffer le bouillon juste assez pour le liquéfier et retirer les boulettes.

6. Dans un bol, mélanger la farine grillée au fouet avec du bouillon jusqu'à ce que la consistance ressemble à une crème épaisse. À feu moyen, l'incorporer au bouillon et cuire 10 minutes.

7. Dans un bol, mélanger la fécule de maïs avec l'eau froide, puis l'incorporer à la sauce. Cuire 10 minutes en remuant de temps à autre. Mettre la viande dans la sauce et laisser mijoter environ 10 minutes pour la réchauffer.

Suggestions d'accompagnements : pommes de terre bouillies, betteraves, salade de laitue avec vinaigrette au vinaigre de vin rouge (page 241).

PÂTÉ AU LIÈVRE

| 8 PORTIONS | PRÉPARATION
1 HEURE | CUISSON
ENVIRON 4 HEURES |

C'est avec Daniel Fortin que j'ai appris à préparer ce pâté traditionnel des Atikamekw de la Haute-Mauricie. Peu friande de chair de lièvre, j'ai été agréablement surprise par le goût délicat de ce pâté. C'est certainement l'une des meilleures façons d'apprêter ce petit gibier. Puisque la grosseur des lièvres varie, on doit le faire cuire avant de déterminer la quantité de légumes requise.

INGRÉDIENTS

1	lièvre, coupé en 3 morceaux	1
1	gros oignon, haché finement	1
2 ml	Poivre	½ c. à thé
	Pommes de terre, pelées et coupées en dés de 5 mm (¼ de po) (même quantité que le lièvre cuit et haché)	
	Carottes, en dés de 5 mm (¼ de po) (même quantité que le lièvre cuit et haché)	
15 ml	fécule de maïs (facultatif)	1 c. à soupe
4	abaisses de pâte à tarte de 23 cm (9 po)	4
1	œuf, battu avec 15 ml (1 c. à soupe) de lait	1

ÉTAPES

1. Dans une grande casserole, couvrir le lièvre d'eau froide. Ajouter l'oignon, 2 ml (½ c. à thé) de sel et 1 pincée de poivre, puis porter à ébullition. Baisser le feu et laisser mijoter à feu doux pendant 3 heures. Laisser refroidir à température ambiante.

2. Désosser le lièvre, le hacher grossièrement et le mesurer.

3. Dans le bouillon ayant servi à la cuisson du lièvre, cuire les pommes de terre et les carottes à feu doux jusqu'à ce qu'elles soient tendres mais encore fermes. Ajouter le lièvre et mélanger. (La préparation doit être consistante sans trop de liquide.) Au besoin, dans un petit bol, mélanger la fécule de maïs avec 30 ml (2 c. à soupe) d'eau froide, puis l'incorporer à la préparation. Laisser mijoter quelques minutes. Saler et poivrer au goût, puis laisser tiédir avant de poursuivre.

4. Placer la grille dans le bas du four. Préchauffer le four à 200 °C (400 °F).

5. Tapisser deux moules à tarte avec des abaisses et répartir la préparation de lièvre. Badigeonner le pourtour d'œuf battu et couvrir des autres abaisses. Couper l'excédent de pâte et sceller délicatement. Badigeonner le dessus des pâtés d'œuf battu, sauf le pourtour. Faire deux incisions au centre de chacun des pâtés.

6. Cuire au four 15 minutes. Baisser la température à 190 °C (375 °F) et cuire de 20 à 30 minutes, jusqu'à ce que les pâtés soient dorés.

Suggestion d'accompagnement : salade de laitue.

FRICASSÉE À LA SAUCISSE

| 4 PORTIONS | PRÉPARATION 15 MINUTES | CUISSON 40 MINUTES |

C'est avec ma belle-mère, Rebecca Marshall, que j'ai appris à faire une bonne fricassée. Je la prépare souvent avec un reste de saucisses cuites à la poêle et je récupère les délicieux sucs de cuisson.

INGRÉDIENTS

500 g	saucisses de porc traditionnelles	1 lb
2	oignons, hachés	2
4	pommes de terre, pelées et coupées en dés de 1 cm (½ po)	4
5 ml	sarriette d'hiver séchée	1 c. à thé
1	pincée de poivre	1

ÉTAPES

1. Piquer les saucisses à quelques reprises avec la pointe d'un couteau. Faire dorer dans une grande poêle (en fonte de préférence) à feu doux. Éponger avec du papier absorbant, couper en tronçons de 2 cm (¾ de po) et réserver.

2. Retirer tout le gras de la poêle, sauf 45 ml (3 c. à soupe), et cuire les oignons à feu moyen 5 minutes en remuant sans cesse à l'aide d'une cuillère en bois.

3. Ajouter les pommes de terre et cuire 5 minutes en remuant sans cesse.

4. Ajouter les saucisses, la sarriette, le poivre et de l'eau froide à hauteur de la préparation, puis porter à ébullition. Baisser le feu, couvrir et laisser mijoter de 25 à 35 minutes, jusqu'à ce que les pommes de terre soient tendres. Servir dans de grands bols creux.

Suggestions d'accompagnements : tomates, brocoli, salade de laitue.

RIZ INDONÉSIEN

| 4 PORTIONS | PRÉPARATION
15 MINUTES | CUISSON
40 MINUTES |

C'est mon amie hollandaise Jos Atkins qui m'a appris à préparer cette version du nasi goreng, le plat national de l'Indonésie. Ce mets est très populaire aux Pays-Bas. C'est l'une des recettes préférées de ma famille pour apprêter un reste de rôti de porc.

INGRÉDIENTS

30 ml	huile végétale	2 c. à soupe
1	oignon moyen, haché	1
1	branche de céleri, hachée	1
1	gousse d'ail, hachée finement	1
7 ml	coriandre moulue	1 ½ c. à thé
5 ml	cumin moulu	1 c. à thé
1 ml	poivre	¼ de c. à thé
15 ml	cassonade	1 c. à soupe
45 ml	sauce soja	3 c. à soupe
22 ml	jus de citron frais	1 ½ c. à soupe
500 g	porc cuit, en dés de 1 cm (½ po)	1 lb
750 ml	riz blanc, cuit	3 tasses

ÉTAPES

1. Placer la grille au centre du four. Préchauffer le four à 180 °C (350 °F).

2. Dans une grande poêle munie d'un couvercle, à feu moyen, chauffer l'huile et cuire l'oignon et le céleri 5 minutes en remuant sans cesse à l'aide d'une cuillère en bois. Ajouter l'ail et cuire 1 minute. Retirer la poêle du feu et incorporer la coriandre, le cumin, le poivre, la cassonade, la sauce soja et le jus de citron.

3. Ajouter la viande et le riz. Mélanger, couvrir et cuire au four 30 minutes ou jusqu'à ce que la préparation soit suffisamment chaude.

Suggestions d'accompagnements : tranches de tomate et de concombre.

PÂTÉS IMPÉRIAUX

DONNE ENVIRON 24 PÂTÉS	PRÉPARATION ENVIRON 1 HEURE	REPOS 20 MINUTES	CUISSON ENVIRON 1 HEURE

On peut remplacer le reste de porc par du poulet cuit ou des crevettes cuites. Si vous n'avez pas de reste, préparez-les avec une quantité égale de porc sauté à l'huile. Pour réchauffer les pâtés congelés, mettez-les au four préchauffé à 180 °C (350 °F) pendant 15 à 20 minutes.

INGRÉDIENTS

1 litre	chou cru, râpé ou haché finement au robot culinaire	4 tasses
125 ml	oignons, hachés finement	½ tasse
125 ml	céleri, haché	½ tasse
10 ml	sel	2 c. à thé
500 ml	reste de porc cuit, haché	2 tasses
15 ml	sauce soja	1 c. à soupe
15 ml	huile végétale	1 c. à soupe
2 ml	poivre	½ c. à thé
5 ml	sauce hoisin	1 c. à thé
1	œuf, battu	1
1	paquet de 454 g de pâtes à pâtés impériaux	1
	Huile à friture	

ÉTAPES

1. Dans une grande passoire posée sur un grand bol, mélanger le chou, les oignons, le céleri et le sel. Laisser reposer 20 minutes.

2. Presser les légumes pour extraire le plus de liquide possible.

3. Dans un bol, mélanger les légumes avec la viande, la sauce soja, l'huile, le poivre et la sauce hoisin.

4. Déposer 30 ml (2 c. à soupe) de la préparation du côté droit d'une pâte. Badigeonner le pourtour d'œuf battu, puis plier en deux. Sceller en pressant à l'aide d'une fourchette. Faire de même avec le reste des pâtes et de la préparation en espaçant les pâtés impériaux au fur et à mesure sur une plaque légèrement farinée.

5. Dans une grande casserole profonde, chauffer 5 cm (2 po) d'huile à friture à 185 °C (365 °F). Frire quelques pâtés à la fois pendant quelques minutes, jusqu'à ce qu'ils soient dorés.

Suggestions d'accompagnements : riz frit (page 100), chop suey au porc ou au poulet (page 200), poulet à la chinoise (page 158).

CHOP SUEY AU PORC

4 PORTIONS	PRÉPARATION 20 MINUTES	CUISSON 30 MINUTES

INGRÉDIENTS

60 ml	huile végétale	¼ de tasse
500 g	porc (filet, longe ou fesse), en dés	1 lb
60 ml	sauce soja	¼ de tasse
1	pincée de poivre	1
500 ml	oignons, hachés	2 tasses
500 ml	céleri, coupé en biais	2 tasses
500 ml	bouillon de poulet	2 tasses
500 ml	germes de haricot, rincés	2 tasses
30 ml	fécule de maïs	2 c. à soupe
45 ml	eau froide	3 c. à soupe

ÉTAPES

1. Dans une casserole moyenne, à feu moyen, chauffer l'huile et cuire le porc quelques minutes en remuant sans cesse jusqu'à ce qu'il soit doré.

2. Ajouter la sauce soja, le poivre, les oignons, le céleri, le bouillon et les germes de haricot. Porter à ébullition. Baisser le feu, couvrir et laisser mijoter 20 minutes.

3. Dans un petit bol, mélanger la fécule de maïs avec l'eau froide, puis l'incorporer à la préparation. Laisser mijoter 5 minutes.

Suggestions d'accompagnements : riz blanc, pâtés impériaux (page 199), côtes levées à la chinoise (page 202).

VARIANTE

Chop suey au poulet : remplacer le porc par de la poitrine de poulet.

CÔTES LEVÉES À LA CHINOISE

6 PORTIONS	PRÉPARATION 15 MINUTES	CUISSON 2 HEURES

Pour des côtes levées sans gras, faites-les cuire la veille et gardez-les au réfrigérateur. Vous n'aurez plus qu'à ôter la couche de gras avant de les réchauffer.

INGRÉDIENTS

30 ml	huile végétale	2 c. à soupe
1,5 kg	côtes levées de porc, coupées en morceaux de 5 cm (2 po) de longueur	3 lb
3	gousses d'ail, hachées très finement	3
375 ml	cassonade	1 ½ tasse
625 ml	eau	2 ½ tasses
60 ml	sauce soja	¼ de tasse

ÉTAPES

1. Dans une grande casserole, à feu moyen, chauffer l'huile et faire dorer les côtes levées des deux côtés.
2. Retirer tout le gras de la casserole. Ajouter le reste des ingrédients et porter à ébullition. Baisser le feu, couvrir et laisser mijoter 2 heures ou jusqu'à ce que la viande soit tendre.

Suggestions d'accompagnements : riz blanc, riz frit (page 100), pâtés impériaux (page 199), chop suey au porc ou au poulet (page 200).

À LA MIJOTEUSE

Déposer les côtes levées dorées dans la cocotte de la mijoteuse. Ajouter le reste des ingrédients et cuire de 5 à 6 heures à basse température.

CHOUCROUTE GARNIE

4 PORTIONS	PRÉPARATION 15 MINUTES	CUISSON 1 H 40 MIN

INGRÉDIENTS

1 litre	choucroute	4 tasses
15 ml	huile végétale	1 c. à soupe
15 ml	beurre	1 c. à soupe
1	carotte, hachée	1
1	oignon, haché	1
125 ml	vin blanc sec	½ tasse
250 ml	bouillon de bœuf	1 tasse
15 ml	persil frais, haché	1 c. à soupe
3	baies de genièvre	3
3	grains de poivre entiers	3
1	feuille de laurier	1

ÉTAPES

1. Placer la grille dans le tiers inférieur du four. Préchauffer le four à 160 °C (325 °F).

2. Rincer la choucroute à l'eau froide, égoutter et rincer une seconde fois. Presser pour extraire le plus d'eau possible et réserver.

3. Dans une grande poêle profonde ou une casserole allant au four, à feu doux, chauffer l'huile et le beurre et faire revenir la carotte et l'oignon 5 minutes en remuant de temps à autre. Ajouter la choucroute et cuire 5 minutes à feu moyen.

4. Incorporer le reste des ingrédients. Couvrir et cuire 1 h 30 min.

5. Faire cuire les viandes choisies pour garnir la choucroute et servir.

Suggestions d'accompagnements : pommes de terre bouillies, côtelettes de porc sautées, saucisses kielbassa, jambon.

JAMBON, SAUCE AU FROMAGE SUISSE

4 PORTIONS	PRÉPARATION 15 MINUTES	CUISSON 20 MINUTES

INGRÉDIENTS

60 ml	beurre	¼ de tasse
60 ml	farine tout usage	¼ de tasse
500 ml	lait	2 tasses
125 ml	fromage suisse, râpé	½ tasse
	Sel et poivre	
500 g	reste de rôti de jambon en tranches de 5 mm (¼ de po) d'épaisseur	1 lb

ÉTAPES

1. Dans une casserole moyenne, à feu doux, chauffer le beurre sans coloration. Retirer du feu et incorporer la farine au fouet.
2. Remettre à feu doux et cuire 1 minute. Retirer du feu.
3. Incorporer le lait peu à peu, remettre sur le feu et porter à ébullition en remuant sans cesse.
4. Baisser le feu et laisser mijoter de 3 à 5 minutes en remuant jusqu'à ce que la sauce adhère au dos d'une cuillère.
5. Ajouter le fromage et remuer jusqu'à ce qu'il soit fondu, sans plus. Saler et poivrer au goût en tenant compte que le jambon est déjà salé. Réserver au chaud.
6. Réchauffer le jambon dans une poêle. Servir et napper de sauce.

Suggestions d'accompagnements : pommes de terre sautées, petits pois, épinards.

JAMBON AU FOUR

8 PORTIONS	PRÉPARATION 10 MINUTES	CUISSON 3 À 4 HEURES	REPOS 15 MINUTES

Procurez-vous un jambon artisanal préparé par une boucherie réputée. Il sera plus cher, mais bien meilleur que ceux vendus dans la plupart des supermarchés.

INGRÉDIENTS

1	jambon dans la fesse ou jambon roulé de 1,5 kg (3 lb)	1
6	clous de girofle	6
1	bouteille de bière de 341 ml	1

ÉTAPES

1. Placer la grille dans le bas du four. Préchauffer le four à 150 °C (300 °F).

2. Dans une grande casserole munie d'un couvercle, mettre le jambon, les clous de girofle, la bière et suffisamment d'eau pour couvrir entièrement le jambon.

3. Couvrir et cuire de 3 à 4 heures ou jusqu'à ce que le thermomètre indique 74 °C (165 °F). Retirer de la casserole et laisser reposer 15 minutes avant de couper en tranches.

À LA MIJOTEUSE

Cuire le jambon de 5 à 7 heures à basse température.

BŒUF RÔTI

6 À 8 PORTIONS	PRÉPARATION 15 MINUTES	CUISSON 1 À 2 HEURES	REPOS 15 MINUTES

La meilleure coupe de bœuf à rôtir est le rôti de côtes. Le rôti de pointe de surlonge est aussi délicieux à condition qu'il soit plus long que large et de catégorie A. Plus facile à mastiquer, le rôti du roi, qui a été attendri mécaniquement, est beaucoup moins savoureux qu'un rôti qui n'a pas subi ce traitement.

Les cuissons saignante et mi-saignante sont recommandées pour le bœuf rôti. Si vous avez le temps, faites-le cuire à température plus basse (135 °C/275 °F) pour obtenir une viande encore plus tendre. Pour apprêter les restes, essayez la salade de rôti de bœuf et de poivrons (page 255), l'un des plats préférés de mes enfants.

INGRÉDIENTS

1	rôti de côtes de bœuf ou de pointe de surlonge de 1,5 kg (3 lb)	1
	Sel et poivre	
15 ml	beurre	1 c. à soupe
15 ml	huile végétale	1 c. à soupe
1	oignon moyen, en tranches épaisses	1
2 ml	thym séché	½ c. à thé
125 ml	vin rouge sec	½ tasse
175 ml	bouillon de bœuf	¾ de tasse

ÉTAPES

1. Placer la grille dans le bas du four. Préchauffer le four à 160 °C (325 °F).

2. Saler et poivrer le rôti. Dans une poêle allant au four, à feu moyen, chauffer le beurre et l'huile et faire dorer le rôti. Retirer du feu.

3. Déposer les tranches d'oignon sous le rôti. Si on fait cuire un rôti de côtes, placer les os vers le fond.

4. Saupoudrer de thym et cuire au four environ 18 minutes par 500 g (1 lb) pour une cuisson saignante à 52 °C (125 °F), 20 minutes pour une cuisson à point à 60 °C (140 °F) ou 22 minutes pour une viande bien cuite à 71 °C (160 °F). Arroser le rôti toutes les 15 minutes dès que du jus de cuisson commence à s'accumuler dans la poêle.

5. Retirer le rôti de la poêle. Couvrir de papier d'aluminium et laisser reposer 15 minutes avant de découper en tranches.

6. Verser le vin rouge et le bouillon dans la poêle, puis porter à ébullition. Baisser le feu et laisser mijoter 10 minutes. Réserver au chaud.

7. Découper le rôti en tranches. Servir dans des assiettes à température ambiante et napper de jus de cuisson.

Suggestions d'accompagnements : pommes de terre au four nappées de crème sure ou de yogourt nature, poireaux gourmets (page 80).

BŒUF BRAISÉ

8 PORTIONS	PRÉPARATION 20 MINUTES	CUISSON 2 H 15 MIN

On peut préparer ce plat 1 ou 2 jours à l'avance. Il sera meilleur et plus facile à dégraisser. L'étape 4 est facultative ; on peut donc servir la viande avec le bouillon et les légumes sans sauce.

INGRÉDIENTS

1	rôti de bœuf à braiser (palette, côtes croisés) de 1,5 kg (3 lb)	1
	Sel et poivre	
15 ml	huile végétale	1 c. à soupe
15 ml	beurre	1 c. à soupe
1	oignon, haché grossièrement	1
1	grosse carotte, en tronçons	1
1	branche de céleri, en tronçons	1
30 ml	farine tout usage	2 c. à soupe
30 ml	pâte de tomates	2 c. à soupe
750 ml	bouillon de bœuf	3 tasses
1	gousse d'ail, écrasée	1
1	pincée de clou de girofle moulu	1

ÉTAPES

1. Placer la grille dans le tiers inférieur du four. Préchauffer le four à 180 °C (350 °F).

2. Saler et poivrer la viande. Dans une casserole profonde allant au four et munie d'un couvercle, chauffer l'huile et le beurre à feu moyen, et faire dorer la viande. Réserver.

3. Ajouter l'oignon, la carotte et le céleri et faire revenir jusqu'à ce que l'oignon soit transparent en remuant sans cesse à l'aide d'une cuillère en bois. Saupoudrer de farine et ajouter la pâte de tomates. Remettre la viande dans la casserole, ajouter le bouillon, l'ail et le clou de girofle. Couvrir et cuire au four pendant 2 heures. Retourner la viande à mi-cuisson.

4. Réserver la viande au chaud dans une assiette. Au robot culinaire ou au mélangeur, réduire les légumes en purée avec du bouillon de cuisson pour obtenir une sauce onctueuse. Le reste du bouillon peut servir à préparer une soupe ou une sauce.

5. Couper le rôti en tranches ou le défaire en morceaux en prenant soin de retirer le gras. Servir dans des assiettes et napper de sauce.

Suggestions d'accompagnements : pommes de terre bouillies, petits pois.

À LA MIJOTEUSE

Omettre l'étape 1. Déposer la viande et les légumes saisis dans la cocotte de la mijoteuse. Ajouter le reste des ingrédients en n'utilisant que 500 ml (2 tasses) de bouillon. Cuire de 8 à 9 heures à basse température.

BŒUF BOUILLI

6 PORTIONS	PRÉPARATION 30 MINUTES	CUISSON 4 À 5 HEURES

Rien ne peut rivaliser avec le goût d'un bouilli préparé avec des légumes de saison. Plusieurs le préfèrent réchauffé. Je vous propose aussi une variante créole très populaire en Louisiane.

INGRÉDIENTS

3	tranches de lard salé	3
1	rôti de bœuf (palette ou côtes croisées) de 1,5 kg (3 lb)	1
2 litres	eau froide	8 tasses
4	grains de poivre	4
1	carotte	1
1	oignon	1
1 ml	thym séché	¼ de c. à thé
1	feuille de laurier	1
12	carottes	12
500 g	haricots jaunes, ficelés en 6 paquets	2 ½ tasses
1	navet, coupé en six	1
6	pommes de terre, pelées	6
1	petit chou, coupé en 6 quartiers	1

ÉTAPES

1. Dans une grande casserole, à feu doux, faire dorer le lard salé. Réserver.

2. À feu moyen, saisir le rôti de tous côtés jusqu'à ce qu'il soit doré. Ajouter le lard, l'eau, le poivre, la carotte, l'oignon, le thym et le laurier, puis porter à ébullition. Baisser le feu, couvrir et laisser mijoter de 3 à 4 heures, jusqu'à ce que la viande soit tendre.

3. Retirer la viande du bouillon, couvrir de papier d'aluminium et réserver au chaud.

4. Au besoin, saler le bouillon. Ajouter les carottes, les haricots, le navet, les pommes de terre et le chou, puis porter à ébullition. Baisser le feu, couvrir et laisser mijoter 1 heure ou jusqu'à ce que les légumes soient tendres.

5. Servir la viande, les légumes et le bouillon dans de grands bols creux.

VARIANTE

Bouilli de bœuf à la créole : à l'étape 2, ajouter aux autres ingrédients 2 tomates hachées, 3 brins de persil, 2 gousses d'ail, 10 baies de piment de la Jamaïque et 2 ml (½ c. à thé) de poivre de Cayenne.

GOULACHE DE BŒUF

8 À 10 PORTIONS	PRÉPARATION 30 MINUTES	CUISSON 2 HEURES

Les Hongrois excellent dans l'art de cultiver les piments et de les transformer en paprika exquis. On peut napper chaque portion de goulache d'une cuillerée de crème sure, bien que ce ne soit pas la coutume en Hongrie.

INGRÉDIENTS

30 ml	huile végétale	2 c. à soupe
1	tranche de lard salé, en petits cubes	1
1,5 kg	bœuf à ragoût en cubes de 2,5 cm (1 po)	3 lb
2	oignons moyens, hachés grossièrement	2
2 ml	graines de carvi	½ c. à thé
5 ml	sel	1 c. à thé
1	gousse d'ail, hachée finement	1
30 ml	paprika doux de Hongrie	2 c. à soupe
1 litre	eau bouillante	4 tasses
1	tomate, pelée et hachée grossièrement	1
2	poivrons verts, hachés grossièrement	2
4	pommes de terre moyennes, pelées et coupées en cubes de 2 cm (¾ de po) et réservées dans l'eau froide	4

Petites boulettes de pâte

1	œuf	1
45 ml	farine tout usage	3 c. à soupe
1 ml	sel	¼ de c. à thé

ÉTAPES

1. Dans une grande casserole, à feu moyen, chauffer l'huile, faire dorer le lard salé. Réserver.

2. Saisir un tiers de la viande à la fois jusqu'à ce qu'elle perde sa couleur rosée. Réserver.

3. Ajouter les oignons et cuire 5 minutes. Retirer la casserole du feu.

4. Au mortier, broyer les graines de carvi et le sel, puis les ajouter dans la casserole avec le lard, le bœuf, l'ail, le paprika et l'eau bouillante. Porter à ébullition, baisser le feu, couvrir et laisser mijoter 1 heure.

5. Ajouter la tomate et les poivrons. Laisser mijoter 30 minutes.

6. Ajouter les pommes de terre et cuire de 15 à 25 minutes, jusqu'à ce qu'elles soient tendres.

7. **Petites boulettes :** entre-temps, dans un petit bol, battre l'œuf sans qu'il devienne mousseux. Incorporer la farine et le sel peu à peu. Lorsque les pommes de terre sont cuites, laisser tomber l'œuf battu dans la goulache par petites quantités de 1 ml (¼ de c. à thé). Laisser mijoter 3 minutes.

8. Servir dans de grands bols à soupe. Si on souhaite congeler la goulache, omettre les pommes de terre de la recette et ajouter plutôt des morceaux de pommes de terre bouillies et chaudes au moment de servir.

Suggestions d'accompagnements : pain croûté et concombre.

BŒUF BOURGUIGNON

6 PORTIONS	PRÉPARATION 30 MINUTES	CUISSON 2 H 30 MIN

La garniture peut être cuite et réfrigérée jusqu'au moment de l'ajouter au bœuf.

INGRÉDIENTS

1 kg	bœuf en cubes de 2,5 cm (1 po)	2 lb
	Sel et poivre	
60 à 90 ml	huile végétale	4 à 6 c. à soupe
250 g	petits oignons, pelés	8 oz
ou		
1	gros oignon, haché grossièrement	1
90 ml	farine tout usage	6 c. à soupe
20 ml	pâte de tomates	4 c. à thé
375 ml	vin rouge sec	1 ½ tasse
500 ml	bouillon de bœuf	2 tasses
1	gousse d'ail, pelée	1
1	bouquet garni (branche de céleri, persil, thym, feuille de laurier ficelés)	1

Garniture

100 g	lard salé, sans couenne, coupé en lardons de 5 mm x 5 mm x 2,5 cm (¼ de po x ¼ de po x 1 po)	3 ½ oz
225 g	champignons, coupés en quatre	2 ¾ tasses

ÉTAPES

1. Placer la grille dans le tiers inférieur du four. Préchauffer le four à 180 °C (350 °F). Éponger les cubes de viande avec du papier absorbant. Saler et poivrer.

2. Dans une grande casserole, à feu moyen-vif, chauffer 30 ml (2 c. à soupe) d'huile et saisir un quart du bœuf à la fois en remuant sans cesse à l'aide d'une cuillère en bois. Saisir le reste de la viande en ajoutant d'autre huile au besoin. Réserver.

3. Dans la même casserole, à feu moyen, cuire les oignons 5 minutes en remuant sans cesse à l'aide d'une cuillère en bois. Remettre la viande dans la casserole, saupoudrer de farine et remuer. Ajouter la pâte de tomates, le vin rouge, le bouillon, l'ail et le bouquet garni, puis porter à ébullition. Couvrir et cuire au four 2 heures ou jusqu'à ce que la viande soit tendre. Retirer l'ail et le bouquet garni.

4. Entre-temps, dans une petite casserole, couvrir le lard salé d'eau froide et porter à ébullition. Baisser le feu et laisser mijoter 2 minutes. Égoutter et rincer à l'eau froide. Dans une poêle, à feu doux, faire dorer les lardons en remuant de temps à autre. Réserver. À feu moyen-vif, faire dorer légèrement les champignons dans le gras de lard environ 5 minutes. Ajouter les lardons et les champignons à la préparation de bœuf. Réchauffer et servir.

Suggestions d'accompagnements : pommes de terre bouillies, petits pois, carottes.

À LA MIJOTEUSE

Utiliser une grande poêle pour faire les étapes 2 et 3. Déglacer avec le vin rouge et le bouillon avant de mettre la préparation dans la cocotte de la mijoteuse. Cuire de 6 à 8 heures à basse température.

FILETS DE BŒUF GRILLÉS, SAUCE ROSÉE

2 PORTIONS	PRÉPARATION 20 MINUTES	CUISSON 15 À 20 MINUTES

INGRÉDIENTS

1	tomate, pelée, évidée et hachée finement	1
1	petite gousse d'ail, hachée finement	1
15 ml	persil frais, haché	1 c. à soupe
5 ml	estragon séché	1 c. à thé
0,5 ml	coriandre moulue	⅛ de c. à thé
22 ml	huile d'olive vierge extra	1 ½ c. à soupe
5 ml	moutarde de Dijon	1 c. à thé
30 ml	crème 15 %	2 c. à soupe
	Sel et poivre du moulin	
	Huile végétale	
2	filets mignons de 250 g (8 oz) chacun	2

ÉTAPES

1. Dans une petite casserole, à feu doux, laisser mijoter la tomate, l'ail, le persil, l'estragon, la coriandre, l'huile d'olive et la moutarde 10 minutes. Incorporer la crème, puis saler et poivrer au goût. Réserver au chaud.

2. Badigeonner la viande d'huile et cuire dans une poêle à fond cannelé ou au barbecue.

3. Verser la sauce dans les assiettes et déposer les filets mignons.

Suggestions d'accompagnements : pommes de terre dorées (page 84), pois mange-tout, poireaux gourmets (page 80).

BŒUF À LA BIÈRE

8 PORTIONS	PRÉPARATION 40 MINUTES	CUISSON 2 H 30 MIN

Le safran est l'épice la plus chère au monde, mais il suffit d'une infime quantité pour parfumer un plat entier. Évitez d'en ajouter plus que ce qui est indiqué dans les recettes, car son goût pourrait masquer celui des autres ingrédients et ruiner ainsi la saveur du mets.

INGRÉDIENTS

1,5 kg	bœuf en cubes de 2,5 cm (1 po)	3 lb
75 ml	huile végétale	5 c. à soupe
3	gros oignons, coupés en quartiers et en tranches	3
1	grosse gousse d'ail, hachée finement	1
30 ml	farine tout usage	2 c. à soupe
1	bouteille de bière de 341 ml	1
250 ml	bouillon de poulet	1 tasse
1	grosse tomate, pelée et hachée	1
1 ml	thym séché	¼ de c. à thé
1 ml	cannelle moulue	¼ de c. à thé
1 ml	clou de girofle moulu	¼ de c. à thé
10 ml	sel	2 c. à thé
2 ml	poivre	½ c. à thé
1	petite pincée de filaments de safran	1

ÉTAPES

1. Placer la grille dans le bas du four. Préchauffer le four à 180 °C (350 °F). Bien éponger la viande.

2. Dans une grande casserole allant au four, à feu moyen-vif, chauffer 30 ml (2 c. à soupe) d'huile et saisir un quart de la viande à la fois en remuant sans cesse à l'aide d'une cuillère en bois. Ajouter 30 ml (2 c. à soupe) d'huile au besoin pour saisir le reste du bœuf. Réserver dans une assiette.

3. Ajouter 15 ml (1 c. à soupe) d'huile dans la casserole et faire revenir les oignons en remuant sans cesse de 1 à 2 minutes à l'aide d'une cuillère en bois. Ajouter l'ail et cuire 30 secondes.

4. Remettre la viande dans la casserole, saupoudrer de farine et bien mélanger. Ajouter la bière, le bouillon, la tomate, le thym, la cannelle, le clou de girofle, le sel, le poivre et le safran. Porter à ébullition. Couvrir et cuire au four environ 2 heures, jusqu'à ce que la viande soit tendre.

Suggestions d'accompagnements : pommes de terre et carottes bouillies.

À LA MIJOTEUSE

Faire les étapes 2 et 3 dans une grande poêle, puis poursuivre la cuisson à la mijoteuse.

CHILI

| 4 À 6 PORTIONS | PRÉPARATION 15 MINUTES | CUISSON 1 H 30 MIN |

Ce plat est très populaire dans le sud des États-Unis. Chaque année, les amateurs de chili participent à des concours du « meilleur chili ». Il peut être préparé avec de la viande hachée ou coupée en petits cubes, avec ou sans haricots rouges. La poudre de chili est préparée avec des piments anchos séchés et broyés ou un mélange d'épices.

INGRÉDIENTS

30 ml	huile végétale	2 c. à soupe
2	oignons, hachés	2
1	grosse gousse d'ail, hachée finement	1
500 g	bœuf haché	1 lb
250 ml	tomates en conserve, broyées	1 tasse
1	feuille de laurier	1
5 ml	cumin moulu	1 c. à thé
1 à 2 ml	poivre de Cayenne	¼ à ½ c. à thé
15 ml	poudre de chili	1 c. à soupe
45 ml	pâte de tomates	3 c. à soupe
250 ml	bouillon de bœuf	1 tasse
1	boîte de 540 ml de haricots rouges en conserve, rincés et égouttés	1
1	recette de riz blanc étuvé (page 95), cuit (facultatif)	1

Garniture (facultatif)

½	oignon, haché	½
1	grosse tomate, hachée	1

ÉTAPES

1. Dans une casserole moyenne, à feu moyen, chauffer l'huile et cuire les oignons en remuant de temps à autre jusqu'à ce qu'ils soient transparents. Ajouter l'ail et cuire 1 minute.

2. Ajouter la viande et cuire en remuant sans cesse à l'aide d'une cuillère en bois jusqu'à ce qu'elle perde sa couleur rosée.

3. Ajouter les tomates, le laurier, le cumin, le cayenne, la poudre de chili, la pâte de tomates et le bouillon. Couvrir et laisser mijoter 1 heure.

4. Ajouter les haricots, couvrir et laisser mijoter 15 minutes.

5. Servir le riz dans des bols creux, puis répartir le chili. Garnir d'oignon et de tomate.

Suggestion d'accompagnement : tranches de concombre.

FONDUE CHINOISE

| 4 PORTIONS | PRÉPARATION 10 MINUTES | CUISSON 20 MINUTES |

Le bouillon peut être congelé et réutilisé pour un autre repas de fondue.

INGRÉDIENTS

Bouillon

1	boîte de 284 ml de consommé de bœuf	1
1	boîte de 284 ml d'eau	1
125 ml	sauce soja	½ tasse
125 ml	vin rouge sec	½ tasse
2	tranches d'oignon	2
1	cube de bouillon de poulet	1
1	feuille de laurier	1

Viandes et sauces

750 g	bœuf, porc ou poulet à fondue chinoise	1 ½ lb
	Sauce béarnaise (page 234)	
	Sauce moutarde (page 233)	
	Sauce rosée (page 233)	

ÉTAPES

1. Dans un poêlon à fondue, à feu moyen, cuire tous les ingrédients du bouillon environ 20 minutes. Retirer les oignons et la feuille de laurier.

2. Disposer les bols de sauces sur la table. Mettre le poêlon à fondue sur le réchaud et inviter les convives à y faire cuire leur viande à l'aide d'une fourchette à fondue.

Suggestions d'accompagnements : riz, champignons sautés, salade de laitue.

ÉMINCÉ DE BŒUF À LA CHINOISE

2 PORTIONS	PRÉPARATION 30 MINUTES	CUISSON 12 À 15 MINUTES

Le gingembre frais se conserve 6 mois au congélateur. Il suffit de le sortir du congélateur de 20 à 30 minutes avant de le couper pour se faciliter la tâche.

INGRÉDIENTS

30 ml	sauce soja	2 c. à soupe
15 ml	fécule de maïs	1 c. à soupe
250 g	filet de bœuf en languettes de 5 cm x 3 mm x 1 cm (2 po x ⅛ de po x ½ po)	8 oz
250 ml	petits bouquets de brocoli	1 tasse
2	carottes, en tranches	2
30 ml	huile végétale	2 c. à soupe
3	lamelles de gingembre frais	3
125 g	champignons, en tranches	1 ½ tasse

Sauce

75 ml	eau froide	⅓ de tasse
5 ml	fécule de maïs	1 c. à thé

ÉTAPES

1. Dans un bol, mélanger la sauce soja et la fécule de maïs. Ajouter la viande, remuer et laisser mariner jusqu'au moment de la cuisson.

2. Cuire le brocoli et les carottes dans des casseroles différentes pendant 3 minutes. Refroidir à l'eau froide, égoutter et réserver.

3. Entre-temps, mettre les ingrédients de la sauce dans un petit bol. Réserver.

4. Dans un wok ou une grande poêle, à feu moyen, chauffer l'huile et faire dorer le gingembre. Retirer de la poêle. Cuire la viande à feu vif, en remuant sans cesse à l'aide d'une cuillère en bois, de 1 à 3 minutes ou jusqu'à cuisson au goût. Réserver dans une assiette.

5. Dans le même wok, cuire le brocoli, les carottes et les champignons 2 minutes en remuant sans cesse. Ajouter la viande. Mélanger la sauce et la verser en remuant sans cesse jusqu'à ce qu'elle adhère à la viande et aux légumes. Servir immédiatement.

Suggestions d'accompagnements: riz patna, riz au jasmin.

CIPÂTE GASPÉSIEN

| 10 PORTIONS | PRÉPARATION 30 MINUTES | CUISSON 4 H 15 MIN | REPOS 1 HEURE |

Au Québec, il existe plusieurs versions du cipâte, un mets traditionnel aussi appelé cipaille ou six-pâtes. Certains le préparent avec des rangées de pâte et de viande, d'autres recouvrent la viande d'une couche de pâte, tandis que certains préfèrent laisser tomber des cuillerées de pâte sur la préparation de viande, comme dans cette recette qui m'a été transmise par des Gaspésiens. Les marmites en fonte (ou fonte émaillée) sont idéales pour cuire le cipâte.

INGRÉDIENTS

Viande

1 litre	bouillon de poulet non salé	4 tasses
875 ml	bouillon de bœuf non salé	3 ½ tasses
1 kg	bœuf en cubes	2 lb
10	pilons de poulet	10
150 g	lard salé, en cubes de 1 cm (½ po)	5 oz
5	petits oignons, hachés	5
1 ml	piment de la Jamaïque moulu	¼ de c. à thé
1 ml	poivre	¼ de c. à thé
6	pommes de terre, pelées et coupées en cubes de 5 cm (2 po)	6

Pâte

500 ml	farine tout usage	2 tasses
10 ml	poudre à pâte	2 c. à thé
1 ml	bicarbonate de soude	¼ de c. à thé
2 ml	sel	½ c. à thé
310 ml	eau froide	1 ¼ tasse

ÉTAPES

1. Placer la grille dans le bas du four. Préchauffer le four à 160 °C (325 °F).

2. Dans une très grande casserole munie d'un couvercle, déposer tous les ingrédients de la préparation de viande. Porter à ébullition à feu moyen en remuant de temps à autre. Baisser le feu et préparer la pâte.

3. Dans un bol, mélanger la farine, la poudre à pâte, le bicarbonate de soude et le sel. Ajouter l'eau peu à peu en mélangeant jusqu'à consistance homogène.

4. Déposer de grosses cuillerées à soupe de pâte sur la viande. Couvrir et cuire au four 4 heures. Laisser reposer 1 heure avant de servir.

Suggestions d'accompagnements : ketchup rouge ou vert, betteraves marinées, salade de laitue.

Sauces

Dans ce chapitre, vous trouverez entre autres des recettes préparées avec de nouvelles techniques qui vous faciliteront la tâche. Vous apprendrez notamment à préparer une sauce hollandaise au mélangeur et une sauce béchamel qui ne collera pas au fond de la casserole. On peut même faire une béchamel au micro-ondes si l'on préfère une méthode exigeant peu de surveillance.

Les sauces onctueuses, comme la béchamel, sont prêtes lorsqu'elles adhèrent au dos d'une cuillère. Pour améliorer une sauce trop claire, on peut ajouter un peu de farine tout usage, de la fécule de maïs diluée dans un peu d'eau froide ou incorporer un beurre manié préparé en mélangeant du beurre et de la farine tout usage à parts égales. On laisse cuire quelques minutes pour éliminer le goût de farine. Pour empêcher qu'une peau se forme sur le dessus d'une sauce, on étend de la pellicule de plastique directement sur la sauce. Si une sauce est trop épaisse, on y incorpore un peu du liquide qui a servi à sa préparation. Une sauce qui a été congelée reprendra sa texture initiale si on la porte à ébullition à feu doux en la remuant fréquemment.

Les sauces doivent être assaisonnées en fin de cuisson. On peut parfois corriger une sauce trop salée en y ajoutant plus de liquide ou de crème, ou encore une pincée de sucre. Une sauce trop acide peut parfois être sauvée en y incorporant un peu de crème ou une pincée de sucre. Une pincée de poivre ou une infime quantité de tabasco peut relever le goût d'une sauce qui manque de corps. La tabasco rehausse le goût de la béchamel et des sauces à la crème. Avant de rectifier l'assaisonnement, on goûte la sauce avec l'aliment qu'elle doit accompagner.

Vinaigrettes

Il est préférable de préparer les vinaigrettes à l'huile et au vinaigre pour un seul repas à la fois et de les servir à température ambiante. Elles développent un goût acide désagréable lorsqu'elles sont réfrigérées, et ce, même si on les laisse reposer à température ambiante avant de les servir. Pour gagner du temps et avoir moins de vaisselle à laver, préparez-les dans le bol à salade avant d'y déposer la laitue, puis mélangez-les au moment de servir.

Les huiles pressées à froid ont un goût plus intéressant que l'huile végétale, mais celle-ci est utile lorsqu'on n'a rien d'autre sous la main. Les vinaigrettes bien balancées contiennent habituellement une part de vinaigre pour trois parts d'huile, mais si le taux d'acide acétique du vinaigre est supérieur à 5 %, il est préférable d'en utiliser moins. Les vinaigrettes à l'huile et au vinaigre de ce chapitre donnent 4 portions, ce qui sera suffisant pour environ 1 litre (4 tasses) de laitue.

SAUCES ET VINAIGRETTES

SAUCE BÉCHAMEL (M) (Rap) (Veg) (*)	228
SAUCE TOMATE (Veg) (*)	229
SAUCE À PIZZA (Veg) (Rap) (*)	230
SAUCE HOLLANDAISE AU MÉLANGEUR (M) (Rap) (Veg)	231
MAYONNAISE AU MÉLANGEUR (Rap) (Veg)	233
SAUCE BÉARNAISE AU MÉLANGEUR (Rap)	234
SAUCE À POUTINE	235
BEURRE D'AIL (R) (Rap) (Veg)	236
BEURRE DE SAFRAN (Rap) (Veg)	237
SAUCE RANCH AU BABEURRE (Rap) (Veg)	238
VINAIGRETTE CÉSAR (Rap)	239
VINAIGRETTE AU VINAIGRE DE VIN ROUGE (Rap)	241

SAUCE BÉCHAMEL

4 PORTIONS	PRÉPARATION 5 MINUTES	CUISSON 15 MINUTES

Préparer cette sauce au micro-ondes prend un peu plus de temps, mais requiert moins de surveillance. La béchamel a aussi moins tendance à coller au fond du récipient. Lorsqu'on la réserve au chaud, elle a tendance à épaissir. Il suffit alors d'y ajouter un peu de lait. N'hésitez pas à doubler ou à tripler la recette pour en congeler une partie et essayez l'une des variantes proposées. Portez les sauces décongelées à ébullition à feu doux pour qu'elles retrouvent leur texture veloutée.

INGRÉDIENTS

60 ml	beurre	¼ de tasse
60 ml	farine tout usage	¼ de tasse
500 ml	lait	2 tasses
	Sel et poivre	

ÉTAPES

1. Dans une casserole moyenne, à feu doux, chauffer le beurre sans coloration. Retirer du feu et incorporer la farine au fouet. Cuire à feu doux 1 minute et retirer du feu.

2. Incorporer le lait peu à peu et porter à ébullition en remuant sans cesse. Baisser le feu et laisser mijoter à feu doux de 5 à 10 minutes en remuant sans cesse à l'aide d'une cuillère en bois jusqu'à ce que la sauce adhère au dos d'une cuillère.

3. Saler et poivrer. Si on ne sert pas la sauce immédiatement, étaler une pellicule de plastique sur le dessus pour empêcher que se forme une peau. Réserver au chaud.

AU MICRO-ONDES

Dans un récipient de verre, chauffer le beurre à intensité maximale, incorporer la farine et cuire 1 minute. Incorporer le lait au fouet et cuire environ 10 minutes à intensité moyenne-élevée. Passer une spatule au fond du récipient pour décoller le roux et mélanger au fouet avant de poursuivre la cuisson. Répéter cette étape à quelques reprises jusqu'à ce que la sauce adhère au dos d'une cuillère. Procéder à l'étape 3 décrite dans la recette principale.

VARIANTES

Sauce béchamel au fromage : mélanger la sauce chaude avec 125 ml (½ tasse) de fromage à pâte ferme jusqu'à ce qu'il soit fondu.

Sauce béchamel aux oignons : cuire un oignon haché dans le beurre avant d'incorporer la farine.

Sauce béchamel au saumon : cuire un oignon haché dans le beurre avant d'incorporer la farine. Mélanger la sauce chaude avec une boîte de saumon sans arêtes de 500 g (1 lb). Servir sur des pommes de terre bouillies et garnir de câpres au goût.

SAUCE TOMATE

DONNE 750 ML (3 TASSES)	**PRÉPARATION** **15 MINUTES**	**CUISSON** **40 MINUTES**

On peut faire cette sauce jusqu'à 4 jours à l'avance. Essayez-la avec les œufs pochés, sauce tomate et épinards (page 229), l'aubergine parmigiana (page 76), les pâtes aux crevettes et aux pétoncles, sauce rosée (page 114) et les escalopes de veau parmigiana (page 179). Omettez la pâte de tomates si vous utilisez des tomates en conserve contenant de la purée ou du jus de tomate.

Pour préparer un macaroni à la viande, faites cuire 250 ml (1 tasse) de macaronis, puis les mélanger avec la sauce tomate à la viande (voir Variantes). Couvrez-les de mozzarella et faites-les cuire au four à 180 °C (350 °F) jusqu'à ce que le fromage soit doré.

INGRÉDIENTS

30 ml	huile d'olive ou huile végétale	2 c. à soupe
1	oignon, haché finement	1
1	gousse d'ail, hachée finement (facultatif)	1
1	boîte de 796 ml de tomates	1
30 ml	persil frais, haché	2 c. à soupe
15 ml	pâte de tomates	1 c. à soupe
5 ml	basilic séché	1 c. à thé
5 ml	origan séché	1 c. à thé
1	pincée de sucre	1
2 ml	sel	½ c. à thé
1 ml	poivre	¼ de c. à thé

ÉTAPES

1. Dans une grande casserole, à feu doux, chauffer l'huile et cuire l'oignon 10 minutes en remuant de temps à autre à l'aide d'une cuillère en bois. Ajouter l'ail et cuire 1 minute.

2. Ajouter les tomates et leur jus et broyer à l'aide d'un pilon à purée. Ajouter le reste des ingrédients et porter à ébullition. Baisser le feu et laisser mijoter de 20 à 30 minutes en remuant de temps à autre.

VARIANTES

Sauce tomate aux légumes : utiliser 45 ml (3 c. à soupe) d'huile, ajouter 1 carotte, 1 branche de céleri et ½ poivron haché en même temps que les oignons.

Sauce tomate à la viande : avant de passer à l'étape 2, utiliser 45 ml (3 c. à soupe) d'huile et cuire 500 g (1 lb) de bœuf haché en remuant jusqu'à ce qu'il perde sa couleur rosée.

SAUCE À PIZZA

DONNE 2 ½ TASSES	**PRÉPARATION** **10 MINUTES**	**CUISSON** **25 MINUTES**

INGRÉDIENTS

1	boîte de 796 ml de tomates	1
2 ml	flocons de piment	½ c. à thé
2 ml	graines d'anis	½ c. à thé
5 ml	graines de fenouil	1 c. à thé
2 ml	sel	½ c. à thé
10 ml	fécule de maïs	2 c. à thé
30 ml	eau froide	2 c. à soupe

ÉTAPES

1. Dans une casserole moyenne, broyer les tomates avec leur jus à l'aide d'un pilon à purée. Ajouter le piment, l'anis, le fenouil et le sel, puis porter à ébullition. Baisser le feu et cuire à découvert 20 minutes en remuant de temps à autre.

2. Dans un petit bol, mélanger la fécule de maïs avec l'eau froide, puis incorporer à la sauce peu à peu. Laisser mijoter 5 minutes en remuant de temps à autre.

3. Laisser refroidir à température ambiante avant utilisation.

SAUCE HOLLANDAISE AU MÉLANGEUR

6 PORTIONS	PRÉPARATION 10 MINUTES

La sauce hollandaise doit être servie un peu plus chaude que tiède. On la prépare à la dernière minute, juste avant de la servir, et il est important que les jaunes d'œufs soient à température ambiante. Pour la réchauffer, versez la sauce dans un bol creux placé dans un bol d'eau un peu plus chaude que tiède et remuez-la fréquemment.

INGRÉDIENTS

4	jaunes d'œufs à température ambiante	4
15 ml	eau froide	1 c. à soupe
0,5 ml	poivre de Cayenne	⅛ de c. à thé
250 ml	beurre demi-sel	1 tasse
15 à 30 ml	jus de citron frais	1 à 2 c. à soupe

ÉTAPES

1. Au mélangeur, mixer les jaunes d'œufs, l'eau et le cayenne à vitesse élevée pendant 30 secondes.

2. Mettre le beurre dans une tasse à mesurer d'une contenance de 1 litre (4 tasses) et le faire fondre au micro-ondes, à intensité maximale, pendant 2 minutes ou jusqu'à ce qu'il soit bouillant.

3. Pendant que le mélangeur est en marche, verser le beurre en un mince filet par l'ouverture du couvercle. La sauce commencera à se former lorsqu'on aura versé environ la moitié du beurre. Ne pas incorporer les sédiments blancs accumulés au fond de la tasse. Arrêter le mélangeur, incorporer 15 ml (1 c. à soupe) de jus de citron et mixer quelques secondes. La sauce est prête lorsque son goût citronné est très subtil. Ajouter un peu plus de jus au besoin.

Accompagnement pour : asperges, œufs bénédictine, saumon poché.

MAYONNAISE AU MÉLANGEUR

DONNE 250 ML (1 TASSE) | **PRÉPARATION 10 MINUTES**

Les variantes proposées peuvent être préparées avec cette recette ou une mayonnaise du commerce.

INGRÉDIENTS

1	œuf à température ambiante	1
5 ml	sel	1 c. à thé
2 ml	moutarde sèche	½ c. à thé
0,5 ml	poivre de Cayenne	⅛ de c. à thé
30 ml	jus de citron frais à température ambiante	2 c. à soupe
250 ml	huile végétale à température ambiante	1 tasse
15 ml	eau bouillante	1 c. à soupe

ÉTAPES

1. Au mélangeur, mixer l'œuf, le sel, la moutarde, le poivre, le jus de citron et 60 ml (¼ de tasse) d'huile pendant 1 minute.

2. Pendant que l'appareil est toujours en marche, verser le reste de l'huile en un mince filet par le trou du couvercle. Ajouter l'eau bouillante et mélanger quelques secondes. Utiliser immédiatement ou réfrigérer jusqu'à 5 jours.

Accompagnement pour : sandwichs, salades et plats contenant de la mayonnaise.

VARIANTES

Mayonnaise minceur : mélanger à parts égales de la mayonnaise et du yogourt nature.

Sauce moutarde : mélanger 250 ml (1 tasse) de mayonnaise avec 15 ml (1 c. à soupe) de moutarde de Meaux et 2 ml (½ c. à thé) de moutarde de Dijon

Sauce rosée : faire la recette de sauce rosée du cocktail de fruits de mer (page 55), mais omettre l'aneth. Servir avec une fondue chinoise.

Sauce tartare : mélanger 250 ml (1 tasse) de mayonnaise, 15 ml (1 c. à soupe) de persil haché, 1 oignon vert haché, 1 cornichon haché, 7 ml (1 ½ c. à thé) de câpres hachées, 2 ml (½ c. à thé) d'aneth séché et 2 ml (½ c. à thé) d'estragon séché. Servir avec du poisson frit.

SAUCE BÉARNAISE AU MÉLANGEUR

| 6 PORTIONS | PRÉPARATION 10 MINUTES | CUISSON 20 MINUTES |

Comme la sauce hollandaise, la sauce béarnaise doit être servie un peu plus chaude que tiède. On la prépare à la dernière minute, juste avant de la servir, et il est important que les jaunes d'œufs soient à température ambiante. Pour la réchauffer, versez-la dans un bol creux placé dans un bol d'eau un peu plus chaude que tiède et remuez-la fréquemment.

INGRÉDIENTS

Réduction

30 ml	vinaigre de vin blanc	2 c. à soupe
30 ml	vin blanc sec	2 c. à soupe
2	échalotes françaises, hachées finement	2
5 ml	estragon séché	1 c. à thé

Sauce

4	jaunes d'œufs à température ambiante	4
0,5 ml	poivre de Cayenne	⅛ de c. à thé
250 ml	beurre demi-sel	1 tasse
2 ml	estragon séché	½ c. à thé
	Jus de citron frais (facultatif)	

ÉTAPES

1. Dans une petite casserole, porter à ébullition le vinaigre, le vin blanc, les échalotes et l'estragon. Baisser le feu et laisser mijoter quelques minutes, jusqu'à ce qu'il ne reste plus que (15 ml) 1 c. à soupe liquide. Filtrer et laisser refroidir à température ambiante avant de procéder à l'étape suivante.

2. Au mélangeur, mixer les jaunes d'œufs, la réduction d'échalotes et le cayenne à vitesse élevée pendant 30 secondes.

3. Mettre le beurre dans une tasse à mesurer d'une contenance de 1 litre (4 tasses) et le faire fondre au micro-ondes, à intensité maximale, de 1 à 2 minutes ou jusqu'à ce qu'il soit bouillant.

4. Pendant que le mélangeur est en marche, verser le beurre en un mince filet par l'ouverture du couvercle. La sauce commencera à se former lorsqu'on aura versé environ la moitié du beurre. Ne pas incorporer les sédiments blancs accumulés au fond de la tasse.

5. Ajouter l'estragon et quelques gouttes de jus de citron au goût, puis mélanger quelques secondes. La sauce est prête lorsque son goût légèrement acidulé offre un parfum discret d'estragon. Servir immédiatement.

Accompagnement pour : grillades de bœuf ou de poulet, sauce pour fondue chinoise.

SAUCE À POUTINE

8 PORTIONS	PRÉPARATION 10 MINUTES	CUISSON 10 À 15 MINUTES

Cette sauce plutôt épaisse adhère bien aux frites et au fromage en grains. Si vous préférez une sauce moins épaisse, diminuez la quantité de fécule de maïs. Pour varier, garnissez la poutine d'oignons, de poivrons et de champignons sautés.

INGRÉDIENTS

1	contenant de 122 g de sauce demi-glace concentrée	1
1,25 litre	eau bouillante	5 tasses
30 ml	poudre de bouillon de poulet	2 c. à soupe
75 ml	sauce tomate	⅓ de tasse
15 ml	sauce Worcestershire	1 c. à soupe
6	gouttes de tabasco	6
1	feuille de laurier	1
1 ml	thym	¼ de c. à thé
45 ml	fécule de maïs	3 c. à soupe
150 ml	eau froide	⅔ de tasse

ÉTAPES

1. Dans une casserole moyenne, verser la demi-glace et incorporer l'eau bouillante peu à peu à l'aide d'un fouet.

2. Ajouter la poudre de bouillon de poulet, la sauce tomate, la sauce Worcestershire, le tabasco, le laurier et le thym. Porter à ébullition et cuire à feu moyen 5 minutes.

3. Dans une tasse à mesurer, mélanger la fécule de maïs avec l'eau froide, puis l'incorporer peu à peu à la préparation en remuant sans cesse au fouet. Laisser mijoter, en remuant de temps à autre à l'aide d'une cuillère en bois, de 5 à 10 minutes ou jusqu'à épaississement. Retirer la feuille de laurier.

BEURRE D'AIL

DONNE 125 ML (½ TASSE)	**PRÉPARATION 10 MINUTES**

Le jus de citron facilite la digestion du beurre d'ail. La meilleure façon de l'incorporer au beurre est d'utiliser le robot culinaire. Ne congelez pas ce beurre, car l'ail cru développera un goût rance. Pour servir du beurre d'ail chaud, laissez mijoter tous les ingrédients dans une petite casserole pendant 5 minutes. Réservez-le au chaud jusqu'au moment de servir.

INGRÉDIENTS

125 ml	beurre demi-sel à température ambiante, en morceaux	½ tasse
2	gousses d'ail, hachées très finement	2
5 ml	jus de citron frais	1 c. à thé
	Quelques tours de moulin à poivre	
15 ml	persil frais, haché finement	1 c. à soupe
	Sel	

ÉTAPES

1. Déposer le beurre autour du couteau du robot culinaire. Ajouter l'ail, le jus de citron et le poivre. Mélanger jusqu'à consistance homogène, puis ajouter le persil. Pulser trois ou quatre fois pour répartir le persil, sans plus.

2. Réserver au réfrigérateur quelques heures avant de servir.

Accompagnement pour : homard bouilli, haricots verts bouillis, croûtons à l'ail.

BEURRE DE SAFRAN

DONNE ENVIRON 125 ML (½ TASSE)	CUISSON 5 MINUTES	REPOS 30 MINUTES

INGRÉDIENTS

125 ml	beurre demi-sel à température ambiante	½ tasse
1	pincée de filaments de safran	1
5 ml	jus de citron frais	1 c. à thé
	Quelques tours de moulin à poivre	
15 ml	persil frais, haché finement	1 c. à soupe
	Sel marin, au goût	

ÉTAPE

1. Dans une petite casserole, à feu doux, chauffer le beurre, puis ajouter le reste des ingrédients. Laisser mijoter 5 minutes. Laisser reposer 30 minutes avant de servir et réchauffer préalablement.

Accompagnement pour : homard bouilli.

SAUCE RANCH AU BABEURRE

8 PORTIONS	PRÉPARATION 5 MINUTES	REPOS 1 HEURE

Cette sauce à salade est rafraîchissante. Les oignons séchés lui donnent un goût délicat légèrement sucré. Idéalement, on la prépare au moins une heure à l'avance afin que les oignons aient le temps de se réhydrater. Elle se conserve 3 jours au réfrigérateur.

INGRÉDIENTS

250 ml	mayonnaise	1 tasse
250 ml	babeurre (le secouer avant de le mesurer)	1 tasse
30 ml	persil frais, haché finement	2 c. à soupe
10 ml	oignon séché	2 c. à thé
1	pincée de sel	1

ÉTAPE

1. Dans un bol, à l'aide d'un fouet, incorporer le babeurre à la mayonnaise. Ajouter le persil, l'oignon et le sel. Mélanger jusqu'à consistance homogène et laisser reposer 1 heure avant de servir.

Accompagnement pour : salade de laitue.

VINAIGRETTE CÉSAR

| **DONNE 250 ML (1 TASSE)** | **PRÉPARATION 10 MINUTES** |

Cette vinaigrette est utile lorsqu'on manque de temps pour préparer une salade César classique. Il ne reste plus qu'à la mélanger avec de la laitue romaine et d'ajouter au goût des croûtons, du bacon cuit émietté et du parmesan. Elle se conserve 1 semaine au réfrigérateur.

INGRÉDIENTS

125 ml	mayonnaise	½ tasse
60 ml	lait	¼ de tasse
60 ml	parmesan, râpé	¼ de tasse
1	gousse d'ail, hachée très finement	1
10	câpres, rincées, égouttées et hachées	10
30 ml	jus de citron frais	2 c. à soupe
2 ml	moutarde de Dijon	½ c. à thé
	Poivre du moulin	

ÉTAPE

1. Dans un bol, à l'aide d'un fouet, incorporer le lait à la mayonnaise. Ajouter le reste des ingrédients et mélanger jusqu'à consistance homogène.

VINAIGRETTE AU VINAIGRE DE VIN ROUGE

4 PORTIONS	PRÉPARATION 3 MINUTES

Essayez-la entre autres avec une salade de laitue en accompagnement pour un plat de porc ou de bœuf ou encore, dans une salade de laitue garnie de porc ou de bœuf.

INGRÉDIENTS

10 ml	vinaigre de vin rouge	2 c. à thé
	Sel et poivre du moulin	
2 ml	moutarde de Dijon ou de Meaux (facultatif)	½ c. à thé
45 ml	huile d'olive vierge extra	3 c. à soupe

ÉTAPE

1. Dans un bol, mélanger le vinaigre au fouet avec du sel, du poivre et la moutarde. Incorporer l'huile d'olive.

VARIANTES

Vinaigrette au vinaigre balsamique
Pour rehausser les salades de laitue qui accompagnent du bœuf, du porc, des mets italiens, des tomates, des fraises et des oignons.

15 ml	vinaigre balsamique	1 c. à soupe
	Sel et poivre du moulin	
2 ml	moutarde de Dijon ou de Meaux (facultatif)	½ c. à thé
45 ml	huile d'olive vierge extra	3 c. à soupe

Vinaigrette au vinaigre de vin blanc
Pour laitue Boston, mâche, salade de laitue pour accompagner le poulet, le veau ou le poisson, salade de poulet, de saumon ou de crevettes.

10 ml	vinaigre de vin blanc	2 c. à thé
	Sel et poivre du moulin	
45 ml	huile d'olive vierge extra ou huile de tournesol pressée à froid	3 c. à soupe

Vinaigrette à l'huile de noisette
Pour laitue Boston, mâche, salade de poulet, salades contenant des noix, des champignons sautés, du fromage suisse ou emmental.

10 ml	vinaigre de vin blanc	2 c. à thé
	Sel et poivre du moulin	
22 ml	huile de noisette	1 ½ c. à soupe
22 ml	huile végétale	1 ½ c. à soupe

Vinaigrette à l'huile de tournesol et au vinaigre de cidre
Pour rehausser le goût des salades de laitue, de carottes ou de betteraves.

15 ml	vinaigre de cidre	1 c. à soupe
	Sel et poivre du moulin	
45 ml	huile de tournesol pressée à froid	3 c. à soupe

SALADES ET SANDWICHS

Salades

Lorsqu'on prépare une salade de laitue, il faut éponger ou essorer les feuilles lavées avec soin avant de les mélanger avec la vinaigrette. Pour gagner du temps, préparez la vinaigrette dans le bol à salade, ajoutez la laitue et remuez juste avant de servir. Les salades qui ne contiennent pas de mayonnaise, de vinaigrette crémeuse ou de laitue se conservent environ 3 jours au réfrigérateur. Pour éviter toute contamination, les salades préparées avec de la mayonnaise doivent être jetées si on les a gardées plus de 2 heures à température ambiante. Elles doivent toujours être servies le jour même de leur préparation.

Sandwichs

Depuis quelques années, plusieurs boulangeries artisanales offrent une grande variété de pains aux saveurs exceptionnelles qui permettent de faire d'excellents sandwichs. Le pain de seigle est délicieux avec le jambon, tandis que celui de blé entier est bon avec le poulet. Pour vous faciliter la tâche, utilisez du beurre et des tartinades à température ambiante. Servez ou emballez les sandwichs dès qu'ils sont prêts, car le pain sèche rapidement.

SALADE CÉSAR CLASSIQUE (Rap)	**244**
CROÛTONS À L'AIL MAISON	**244**
SALADE DE CHOU CRÉMEUSE (Rap) (Veg)	**245**
LAITUE À LA CRÈME (Rap) (Veg)	**245**
SALADE DE POMMES DE TERRE À LA MOUTARDE DE MEAUX (Rap) (Veg)	**246**
SALADE DE BETTERAVES (Veg)	**247**
SALADE DE CHAMPIGNONS ET D'OLIVES (Rap) (Veg)	**248**
SALADE DE RIZ SAUVAGE (Veg)	**250**
SALADE DE POIS CHICHES (Veg)	**251**
SALADE DE MAÏS ET D'AVOCAT (Rap) (Veg)	**252**
SALADE GRECQUE (Rap) (Veg)	**253**
SALADE DE RÔTI DE BŒUF ET DE POIVRONS	**255**
TABOULÉ (Veg)	**256**
SALADE DE COUSCOUS AU POULET (Rap)	**257**
SALADE-SUSHI AUX CREVETTES	**258**
SALADE DE MACARONIS AU THON (Rap)	**260**
SANDWICHS AU THON CHAUD (Rap)	**261**
PETITS PAINS À LA VIANDE (Mij) (*)	**263**
TARTINADE POUR SANDWICHS AU JAMBON (Rap)	**264**
TARTINADE POUR SANDWICHS AU POULET (Rap)	**265**
HAMBURGERS DE PORC BARBECUE (Rap)	**266**
CROQUE-MONSIEUR MAURICIENS (Rap)	**267**

SALADE CÉSAR CLASSIQUE

4 PORTIONS	PRÉPARATION 20 MINUTES

On peut remplacer les anchois par deux tranches de bacon cuit émietté.

INGRÉDIENTS

1	jaune d'œuf	1
	Le jus de ½ citron	
2 ml	moutarde de Dijon	½ c. à thé
60 ml	huile d'olive ou végétale	¼ de tasse
1	grosse gousse d'ail, hachée finement	1
6	câpres	6
2	filets d'anchois, rincés et hachés	2
1	laitue romaine	1
125 ml	parmesan, râpé	½ tasse
250 ml	croûtons à l'ail maison ou du commerce	1 tasse

ÉTAPES

1. Dans un grand bol, battre le jaune d'œuf au fouet avec quelques gouttes de jus de citron et la moutarde. Verser l'huile en filet en fouettant sans cesse. Incorporer le reste du jus de citron.

2. Ajouter l'ail, les câpres et les anchois puis mélanger jusqu'à consistance homogène.

3. Déchiqueter la laitue et déposer sur la vinaigrette.

4. Au moment de servir, mélanger la laitue avec la vinaigrette. Saupoudrer de parmesan et garnir de croûtons. Remuer et servir dans des assiettes à dessert.

CROÛTONS À L'AIL MAISON

PRÉPARATION 10 MINUTES	CUISSON 20 MINUTES

INGRÉDIENTS

3	tranches de pain, en cubes	3
15 ml	huile végétale	1 c. à soupe
15 ml	beurre	1 c. à soupe
1	gousse d'ail, hachée finement	1

ÉTAPES

1. Placer la grille au centre du four. Préchauffer le four à 190 °C (375 °F).

2. Mettre le pain sur une plaque et cuire au four 15 minutes.

3. Dans une poêle, à feu doux, chauffer l'huile et le beurre. Ajouter l'ail et les cubes de pain et cuire de 3 à 5 minutes en remuant sans cesse jusqu'à ce que les croûtons soient dorés.

SALADE DE CHOU CRÉMEUSE

4 À 6 PORTIONS	PRÉPARATION 15 MINUTES

Cette salade doit être servie au plus tard quelques heures après sa préparation.

INGRÉDIENTS

75 ml	mayonnaise	⅓ de tasse
15 ml	lait ou crème	1 c. à soupe
45 ml	vinaigre blanc	3 c. à soupe
2 ml	sucre	½ c. à thé
	Sel et poivre du moulin	
½	petit chou vert, émincé	½
2	oignons verts, hachés finement	2
¼	poivron vert, haché finement	¼

ÉTAPES

1. Dans un bol moyen, à l'aide d'un fouet, incorporer le lait à la mayonnaise. Ajouter le vinaigre, le sucre, du sel et du poivre, puis mélanger jusqu'à consistance homogène.

2. Ajouter le chou, les oignons verts et le poivron. Mélanger pour bien enrober les légumes. Si on ne sert pas la salade immédiatement, la réserver 30 minutes à température ambiante ou pas plus de 2 heures au réfrigérateur.

Accompagnement pour : poulet frit au four (page 155), hot-dogs, fish and chips (page 132).

LAITUE À LA CRÈME

PRÉPARATION 5 MINUTES

On prépare cette salade des plus simples avec de jeunes laitues fraîchement cueillies. Cette recette est très populaire dans la région de Charlevoix.

INGRÉDIENTS

Laitue frisée rouge, laitue Boston ou mesclun
Oignons verts, en tranches fines
Crème 15 % ou 35 %
Sel et poivre du moulin

ÉTAPE

1. Déchiqueter la laitue et répartir dans des assiettes à dessert. Garnir d'oignons verts et arroser de crème. Saler et poivrer au goût.

SALADE DE POMMES DE TERRE À LA MOUTARDE DE MEAUX

4 PORTIONS	PRÉPARATION 15 MINUTES

En été, je prépare cette salade avec des grelots non pelés. On peut aussi utiliser un reste de pommes de terre cuites. Pour une salade de pommes de terre crémeuse, ajouter 30 ml (2 c. à soupe) de mayonnaise au moment de servir.

INGRÉDIENTS

15 ml	moutarde de Meaux	1 c. à soupe
15 ml	vinaigre de vin blanc	1 c. à soupe
75 ml	huile d'olive vierge extra	⅓ de tasse
	Sel et poivre du moulin	
1	branche de céleri, en tranches	1
2	oignons verts, en tranches	2
60 ml	persil frais, haché	¼ de tasse
6	petites pommes de terre nouvelles, cuites et refroidies	6

ÉTAPES

1. Dans un bol moyen, mélanger au fouet la moutarde, le vinaigre et l'huile d'olive. Saler et poivrer. Ajouter le céleri, les oignons verts et le persil.

2. Couper les pommes de terre en deux sur la longueur, puis les couper en tranches de 5 mm (¼ de po) d'épaisseur. Mélanger délicatement avec la vinaigrette et servir à température ambiante.

Accompagnement pour: tranches de jambon, saucisson séché, salami.

SALADE DE BETTERAVES

4 PORTIONS	PRÉPARATION 15 MINUTES	RÉFRIGÉRATION 1 HEURE

Pour cuire les betteraves, gardez la racine intacte et 2,5 cm (1 po) de tige. On peut les faire bouillir ou les cuire au four en papillote. Le temps de cuisson peut varier énormément : les betteraves fraîchement cueillies prendront jusqu'à trois fois moins de temps que celles qu'on a récoltées quelques jours auparavant. Pour varier, ajoutez un peu de fromage de chèvre dans la salade.

INGRÉDIENTS

6	betteraves moyennes, cuites et coupées en tranches	6
30 ml	persil frais, haché	2 c. à soupe
1	petit oignon rouge, blanc ou jaune, en tranches, puis défait en rondelles	1
45 ml	jus de citron frais ou vinaigre balsamique	3 c. à soupe
60 ml	huile d'olive ou de tournesol pressée à froid	¼ de tasse
	Sel et poivre du moulin	

ÉTAPE

1. Dans un bol, mélanger tous les ingrédients. Couvrir et réfrigérer 1 heure avant de servir. Conservation : 3 jours au réfrigérateur.

Accompagnement pour : fromage de chèvre, œufs durs (page 61), saucisses de porc.

SALADE DE CHAMPIGNONS ET D'OLIVES

6 PORTIONS	PRÉPARATION 25 MINUTES	RÉFRIGÉRATION 1 HEURE

J'ai découvert cette délicieuse salade lors d'un voyage en Louisiane. Dès la première bouchée, j'ai su qu'elle deviendrait l'une de mes préférées. Comme elle se conserve 5 jours au réfrigérateur, elle est idéale pour un lunch, un pique-nique ou une entrée préparée à l'avance.

INGRÉDIENTS

Vinaigrette

22 ml	vinaigre balsamique	1 ½ c. à soupe
15 ml	liquide d'un pot d'olives vertes	1 c. à soupe
60 ml	huile d'olive vierge extra	¼ de tasse
2 ml	basilic séché	½ c. à thé
2 ml	poivre	½ c. à thé
0,5 ml	poivre de Cayenne	⅛ de c. à thé
1	petite gousse d'ail, hachée très finement (facultatif)	1

Légumes

1	boîte de 398 ml de cœurs d'artichaut, égouttés	1
125 ml	olives noires dénoyautées, en tranches	½ tasse
125 ml	olives vertes dénoyautées, en tranches	½ tasse
½	poivron rouge, haché	½
2	grosses branches de céleri, hachées	2
250 ml	champignons, en tranches épaisses	1 tasse
2	oignons verts, en tranches	2
30 ml	persil frais, haché	2 c. à soupe

ÉTAPES

1. Dans un grand bol, mélanger tous les ingrédients de la vinaigrette.

2. Couper chacun des artichauts en 6 morceaux et les ajouter à la vinaigrette avec le reste des ingrédients. Remuer avec soin et réfrigérer 1 heure avant de servir.

Accompagnement pour : grillades de poulet, de porc ou de bœuf ou en entrée sur une feuille de laitue.

SALADE DE RIZ SAUVAGE

4 PORTIONS	PRÉPARATION 20 MINUTES	CUISSON 45 À 60 MINUTES	RÉFRIGÉRATION 1 HEURE

INGRÉDIENTS

175 ml	riz sauvage	¾ de tasse
1 litre	eau froide	4 tasses
2 ml	sel	½ c. à thé

Vinaigrette

75 ml	huile végétale	⅓ de tasse
22 ml	jus de citron frais	1 ½ c. à soupe
2 ml	sel	½ c. à thé
1	pincée de basilic séché	1
1	gousse d'ail, hachée finement	1

Légumes

¼	poivron rouge, haché finement	¼
¼	poivron vert, haché finement	¼
1	branche de céleri, hachée finement	1
2	oignons verts (partie blanche), en tranches	2
30 ml	persil frais, haché	2 c. à soupe
45 ml	amandes mondées et tranchées	3 c. à soupe

ÉTAPES

1. Dans une grande casserole, porter le riz, l'eau et le sel à ébullition. Baisser le feu, couvrir et cuire à feu doux de 45 à 60 minutes, jusqu'à ce que le riz soit tendre et légèrement croquant. Égoutter et laisser refroidir à température ambiante.

2. Entre-temps, dans un grand bol, mélanger au fouet tous les ingrédients de la vinaigrette. Ajouter les poivrons, le céleri, les oignons verts, le persil et les amandes.

3. Mélanger le riz avec les légumes. Réfrigérer 1 heure avant de servir. Conservation : 5 jours au réfrigérateur.

Suggestions d'accompagnement : fromage, tranches de volaille froide.

SALADE DE POIS CHICHES

3 OU 4 PORTIONS	PRÉPARATION 20 MINUTES	REPOS 2 HEURES

INGRÉDIENTS

2 ml	sel	½ c. à thé
	Poivre du moulin	
15 ml	vinaigre de vin rouge	1 c. à soupe
45 ml	jus de citron frais	3 c. à soupe
90 ml	huile d'olive vierge extra	6 c. à soupe
1 ml	moutarde de Dijon	¼ de c. à thé
1	gousse d'ail, hachée finement	1
750 ml	pois chiches, cuits	3 tasses
1	grosse tomate, en dés	1
1	concombre, en dés	1
1	poivron vert, en dés	1
6	radis, en tranches (facultatif)	6
45 ml	oignons verts, hachés	3 c. à soupe
30 ml	persil frais, haché	2 c. à soupe

ÉTAPE

1. Dans un grand bol, mélanger le sel, le poivre, le vinaigre, le jus de citron, l'huile, la moutarde et l'ail. Ajouter le reste des ingrédients et remuer jusqu'à consistance homogène. Laisser reposer 2 heures avant de servir. Conservation : 5 jours au réfrigérateur.

Suggestions d'accompagnements : pain pita, pain croûté, féta, olives noires ou vertes.

SALADE DE MAÏS ET D'AVOCAT

| 4 PORTIONS | PRÉPARATION 20 MINUTES |

Pendant l'été, j'utilise un reste d'épis de maïs égrenés, tandis qu'à d'autres moments de l'année je prends du maïs en grains en conserve. Pour varier, remplacez l'avocat par une tomate hachée.

INGRÉDIENTS

1	petite gousse d'ail, hachée finement	1
1 ml	poivre	¼ de c. à thé
5 ml	origan séché	1 c. à thé
15 ml	jus de citron frais	1 c. à soupe
10 ml	vinaigre de vin blanc	2 c. à thé
45 ml	huile d'olive extra vierge	3 c. à soupe
250 ml	maïs en grains, cuit	1 tasse
8	olives noires, dénoyautées et coupées en tranches	8
¼	poivron rouge, haché	¼
30 ml	oignon, haché	2 c. à soupe
1	avocat	1

ÉTAPES

1. Dans un bol moyen, mélanger l'ail, le poivre, l'origan, le jus de citron, le vinaigre et l'huile d'olive.

2. Ajouter le maïs, les olives, le poivron et l'oignon. Bien remuer pour enrober de vinaigrette.

3. Juste avant de servir, peler l'avocat, le couper en dés et l'ajouter à la salade en remuant délicatement.

Accompagnement pour : volaille et porc grillés, crevettes.

SALADE GRECQUE

4 PORTIONS	PRÉPARATION 15 MINUTES	RÉFRIGÉRATION 2 HEURES

On peut utiliser une, deux ou trois sortes de poivrons en respectant la quantité totale demandée dans la recette.

INGRÉDIENTS

1	pincée de sucre	1
1 ml	poivre	¼ de c. à thé
2 ml	origan séché	½ c. à thé
30 ml	vinaigre	2 c. à soupe
75 ml	huile d'olive vierge extra	⅓ de tasse
½	poivron rouge, en tranches fines de 5 cm (2 po) de longueur	½
½	poivron vert, en tranches fines de 5 cm (2 po) de longueur	½
½	poivron jaune, en tranches fines de 5 cm (2 po) de longueur	½
4	tranches minces d'oignon, coupées en quatre	4
125 ml	féta, en dés	½ tasse
10	olives noires	10

ÉTAPES

1. Dans un bol moyen, mélanger au fouet le sucre, le poivre, l'origan et le vinaigre. Incorporer l'huile d'olive.

2. Ajouter le reste des ingrédients et bien remuer. Réfrigérer 2 heures avant de servir. Conservation : 4 jours au réfrigérateur.

Accompagnement pour : souvlakis (page 189), côtelettes de porc grillées, feuilles de vigne farcies à l'agneau (page 174).

SALADE DE RÔTI DE BŒUF ET DE POIVRONS

4 PORTIONS	**PRÉPARATION** **20 MINUTES**

Cette salade est appréciée de tous. Une fois qu'on y a goûté, on sait qu'on ne pourra pas résister à la tentation de la refaire la prochaine fois qu'on mettra un rôti de bœuf au menu.

INGRÉDIENTS

30 ml	vinaigre de vin rouge ou balsamique	2 c. à soupe
5 ml	moutarde de Dijon	1 c. à thé
2 ml	sel	½ c. à thé
	Poivre du moulin	
125 ml	huile d'olive vierge extra ou huile végétale	½ tasse
500 g	restes de rôti de bœuf, en fines lamelles	1 lb
1	petit poivron vert, en tranches minces de 5 cm (2 po) de longueur	1
1	petit poivron rouge, en tranches minces de 5 cm (2 po) de longueur	1
4	champignons, en tranches fines (facultatif)	4

ÉTAPES

1. Dans un bol moyen, mélanger au fouet le vinaigre, la moutarde, 2 ml (½ c. à thé) de sel et du poivre au goût. Ajouter l'huile et bien mélanger.

2. Ajouter la viande, les poivrons et les champignons, puis remuer avec soin. Saler et poivrer au goût. Servir dans des bols creux. Conservation : 2 jours au réfrigérateur.

Suggestions d'accompagnements : quartiers de tomate, pain croûté.

TABOULÉ

6 À 8 PORTIONS	PRÉPARATION 20 MINUTES	REPOS 2 À 3 HEURES	RÉFRIGÉRATION 1 HEURE

Cette rafraîchissante salade du Moyen-Orient est idéale pour les pique-niques et les boîtes à lunch. Ce taboulé se conserve 1 semaine au réfrigérateur.

INGRÉDIENTS

500 ml	boulgour moyen	2 tasses
2 litres	eau bouillante	8 tasses
250 ml	persil frais, haché	1 tasse
45 ml	menthe fraîche, hachée finement	3 c. à soupe
ou		
15 ml	menthe séchée	1 c. à soupe
125 ml	oignons, hachés	½ tasse
375 ml	tomates, hachées	1 ½ tasse
75 ml	jus de citron frais	⅓ de tasse
125 ml	huile d'olive vierge extra de préférence	½ tasse
10 ml	sel	2 c. à thé
2 ml	poivre	½ c. à thé

ÉTAPES

1. Dans un grand bol, déposer le boulgour et ajouter l'eau bouillante. Laisser reposer de 2 à 3 heures, jusqu'à ce qu'il soit tendre.

2. Entre-temps, mélanger le reste des ingrédients dans un autre grand bol.

3. Égoutter le boulgour et bien le presser avec les mains jusqu'à ce que les grains aient tendance à coller sur la peau. Mélanger avec les légumes. Réfrigérer 1 heure avant de servir. Conservation : 5 jours au réfrigérateur.

Suggestions d'accompagnements : fromage doux à pâte ferme, pain pita, volaille froide.

SALADE DE COUSCOUS AU POULET

| 2 PORTIONS | PRÉPARATION 20 MINUTES | RÉFRIGÉRATION 1 HEURE |

INGRÉDIENTS

175 ml	bouillon de poulet	¾ de tasse
30 ml	échalotes ou oignons verts, hachés	2 c. à soupe
15 ml	jus de citron frais	1 c. à soupe
125 ml	couscous moyen à cuisson rapide	½ tasse
375 ml	poulet cuit, haché grossièrement	1 ½ tasse
1	petite tomate, pelée et hachée	1
30 ml	persil frais, haché	2 c. à soupe

Vinaigrette

5 ml	vinaigre de vin blanc ou vinaigre blanc	1 c. à thé
15 ml	jus de citron frais	1 c. à soupe
45 ml	huile d'olive vierge extra	3 c. à soupe
1	pincée de poivre	1

ÉTAPES

1. Dans une casserole moyenne, porter à ébullition le bouillon, les échalotes et le jus de citron. Ajouter le couscous au bouillon. Couvrir et réserver 10 minutes.

2. Entre-temps, dans un petit bol, mélanger tous les ingrédients de la vinaigrette.

3. Défaire les grains de couscous à l'aide d'une fourchette. Ajouter le poulet, la tomate, le persil et la vinaigrette. Remuer avec soin et réfrigérer 1 heure. Servir dans des bols creux. Conservation : 3 jours au réfrigérateur.

SALADE-SUSHI AUX CREVETTES

4 PORTIONS	PRÉPARATION 40 MINUTES	REPOS 2 HEURES	CUISSON 30 MINUTES

Cette salade de préparation facile est aussi savoureuse que les sushis traditionnels. Si vous n'avez pas de saké, remplacez-le par du mirin et réduisez alors la quantité de sucre de 5 ml (1 c. à thé).

INGRÉDIENTS

315 ml	riz calrose	1 ⅓ tasse
32	crevettes moyennes, cuites et décortiquées	32
	Quelques radis, en tranches	
	Concombre, en tranches	
1	feuille d'algue nori grillée, en lanières fines	1

Sauce d'accompagnement

60 ml	sauce soja japonaise shoyu	¼ de tasse
30 ml	jus de citron frais	2 c. à soupe
15 ml	mirin	1 c. à soupe
22 ml	eau	1 ½ c. à soupe
15 ml	vinaigre de riz	1 c. à soupe

Vinaigrette

125 ml	vinaigre de riz	½ tasse
60 ml	sucre	¼ de tasse
30 ml	mirin	2 c. à soupe
30 ml	saké	2 c. à soupe
15 ml	sel	1 c. à soupe

ÉTAPES

1. Dans un petit pichet, mélanger tous les ingrédients de la sauce d'accompagnement et laisser reposer 2 heures.

2. Cuire le riz selon les indications inscrites sur l'emballage.

3. Entre-temps, dans une petite casserole, chauffer tous les ingrédients de la vinaigrette à feu très doux, jusqu'à ce que le sucre soit dissous. Réserver.

4. Mettre le riz chaud dans un grand bol, arroser de vinaigrette et remuer sans cesse à l'aide d'une cuillère en bois jusqu'à ce qu'il soit complètement refroidi. (Par temps froid, cette opération peut se faire devant une fenêtre ouverte.) Ajouter les trois quarts des lanières d'algue et bien mélanger.

5. Servir le riz en forme de boule dans une grande assiette. Disposer les crevettes en cercles sur le riz et garnir avec le reste de nori. Décorer en alternant les tranches de radis et de concombre autour du riz. Réfrigérer jusqu'au moment de servir.

6. Servir et napper de sauce au goût.

Suggestions d'accompagnements : daïkon (radis japonais) mariné, gingembre mariné, pâte de wasabi.

SALADE DE MACARONIS AU THON

4 PORTIONS	PRÉPARATION 15 MINUTES	CUISSON 10 MINUTES	RÉFRIGÉRATION 2 HEURES

INGRÉDIENTS

3 litres	eau froide	12 tasses
10 ml	sel	2 c. à thé
375 ml	macaronis coupés	1 ½ tasse
1	boîte de 200 g de thon, égoutté et défait en morceaux	1
125 ml	cheddar doux, en dés	½ tasse
75 ml	oignon, haché finement	⅓ de tasse
150 ml	mayonnaise	⅔ de tasse
30 ml	persil frais, haché	2 c. à soupe
15 ml	lait	1 c. à soupe
	Poivre du moulin	
15 ml	câpres, rincées et égouttées (facultatif)	1 c. à soupe

ÉTAPES

1. Dans une grande casserole, porter l'eau et le sel à ébullition. Ajouter les macaronis et cuire à feu vif 10 minutes. Égoutter et rincer à l'eau froide.

2. Entre-temps, mettre le reste des ingrédients dans un grand bol et réserver.

3. Ajouter les pâtes cuites et bien mélanger. Réfrigérer 2 heures avant de servir.

VARIANTE

Salade de macaronis au jambon : omettre les câpres et remplacer le thon et le cheddar par 500 ml (2 tasses) de jambon cuit, en dés.

SANDWICHS AU THON CHAUD

4 PORTIONS	**PRÉPARATION** **20 MINUTES**	**CUISSON** **10 MINUTES**

INGRÉDIENTS

4	tranches de pain blanc	4
	Beurre à température ambiante	
1	boîte de 200 g de thon, égoutté	1
3	oignons verts, hachés finement	3
ou		
60 ml	oignon, haché finement	¼ de tasse
60 ml	céleri, haché finement	¼ de tasse
30 ml	mayonnaise	2 c. à soupe
1 ml	poivre	¼ de c. à thé
4	tranches de fromage suisse ou jaune	4
	Mayonnaise	

ÉTAPES

1. Placer la grille dans le tiers supérieur du four à environ 15 cm (6 po) du gril. Préchauffer le gril du four.

2. Beurrer le pain, déposer sur une plaque et faire dorer sous le gril en surveillant constamment. Retirer du four et retourner les tranches de pain.

3. Dans un bol moyen, émietter le thon, ajouter les oignons verts, le céleri, la mayonnaise et le poivre puis mélanger jusqu'à ce que ce soit homogène.

4. Déposer la préparation sur le côté non rôti du pain et couvrir de fromage. À l'aide d'un couteau à beurre, étaler une mince couche de mayonnaise sur le fromage.

5. Cuire au four, en surveillant fréquemment, pendant 5 minutes ou jusqu'à ce que le fromage soit fondu et légèrement doré.

PETITS PAINS À LA VIANDE

10 À 12 PORTIONS	PRÉPARATION 15 MINUTES	CUISSON 45 MINUTES

Quand ma belle-sœur Maryel Beaudoin-Dontigny partage l'une de ses recettes, on sait qu'elle figurera bientôt parmi nos préférées, comme ces fameux petits pains à la viande dont on se régale chaque année. Les pains sont préemballés et congelés. Il suffira de les réchauffer pour un repas rapide ou improvisé ou encore, un goûter.

Comme c'est la tradition dans la région de Québec, vous pouvez farcir des pains à hot-dog toastés de la préparation de viande et les garnir de fines tranches d'oignon cru.

INGRÉDIENTS

175 ml	sauce chili	¾ de tasse
750 g	bœuf haché	1 ½ lb
250 g	porc haché	8 oz
1	oignon, haché finement	1
1 ml	poivre	¼ de c. à thé
	Sel	
36	petits pains à salade	36

ÉTAPES

1. Dans une casserole moyenne, mettre la sauce chili, les viandes, l'oignon et le poivre. Laisser mijoter à feu doux 45 minutes en remuant de temps à autre à l'aide d'une cuillère en bois. Saler au goût. Laisser refroidir à température ambiante.

2. Farcir les pains et les emballer en paquets de 4, 6 ou 8 dans du papier d'aluminium. Mettre au congélateur.

3. Pour réchauffer les petits pains à la viande, placer un paquet congelé au four préchauffé à 120 °C (250 °F) et cuire de 30 à 45 minutes.

Suggestions d'accompagnements : frites, salade de chou crémeuse (page 245).

À LA MIJOTEUSE

Mélanger tous les ingrédients, sauf le sel et les pains, dans la cocotte de la mijoteuse. Cuire 4 heures à basse température. À l'aide d'un pilon à purée, écraser la viande pour lui donner une texture uniforme. Saler au goût.

TARTINADE POUR SANDWICHS AU JAMBON

POUR 3 OU 4 SANDWICHS	PRÉPARATION 15 MINUTES

Le jambon peut être haché au robot culinaire, mais sa texture est plus agréable si l'on utilise plutôt le hachoir à viande.

INGRÉDIENTS

250 ml	jambon cuit, haché très finement	1 tasse
60 ml	mayonnaise	¼ de tasse
30 ml	moutarde préparée	2 c. à soupe
2 ml	paprika doux de Hongrie de préférence	½ c. à thé

ÉTAPE

1. Dans un bol, bien mélanger tous les ingrédients.

TARTINADE POUR SANDWICHS AU POULET

POUR 3 OU 4 SANDWICHS	PRÉPARATION 15 MINUTES

Cette tartinade est particulièrement délicieuse sur du pain de blé entier ou dans des petits pains à salade. Si vous utilisez un hachoir à viande pour hacher les ingrédients, commencez par l'œuf dur.

INGRÉDIENTS

250 ml	poulet cuit, haché	1 tasse
1	œuf, cuit dur et haché (facultatif)	1
125 ml	céleri, haché	½ tasse
7 ml	jus de citron frais	1 ½ c. à thé
	Poivre du moulin	
60 ml	mayonnaise	¼ de tasse

ÉTAPE

1. Dans un bol, bien mélanger tous les ingrédients.

HAMBURGERS DE PORC BARBECUE

| 4 PORTIONS | PRÉPARATION 15 MINUTES | CUISSON 15 MINUTES |

Ces hamburgers préparés avec un reste de rôti de porc plaisent à toute la famille et plus particulièrement aux adolescents.

INGRÉDIENTS

150 ml	sauce barbecue à badigeonner	⅔ de tasse
8	tranches de rôti de porc cuit	8
4	pains à hamburger	4
	Beurre à température ambiante	
8	tranches minces de poivron vert	8
4	tranches minces d'oignon	4

ÉTAPES

1. Dans une petite casserole en verre, verser un peu de sauce barbecue et déposer la moitié de la viande. Couvrir d'une partie de la sauce. Ajouter le reste de la viande et napper du reste de sauce. Couvrir et réchauffer au micro-ondes, à intensité moyenne, pendant 5 à 8 minutes. Réserver au chaud.

2. Entre-temps, ouvrir et séparer les pains à hamburger, puis les tartiner de beurre. Déposer sur une plaque. Mettre 1 tranche d'oignon sur la partie inférieure et 2 tranches de poivron sur la partie supérieure.

3. Placer la grille du four à 10 cm (4 po) du gril. Préchauffer le gril du four.

4. Mettre les pains au four de 3 à 5 minutes, jusqu'à ce que le pourtour soit doré.

5. Répartir la préparation de porc sur la partie inférieure des pains et couvrir du reste du pain.

Suggestions d'accompagnements : pommes de terre frites ou frites au four (page 85), salade de chou crémeuse (page 245).

CROQUE-MONSIEUR MAURICIENS

4 PORTIONS EN PLAT PRINCIPAL OU 6 EN AMUSE-GUEULES	PRÉPARATION 15 MINUTES	CUISSON 5 MINUTES	REPOS 2 À 3 MINUTES

Cette recette simple à préparer est idéale pour initier les enfants à leurs premières expériences culinaires. Complétez le repas avec une soupe et des crudités ou servez ces croque-monsieur comme amuse-gueules.

INGRÉDIENTS

6	tranches de pain, coupées en quatre	6
6	tranches de fromage suisse ou jaune	6
4	tranches de bacon, cuites à moitié et coupées en six	4

ÉTAPES

1. Placer la grille dans le tiers supérieur du four. Préchauffer le gril du four.

2. Sur une plaque, disposer en rangs les tranches de pain en les espaçant. Couvrir de fromage et déposer un morceau de bacon au centre.

3. Cuire au four quelques minutes en surveillant fréquemment les croque-monsieur jusqu'à ce que le fromage soit doré. Laisser reposer de 2 à 3 minutes avant de servir.

On est toujours fier de préparer un gâteau pour une fête ou occasion spéciale, ou simplement pour couronner un repas.

La méthode infaillible pour tapisser la plupart des moules à gâteau est de les beurrer, de tapisser le fond de papier ciré ou de papier-parchemin, puis de beurrer le papier. Utilisez des tasses et des cuillères à mesurer de qualité, de marques réputées, car les ingrédients doivent être mesurés avec grande précision lorsqu'on fait de la pâtisserie. Ils doivent aussi être à température ambiante. Les corps gras et les œufs prennent beaucoup plus de volume lorsqu'ils sont tempérés. Pour mesurer la farine, aérez-la d'abord et mettez-la dans la tasse à mesurer à l'aide d'une cuillère. On doit toujours tamiser la farine à pâtisserie avant de la mesurer.

Au moment d'ajouter les ingrédients secs, on les incorpore jusqu'à l'obtention d'une consistance homogène, sans plus. On empêche ainsi le gluten de se développer, sans quoi la texture sera dense et élastique. On attend que les gâteaux soient refroidis à température ambiante avant de les couvrir de glaçage. Les gâteaux sans glaçage se congèlent pendant 2 mois.

Cuisson

Vérifiez de temps à autre si la température de votre four est précise. Placez la grille au centre du four et espacez les moules afin que la chaleur soit bien distribuée pendant la cuisson. Les moules qui donnent les meilleurs résultats sont ceux en aluminium pâle. On doit réduire la température du four de 25 °F si le moule est foncé.

GÂTEAUX, SAUCES ET GLAÇAGES

GÂTEAU ROULÉ (Rap)	**271**
GÂTEAU BLANC (*)	**272**
GÂTEAU AU CHOCOLAT (*)	**273**
GÂTEAU STREUSEL AUX BLEUETS (R)	**274**
GÂTEAU ALLEMAND AUX POMMES	**277**
GÂTEAU AUX DATTES (Rap)	**278**
GÂTEAU FORÊT-NOIRE	**279**
GÂTEAU AUX CAROTTES ET À L'ANANAS (*)	**280**
GÂTEAU À LA MÉLASSE	**283**
GÂTEAU AU FROMAGE (R) (*)	**284**
PETITS GÂTEAUX AU CHOCOLAT FONDANT (*)	**285**
CRÈME AU BEURRE (RdJ) (*)	**286**
GLAÇAGE AU CHOCOLAT (Rap) (*)	**286**
SAUCE AU CHOCOLAT (Rap)	**288**
SAUCE AUX BLEUETS (Rap) (*)	**288**
SAUCE AU CITRON (Rap)	**289**
SAUCE AU SUCRE À LA CRÈME (Rap)	**289**

GÂTEAU ROULÉ

8 PORTIONS	PRÉPARATION 25 MINUTES	CUISSON 15 MINUTES	REPOS 2 MINUTES

INGRÉDIENTS

250 ml	farine à gâteau et à pâtisserie (tamiser avant de mesurer)	1 tasse
5 ml	poudre à pâte	1 c. à thé
1 ml	sel	¼ de c. à thé
3	œufs à température ambiante	3
250 ml	sucre	1 tasse
75 ml	eau	⅓ de tasse
5 ml	extrait de vanille	1 c. à thé
	Sucre glace	
150 ml	confiture au choix	⅔ de tasse

ÉTAPES

1. Placer la grille au centre du four. Préchauffer le four à 190 °C (375 °F). Tapisser de papier ciré une plaque de 38 cm x 25 cm (15 po x 10 po) à rebords. Beurrer le papier et les rebords.

2. Dans un bol, mélanger la farine, la poudre à pâte et le sel. Réserver.

3. Dans un grand bol ou le bol du batteur sur socle, battre les œufs 5 minutes. Incorporer le sucre peu à peu. Ajouter l'eau et la vanille à basse vitesse.

4. Incorporer les ingrédients secs de l'étape 2 à basse vitesse jusqu'à consistance homogène, sans plus.

5. Étendre uniformément la pâte jusque dans les coins de la plaque. Cuire au four de 12 à 15 minutes, jusqu'à ce qu'un cure-dent inséré au centre du gâteau en ressorte propre.

6. Entre-temps, saupoudrer un linge propre de sucre glace.

7. Laisser refroidir le gâteau 2 minutes. Passer un couteau autour et démouler sur le linge. Retirer délicatement le papier en le déchirant par morceaux du centre vers l'extérieur. À l'aide du linge, rouler le gâteau en commençant par le bord étroit. Laisser refroidir à température ambiante. Dérouler le gâteau et étaler la confiture. Rouler de nouveau, cette fois sans le linge.

VARIANTE

Bûche de Noël : garnir le gâteau de confiture ou de glaçage au chocolat. Couper un bout du gâteau, puis coupez-le en biseau pour faire des nœuds qui rappelleront ceux d'une branche coupée et les déposer sur le gâteau en les faisant adhérer avec un peu de glaçage. Couvrir de glaçage au chocolat. Passer les dents d'une fourchette sur la longueur de la bûche pour imiter une écorce d'arbre. Si désiré, décorer de feuilles de gui, de champignons ou de bonshommes de neige façonnés avec de la pâte d'amande.

GÂTEAU BLANC

DONNE 3 GÂTEAUX RONDS DE 20 CM (8 PO)	PRÉPARATION 30 MINUTES	CUISSON 35 MINUTES

Ce gâteau a un délicieux goût de beurre. On peut le glacer avec de la crème au beurre ou un glaçage au chocolat, ou encore le napper de sauce au citron (page 289) ou de sauce au sucre à la crème (page 289). La quantité de pâte obtenue convient aussi pour deux gâteaux de 23 cm (9 po) et six petits gâteaux. Les petits gâteaux ne prendront que 20 à 25 minutes de cuisson.

INGRÉDIENTS

250 ml	beurre demi-sel à température ambiante	1 tasse
500 ml	sucre	2 tasses
4	œufs à température ambiante	4
5 ml	extrait de vanille	1 c. à thé
750 ml	farine à pâtisserie (tamiser avant de mesurer)	3 tasses
15 ml	poudre à pâte	1 c. à soupe
2 ml	sel	½ c. à thé
250 ml	lait	1 tasse

ÉTAPES

1. Placer la grille au centre du four. Préchauffer le four à 180 °C (350 °F).

2. Beurrer trois moules à gâteaux ronds de 20 cm (8 po) de diamètre. Tapisser le fond de papier-parchemin ou de papier ciré. Beurrer le papier.

3. Dans un grand bol, battre le beurre pendant 1 minute. À vitesse moyenne, incorporer le sucre peu à peu et continuer de battre de 3 à 8 minutes, jusqu'à ce que le mélange pâlisse.

4. Ajouter les œufs un à un et battre jusqu'à ce que la préparation gonfle et pâlisse. Incorporer la vanille.

5. Dans un bol, mélanger la farine, la poudre à pâte et le sel. À basse vitesse, incorporer le tiers de la farine et la moitié du lait à la préparation d'œufs jusqu'à consistance homogène, sans plus. Incorporer le deuxième tiers de farine et le reste du lait, puis le reste de la farine. À l'aide d'une spatule, racler le bol une ou deux fois pendant cette étape.

6. Verser la pâte dans les moules et cuire au four de 30 à 35 minutes, jusqu'à ce qu'un cure-dent inséré au centre des gâteaux en ressorte propre. Laisser refroidir 10 minutes.

7. Passer un couteau autour des gâteaux et démouler sur une grille. Retirer immédiatement le papier. On peut couvrir les gâteaux de glaçage lorsqu'ils sont complètement refroidis. Conservation (sans glaçage) : 2 jours dans un contenant hermétique ou 1 mois au congélateur.

GÂTEAU AU CHOCOLAT

DONNE 2 GÂTEAUX RONDS DE 23 CM (9 PO)	PRÉPARATION 30 MINUTES	CUISSON 35 MINUTES

On peut étaler de la confiture entre les deux gâteaux, puis couvrir le tout de glaçage au chocolat ou de crème fouettée. Les gâteaux peuvent aussi servir à préparer la recette de gâteau Forêt-Noire (page 279). Le babeurre donne une saveur particulière aux pâtisseries et c'est pourquoi j'en ai toujours en réserve au congélateur. Si vous n'en avez pas, ajoutez 22 ml (1 ½ c. à soupe) de jus de citron à 375 ml (1 ½ tasse) de lait et laissez reposer 30 minutes avant utilisation.

INGRÉDIENTS

125 ml	shortening végétal ou saindoux	½ tasse
150 ml	poudre de cacao	⅔ de tasse
375 ml	sucre	1 ½ tasse
2	œufs à température ambiante	2
5 ml	extrait de vanille	1 c. à thé
400 ml	farine à pâtisserie (tamiser avant de mesurer)	1 ⅔ tasse
7 ml	bicarbonate de soude	1 ½ c. à thé
5 ml	sel	1 c. à thé
375 ml	babeurre à température ambiante	1 ½ tasse

ÉTAPES

1. Placer la grille au centre du four. Préchauffer le four à 180 °C (350 °F).

2. Beurrer deux moules à gâteaux ronds de 23 cm (9 po) de diamètre. Tapisser le fond de papier-parchemin ou de papier ciré. Beurrer le papier.

3. Dans un grand bol, battre le shortening pour le défaire en crème. Incorporer le cacao à basse vitesse et battre jusqu'à consistance homogène. Incorporer le sucre peu à peu et battre 2 minutes.

4. Ajouter les œufs un à un et battre jusqu'à ce que la préparation gonfle. Incorporer la vanille.

5. Dans un bol, mélanger la farine, le bicarbonate de soude et le sel.

6. À basse vitesse, incorporer le tiers de la farine et la moitié du babeurre à la préparation d'œufs en battant jusqu'à consistance homogène, sans plus. Incorporer le deuxième tiers de farine et le reste du babeurre, puis le reste de la farine. À l'aide d'une spatule, racler le bol une ou deux fois pendant cette étape.

7. Verser la pâte dans les moules et cuire de 30 à 35 minutes, jusqu'à ce qu'un cure-dent inséré au centre des gâteaux en ressorte propre. Laisser refroidir 10 minutes. Passer un couteau autour des gâteaux et démouler sur une grille. Retirer immédiatement le papier. On peut couvrir les gâteaux de glaçage lorsqu'ils sont complètement refroidis. Conservation (sans glaçage) : 2 jours dans un contenant hermétique ou 1 mois au congélateur.

GÂTEAU STREUSEL AUX BLEUETS

DONNE 1 GÂTEAU ROND DE 23 CM (9 PO)	PRÉPARATION 20 MINUTES	CUISSON 40 À 60 MINUTES

INGRÉDIENTS

Garniture

125 ml	cassonade	½ tasse
45 ml	farine tout usage	3 c. à soupe
10 ml	cannelle moulue	2 c. à thé
45 ml	beurre	3 c. à soupe
125 ml	pacanes, hachées	½ tasse

Gâteau

60 ml	beurre à température ambiante	¼ de tasse
175 ml	sucre	¾ de tasse
1	œuf	1
500 ml	farine tout usage	2 tasses
10 ml	poudre à pâte	2 c. à thé
2 ml	sel	½ c. à thé
125 ml	lait	½ tasse
500 ml	bleuets frais ou surgelés	2 tasses

ÉTAPES

1. Placer la grille au centre du four. Préchauffer le four à 190 °C (375 °F). Beurrer et fariner un moule à charnière de 23 cm (9 po).

2. **Garniture :** dans un petit bol ou au robot culinaire, mélanger la cassonade, la farine et la cannelle. Ajouter le beurre et mélanger à l'aide d'un mélangeur à pâte ou quelques secondes au robot culinaire. Ajouter les pacanes et mélanger (seulement 3 secondes si l'on utilise le robot.) Réserver.

3. **Gâteau :** dans un grand bol, à vitesse moyenne, défaire le beurre en crème. Ajouter le sucre et battre 2 minutes. Ajouter l'œuf et battre 2 minutes.

4. Dans un bol, mélanger la farine, la poudre à pâte et le sel. Verser dans la préparation d'œuf, ajouter le lait et battre à basse vitesse jusqu'à consistance homogène, sans plus.

5. À l'aide d'une cuillère en bois, incorporer les bleuets ; si l'on utilise des bleuets surgelés, procéder rapidement pour empêcher la pâte de figer. Verser la pâte dans le moule et parsemer de garniture. Cuire au four de 40 à 60 minutes, jusqu'à ce qu'un cure-dent inséré au centre du gâteau en ressorte propre.

GÂTEAU ALLEMAND AUX POMMES

DONNE 1 GÂTEAU ROND 23 CM (9 PO)	PRÉPARATION 30 MINUTES	CUISSON 35 À 45 MINUTES	REPOS 10 MINUTES

Avec ses fines tranches de pommes disposées en cercle dans la pâte et badigeonnées de confiture à la sortie du four, ce gâteau est aussi beau que bon. Les meilleures recettes voyagent beaucoup, et celle-ci en est un parfait exemple. Une dame allemande l'a transmise à mon amie hollandaise Jos Atkins, qui me l'a refilée à son tour. Je l'ai moi-même partagée un nombre incalculable de fois et je suis certaine qu'elle continuera de faire son chemin parmi vos parents et amis.

INGRÉDIENTS

125 ml	beurre à température ambiante	½ tasse
125 ml	sucre	½ tasse
2	œufs à température ambiante	2
250 ml	farine tout usage	1 tasse
5 ml	poudre à pâte	1 c. à thé
5 ou 6	pommes	5 ou 6
75 ml	confiture ou gelée d'abricots	⅓ de tasse
	Sucre glace (facultatif)	

ÉTAPES

1. Placer la grille au centre du four. Préchauffer le four à 180 °C (350 °F). Beurrer et fariner un moule à charnière de 23 cm (9 po).

2. Dans un bol, à vitesse moyenne, défaire le beurre en crème. Ajouter le sucre et battre 2 minutes. Ajouter les œufs et battre 2 minutes.

3. Dans un autre bol, mélanger la farine et la poudre à pâte et incorporer à la préparation d'œufs à basse vitesse jusqu'à consistance homogène, sans plus. Verser la pâte dans le moule.

4. Peler les pommes. Couper en deux et évider. Couper chaque moitié en tranches fines. Insérer une à une les tranches de pommes en cercles dans la pâte, face coupée vers le fond. Cuire au four de 35 à 45 minutes, jusqu'à ce qu'un cure-dent inséré au centre du gâteau en ressorte propre. Laisser refroidir 10 minutes.

5. Dans une petite casserole ou au micro-ondes, à feu doux, chauffer la confiture jusqu'à ce qu'elle soit presque liquéfiée. Badigeonner le gâteau à l'aide d'un pinceau.

6. Pour un effet spectaculaire, saupoudrer le gâteau de sucre glace à l'aide d'un tamis juste avant de le déposer au centre de la table.

GÂTEAU AUX DATTES

DONNE 1 GÂTEAU CARRÉ DE 20 OU 23 CM (8 OU 9 PO)	PRÉPARATION 25 MINUTES	CUISSON 30 MINUTES	REPOS 45 MINUTES

Les dattes hachées aux ciseaux ont moins tendance à coller que si l'on utilise un couteau. Pour gagner du temps, battez l'œuf et mesurez la vanille et la farine pendant que la préparation de dattes refroidit.

INGRÉDIENTS

Gâteau

250 ml	dattes, hachées	1 tasse
250 ml	eau	1 tasse
125 ml	beurre	½ tasse
250 ml	sucre	1 tasse
5 ml	bicarbonate de soude	1 c. à thé
1	œuf, battu	1
5 ml	extrait de vanille	1 c. à thé
375 ml	farine tout usage	1 ½ tasse

Sauce

250 ml	cassonade	1 tasse
15 ml	farine tout usage	1 c. à soupe
125 ml	eau	½ tasse
60 ml	beurre	¼ de tasse

ÉTAPES

1. Placer la grille au centre du four. Préchauffer le four à 200 °C (400 °F). Beurrer un moule carré de 20 ou 23 cm (8 ou 9 po).

2. Dans une casserole moyenne, à feu moyen, porter à ébullition les dattes et l'eau. Ajouter le beurre et le sucre et remuer jusqu'à ce que le beurre soit fondu. Incorporer le bicarbonate de soude et remuer quelques secondes. Laisser refroidir environ 15 minutes.

3. À l'aide d'une cuillère en bois, incorporer l'œuf, la vanille et la farine jusqu'à consistance homogène, sans plus.

4. Cuire au four de 20 à 25 minutes, jusqu'à ce qu'un cure-dent inséré au centre du gâteau en ressorte propre.

5. **Sauce :** entre-temps, dans une petite casserole, mélanger la cassonade et la farine. Ajouter l'eau et le beurre, puis porter à ébullition à feu moyen. Cuire 5 minutes ou jusqu'à ce que la sauce épaississe légèrement. Réserver.

6. Verser la sauce sur le gâteau chaud et laisser reposer 30 minutes avant de servir.

GÂTEAU FORÊT-NOIRE

8 PORTIONS	PRÉPARATION 1 HEURE	CUISSON 20 MINUTES

Ce gâteau est une spécialité de la région de la Forêt-Noire, en Allemagne, réputée pour ses belles forêts. On peut remplacer les cerises Bing par des cerises aigres en conserve. Si les gâteaux au chocolat ne sont pas prêts, prévoyez plus de temps pour la préparation.

INGRÉDIENTS

250 ml	amandes, mondées et tranchées	1 tasse
1	boîte de 398 ml de cerises noires Bing	1
30 ml	fécule de maïs	2 c. à soupe
30 ml	eau froide	2 c. à soupe
5 ml	gélatine	1 c. à thé
500 ml	crème 35 %	2 tasses
60 ml	sucre glace	¼ de tasse
30 ml	kirsch	2 c. à soupe
2	gâteaux au chocolat ronds de 23 cm (9 po) (page 273) à température ambiante	2
4	cerises au marasquin, coupées en deux	4
60 g	chocolat mi-sucré, râpé ou en copeaux	2 oz

ÉTAPES

1. Placer la grille au centre du four. Préchauffer le four à 180 °C (350 °F).

2. Étaler les amandes sur une plaque et faire dorer légèrement de 5 à 10 minutes. (Surveiller fréquemment, car elles peuvent brûler très rapidement.) Réserver.

3. Égoutter les cerises en versant le jus dans une petite casserole. Dénoyauter, couper en deux et réserver.

4. À l'aide d'un fouet, incorporer la fécule de maïs au jus des cerises, puis porter à ébullition. Baisser le feu et laisser mijoter jusqu'à épaississement en remuant fréquemment. Ajouter les cerises et réserver.

5. Verser l'eau dans un petit ramequin. Saupoudrer la gélatine et laisser gonfler, puis liquéfier au micro-ondes quelques secondes, sans plus.

6. Dans un grand bol ou le bol du batteur sur socle, fouetter la crème jusqu'à l'obtention de pics mous. Incorporer le sucre glace et battre jusqu'à ce que la préparation soit ferme, sans plus. Incorporer d'abord le kirsch à basse vitesse, puis la gélatine.

7. Étaler la préparation de cerises entre les gâteaux au chocolat. À l'aide d'une spatule à glaçage ou d'une poche à douille munie d'une grosse douille cannelée, couvrir le gâteau de crème fouettée.

8. Disposer les amandes sur la crème tout autour du gâteau et déposer les cerises au marasquin en cercle sur le dessus. (Sinon, faire 8 rosaces avec la poche à douille et déposer les cerises sur les rosaces.) Parsemer le gâteau de chocolat. Réfrigérer jusqu'au moment de servir. Conservation : 2 jours au réfrigérateur.

GÂTEAU AUX CAROTTES ET À L'ANANAS

1 GÂTEAU CARRÉ DE 23 CM (9 PO)	PRÉPARATION 20 MINUTES	CUISSON 50 À 60 MINUTES	REPOS 20 MINUTES

Ce gâteau sans glaçage est idéal pour les pique-niques et les boîtes à lunch.

INGRÉDIENTS

2	œufs	2
125 ml	huile végétale	½ tasse
125 ml	carotte, râpée	½ tasse
125 ml	ananas broyé, bien égoutté	½ tasse
125 ml	noix de Grenoble ou pacanes, hachées	½ tasse
125 ml	noix de coco séchée râpée	½ tasse
250 ml	farine tout usage	1 tasse
250 ml	sucre	1 tasse
5 ml	bicarbonate de soude	1 c. à thé
2 ml	cannelle moulue	½ c. à thé
2 ml	sel	½ c. à thé

ÉTAPES

1. Placer la grille au centre du four. Préchauffer le four à 180 °C (350 °F).

2. Graisser un moule de 23 cm x 23 cm (9 po x 9 po).

3. Dans un grand bol, battre les œufs jusqu'à ce qu'il n'y ait plus de trace de blanc. Incorporer l'huile, la carotte, l'ananas, les noix et la noix de coco. Mélanger jusqu'à consistance homogène.

4. Dans un autre bol, mélanger la farine, le sucre, le bicarbonate de soude, la cannelle et le sel. Verser sur les ingrédients liquides et battre jusqu'à consistance homogène, sans plus. Verser la pâte dans le moule et cuire au four de 50 à 60 minutes, jusqu'à ce qu'un cure-dent inséré au centre du gâteau en ressorte propre. Laisser tiédir 20 minutes avant de couper en carrés. Conserver dans un contenant hermétique.

GÂTEAU À LA MÉLASSE

10 À 12 PORTIONS	**PRÉPARATION** **20 MINUTES**	**CUISSON** **50 À 60 MINUTES**	**REPOS** **5 MINUTES**

Ce gâteau très populaire à Valcourt, dans les Cantons-de-l'Est, est certainement le meilleur que j'ai dégusté. Moelleux et spongieux, on le sert sans glaçage, accompagné de lait, de thé ou de café.

INGRÉDIENTS

250 ml	beurre à température ambiante	1 tasse
250 ml	sucre	1 tasse
2	œufs à température ambiante	2
250 ml	mélasse	1 tasse
750 ml	farine tout usage	3 tasses
2 ml	clou de girofle moulu	½ c. à thé
2 ml	cannelle moulue	½ c. à thé
250 ml	eau bouillante	1 tasse
5 ml	bicarbonate de soude	1 c. à thé

ÉTAPES

1. Placer la grille au centre du four. Préchauffer le four à 180 °C (350 °F).

2. Beurrer et fariner un moule à cheminée.

3. Dans un grand bol, à vitesse moyenne, battre le beurre avec le sucre de 3 à 5 minutes, jusqu'à ce que la préparation pâlisse. Ajouter les œufs un à un et battre 2 minutes. Incorporer la mélasse et battre jusqu'à ce que la préparation soit homogène.

4. Dans un bol moyen, mélanger la farine, le clou de girofle et la cannelle. Incorporer à la préparation d'œufs et battre jusqu'à consistance homogène, sans plus, en raclant les parois du bol une ou deux fois.

5. Dans un petit bol, mélanger l'eau bouillante et le bicarbonate de soude. Incorporer à la pâte en raclant le bol une fois. (Il est normal que la pâte soit liquide.) Verser dans le moule et cuire de 50 à 60 minutes, jusqu'à ce qu'un cure-dent inséré au centre du gâteau en ressorte propre. Laisser refroidir 5 minutes sur une grille avant de démouler.

GÂTEAU AU FROMAGE

12 PORTIONS	PRÉPARATION 35 MINUTES	CUISSON 1 H 25 MIN	REPOS 30 MINUTES	RÉFRIGÉRATION 24 HEURES

La sauce aux cerises se conserve 1 semaine au réfrigérateur. Pour varier, servez ce gâteau avec une sauce aux bleuets ou aux fraises (page 288).

INGRÉDIENTS

Base
310 ml	chapelure de biscuits Graham	1 ¼ tasse
45 ml	cassonade	3 c. à soupe
60 ml	beurre demi-sel, fondu	¼ de tasse

Gâteau
3	paquets de 250 g de fromage à la crème à température ambiante	3
250 ml	sucre	1 tasse
30 ml	farine tout usage	2 c. à soupe
3	œufs	3
250 ml	crème sure	1 tasse
30 ml	jus de citron frais	2 c. à soupe
5 ml	extrait de vanille	1 c. à thé

Sauce aux cerises
125 ml	sucre	½ tasse
22 ml	fécule de maïs	1 ½ c. à soupe
1	pincée de sel	1
500 ml	cerises aigres en conserve ou décongelées, égouttées (réserver 75 ml/⅓ de tasse de jus)	2 tasses
0,5 ml	extrait d'amande	⅛ de c. à thé

Garniture (facultatif)
250 ml	crème sure	1 tasse

ÉTAPES

1. Placer la grille au centre du four. Préchauffer le four à 180 °C (350 °F). Beurrer un moule à charnière de 23 cm (9 po).

2. **Base :** dans un bol ou au robot culinaire, mélanger la chapelure et la cassonade. Ajouter le beurre et mélanger jusqu'à consistance homogène. Verser la préparation dans le moule et la presser au fond. Cuire au four 10 minutes et réserver. Baisser la température à 150 °C (300 °F).

3. **Gâteau :** dans le même bol ou au robot culinaire, battre le fromage pour le ramollir. Ajouter le sucre et la farine et battre jusqu'à consistance homogène. Incorporer les œufs un à un en battant jusqu'à consistance homogène. Incorporer la crème sure, le jus de citron et la vanille, puis verser dans le moule. Cuire 1 h 15 min ou jusqu'à ce que le centre du gâteau soit tremblotant lorsqu'on remue le moule. Mettre le gâteau sur une grille sans le démouler et laisser reposer 30 minutes à l'abri des courants d'air. Passer un couteau autour du gâteau et laisser refroidir à température ambiante avant de réfrigérer. Réfrigérer 24 heures et passer un couteau autour du gâteau avant de le démouler.

4. **Sauce aux cerises :** dans une petite casserole, mélanger le sucre, la fécule de maïs et le sel. À l'aide d'un fouet, incorporer le jus réservé et l'extrait d'amande. Ajouter les cerises et porter à ébullition. Baisser le feu et laisser mijoter jusqu'à ce que la sauce épaississe. Laisser refroidir à température ambiante avant de verser sur le gâteau. Si désiré, garnir le gâteau de crème sure avant de servir.

PETITS GÂTEAUX AU CHOCOLAT FONDANT

| 4 PORTIONS | PRÉPARATION 20 MINUTES | RÉFRIGÉRATION 2 À 24 HEURES | CUISSON 13 À 17 MINUTES | REPOS 3 MINUTES |

En entamant les gâteaux chauds, on découvre une délicieuse sauce au chocolat. Les gâteaux sont préparés à l'avance et réfrigérés de 2 à 24 heures jusqu'au moment de les faire cuire. Il suffira de les mettre au four à 220 °C (425 °F) environ 15 minutes avant de les servir. On peut même les congeler et les cuire sans les décongeler.

INGRÉDIENTS

	Poudre de cacao	
125 ml	beurre demi-sel, coupé en 4 morceaux	½ tasse
150 g	chocolat mi-sucré (5 carrés), haché grossièrement	5 oz
150 ml	sucre glace (tamiser avant de mesurer)	⅔ de tasse
2	œufs	2
2	jaunes d'œufs	2
5 ml	extrait de vanille ou d'orange	1 c. à thé
75 ml	farine tout usage	⅓ de tasse

ÉTAPES

1. Beurrer 4 ramequins de 175 ml (¾ de tasse), puis les saupoudrer de cacao.

2. Mettre le beurre et le chocolat dans un bol moyen placé au-dessus d'une casserole d'eau chaude. Remuer de temps à autre jusqu'à ce qu'il soit complètement fondu. Retirer le bol de la casserole.

3. À l'aide d'un fouet, incorporer le sucre glace au chocolat. Ajouter les œufs, les jaunes d'œufs et la vanille en battant jusqu'à consistance homogène. Incorporer la farine.

4. À l'aide d'une cuillère à crème glacée, répartir la préparation dans les ramequins. Réfrigérer de 2 à 24 heures jusqu'au moment de la cuisson.

5. Placer la grille au centre du four. Préchauffer le four à 220 °C (425 °F). Cuire les gâteaux au four 13 minutes s'ils ont été réfrigérés ou 17 minutes s'ils ont été congelés. Laisser reposer 3 minutes. Passer un petit couteau autour des gâteaux. Placer une assiette sur les ramequins, retourner et démouler. Accompagner de crème fouettée et de petits fruits, si désiré.

CRÈME AU BEURRE

DONNE ENVIRON 1,25 LITRE (5 TASSES)	PRÉPARATION 15 MINUTES

Cette crème au beurre est onctueuse. Sa consistance est idéale pour décorer les gâteaux. Pour la colorer, procurez-vous des colorants en pâte dans une boutique spécialisée en pâtisserie décorative. Cette crème se congèle bien et il en va de même pour le gâteau une fois qu'il est couvert de glaçage et décoré. Les fleurs de crème au beurre peuvent être confectionnées et congelées. Une fois congelées, elles sont faciles à manipuler pour décorer les gâteaux.

INGRÉDIENTS

150 ml	beurre non salé à température ambiante	⅔ de tasse
1,12 litre	sucre glace (tamiser avant de mesurer)	4 ½ tasses
90 ml	crème 35 %	6 c. à soupe
7 ml	extrait de vanille	1 ½ c. à thé

ÉTAPES

1. Dans un grand bol, battre le beurre pour le ramollir. Incorporer le sucre glace en alternant avec la crème. Incorporer la vanille. Le glaçage doit s'étendre facilement. Au besoin, ajouter un peu de crème s'il est trop ferme ou un peu plus de sucre glace s'il manque de consistance.

2. Conservation : dans un contenant hermétique, 1 semaine au réfrigérateur ou 3 mois au congélateur.

GLAÇAGE AU CHOCOLAT

DONNE 750 ML (3 TASSES)	PRÉPARATION 15 MINUTES

INGRÉDIENTS

75 ml	beurre à température ambiante	⅓ de tasse
75 ml	poudre de cacao	⅓ de tasse
500 ml	sucre glace (tamiser avant de mesurer)	2 tasses
7 ml	extrait de vanille	1 ½ c. à thé
30 ml	lait	2 c. à soupe

ÉTAPES

1. Dans un grand bol, battre le beurre pour le ramollir. Incorporer le cacao à basse vitesse.

2. Incorporer le sucre glace. Ajouter la vanille et le lait, puis battre jusqu'à consistance homogène.

SAUCE AU CHOCOLAT P. 288

CRÈME AU BEURRE P. 286

GLAÇAGE AU CHOCOLAT P. 286

SAUCE AU CHOCOLAT

DONNE 175 ML (¾ DE TASSE)	PRÉPARATION 10 MINUTES	CUISSON 5 MINUTES

INGRÉDIENTS

125 ml	sucre	½ tasse
30 ml	poudre de cacao	2 c. à soupe
30 ml	beurre	2 c. à soupe
60 ml	lait	¼ de tasse
15 ml	sirop de maïs	1 c. à soupe
1	pincée de sel	1

ÉTAPES

1. Dans une petite casserole, mélanger le sucre et le cacao.

2. Ajouter le reste des ingrédients et porter à ébullition en remuant sans cesse. Laisser bouillir 3 minutes en remuant de temps à autre. Laisser refroidir à température ambiante avant de servir. Conservation : 1 semaine au réfrigérateur.

Accompagnement pour : choux à la crème, profiteroles, crème glacée à la vanille.

SAUCE AUX BLEUETS

DONNE ENVIRON 1 LITRE (4 TASSES)	PRÉPARATION 5 MINUTES	CUISSON 20 MINUTES

Profitez de la saison des bleuets pour faire cette sauce et la congeler dans des petits pots. Servez-la entre autres avec du yogourt et vous serez conquis par la fraîcheur des fruits. Le goût sera bien meilleur que celui des yogourts aux fruits du commerce.

INGRÉDIENTS

1 litre	bleuets frais ou surgelés	4 tasses
250 ml	sucre	1 tasse
1	pincée de cannelle moulue (facultatif)	1

ÉTAPES

1. Dans une casserole moyenne, à feu très doux, porter tous les ingrédients à ébullition en remuant de temps à autre. Baisser le feu et laisser mijoter 15 minutes.

2. Laisser refroidir à température ambiante avant de servir. Conservation : 1 semaine au réfrigérateur ou 1 an au congélateur.

Accompagnement pour : yogourt nature, crème glacée à la vanille ou comme nappage pour un gâteau.

VARIANTE

Sauce aux fraises : omettre la cannelle et remplacer les bleuets par des fraises fraîches, en tranches.

SAUCE AU CITRON

4 PORTIONS	PRÉPARATION 10 MINUTES	CUISSON 5 À 10 MINUTES

INGRÉDIENTS

125 ml	sucre	½ tasse
30 ml	fécule de maïs	2 c. à soupe
1 ml	sel	¼ de c. à thé
250 ml	eau	1 tasse
45 ml	jus de citron frais	3 c. à soupe
7 ml	zeste de citron	1 ½ c. à thé
22 ml	beurre	1 ½ c. à soupe

ÉTAPES

1. Dans une petite casserole, mélanger le sucre, la fécule de maïs et le sel.

2. Incorporer l'eau et porter à ébullition en remuant sans cesse à l'aide d'une cuillère en bois. Baisser le feu et laisser mijoter quelques minutes jusqu'à épaississement.

3. Retirer du feu. Incorporer le jus, le zeste de citron et le beurre. Servir chaud.

Accompagnement pour : gâteau blanc (page 272).

SAUCE AU SUCRE À LA CRÈME

6 À 8 PORTIONS	PRÉPARATION 5 MINUTES	CUISSON 10 MINUTES

INGRÉDIENTS

250 ml	cassonade	1 tasse
250 ml	sucre blanc	1 tasse
250 ml	crème 35 %	1 tasse
5 ml	extrait de vanille	1 c. à thé

ÉTAPES

1. Dans une casserole moyenne, mélanger la cassonade et le sucre. Incorporer la crème.

2. Porter à ébullition à feu moyen en remuant sans cesse à l'aide d'une cuillère en bois. Baisser le feu et laisser mijoter 5 minutes en remuant fréquemment. Ajouter la vanille.

3. Napper un gâteau de cette sauce chaude.

BISCUITS, CARRÉS ET BONBONS

Rien n'égale le goût des biscuits maison et leur odeur irrésistible qui embaume la maison lorsqu'ils cuisent. Les enfants aiment beaucoup les façonner et les décorer. Les biscuits tendres (ex. : aux brisures de chocolat), les carrés et les galettes doivent être conservés dans des contenants hermétiques aussitôt qu'ils sont refroidis. Les biscuits sablés et craquants (ex. : au beurre ou au beurre d'arachide) doivent être mis dans une jarre à biscuits ou une boîte métallique. Quant aux pâtes à biscuits prêtes à enfourner, on peut les congeler jusqu'à 6 mois.

Biscuits et carrés

Il est bon de vérifier de temps à autre si la température de votre four est précise. Placez la grille au centre du four et faites cuire les biscuits, une plaque à la fois, en respectant le temps prescrit même s'ils semblent mous ou manquer de cuisson. Ils se raffermiront en refroidissant. Les meilleures plaques à biscuits sont en aluminium pâle. Réduisez la température du four de 25 °F si vous utilisez des plaques foncées. À la sortie du four, on laisse reposer les biscuits et carrés 1 minute avant de les retirer de la plaque.

Bonbons

La cuisson des bonbons demande une grande précision et le thermomètre garantit de bons résultats. Au début de la cuisson, on doit dissoudre les grains de sucre qui collent aux parois de la casserole à l'aide d'un pinceau mouillé. Pour empêcher une cristallisation des sucres, on évite de remuer la préparation pendant la cuisson.

BISCUITS AU BEURRE (R)(*)	**293**
BISCUITS AUX BRISURES DE CHOCOLAT (*)	**294**
BISCUITS AU GINGEMBRE (R)	**295**
BISCUITS HOLLANDAIS À LA NOIX DE COCO	**296**
BISCUITS AU BEURRE D'ARACHIDE (R)(*)	**298**
GALETTES AU SIROP	**299**
GALETTES AU CHOCOLAT	**301**
GALETTES À LA CITROUILLE	**302**
BROWNIES (*)	**303**
CARRÉS AUX NOIX (R)	**304**
CARRÉS CROUSTILLANTS À LA RHUBARBE (R)	**305**
CARRÉS AUX POMMES (R)	**306**
CARRÉS AUX DATTES MERINGUÉS (R)	**308**
BARRES AUX BRISURES DE CHOCOLAT (Rap)	**309**
BONBONS AUX NOIX À LA PÂTE D'AMANDE	**311**
BARRES TENDRES	**312**
CARRÉS DE RIZ CROUSTILLANT AU CARAMEL	**313**
TIRE SAINTE-CATHERINE	**314**
TIRE-ÉPONGE (Rap)	**315**
SUCRE À LA CRÈME (*)	**316**
GUIMAUVES (Rap)	**317**
SOURIS CHOCOLATÉES	**318**
PÂTE D'AMANDE (R)(Rap)	**320**
CERISES AU CHOCOLAT	**321**

BISCUITS AU BEURRE D'ARACHIDE P. 298

BISCUITS AU BEURRE P. 293

BISCUITS AU BEURRE

DONNE ENVIRON 36 BISCUITS	PRÉPARATION 30 MINUTES	CUISSON 1 HEURE

Cette pâte à biscuits est coupée avec des emporte-pièce aux formes variées qui feront fureur lors des fêtes de Noël, de Pâques, à la Saint-Valentin et en plusieurs autres occasions. Si la pâte est trop collante, réfrigérez-la environ 30 minutes avant de l'abaisser.

INGRÉDIENTS

250 ml	beurre non salé ou demi-sel à température ambiante	1 tasse
250 ml	sucre glace (tamiser avant de mesurer)	1 tasse
500 ml	farine tout usage	2 tasses

ÉTAPES

1. Placer la grille au centre du four. Préchauffer le four à 150 °C (300 °F).

2. Dans un grand bol ou au robot culinaire, battre le beurre pour le défaire en crème. Incorporer le sucre glace. Ajouter la farine et mélanger jusqu'à consistance homogène.

3. Déposer la moitié de pâte sur un plan de travail légèrement fariné. Fariner légèrement et abaisser à 5 mm (¼ de po) d'épaisseur à l'aide d'un rouleau à pâte. Tailler les biscuits à l'emporte-pièce, soulever avec une spatule et déposer sur des plaques en les espaçant. Procéder de la même façon avec le reste de la pâte. Amalgamer les retailles pour les tailler.

4. Cuire au four 20 minutes, une plaque à la fois. Laisser reposer 2 minutes, soulever à l'aide d'une spatule mince, puis laisser refroidir sur une grille. Conserver dans un contenant métallique hermétique.

BISCUITS AUX BRISURES DE CHOCOLAT

DONNE ENVIRON 60 BISCUITS	PRÉPARATION 40 MINUTES	CUISSON 45 À 60 MINUTES

Ces biscuits classiques sont appréciés de tous. Dès qu'ils sont refroidis, mettez-les immédiatement dans un contenant de plastique hermétique pour qu'ils restent bien tendres. En général, une cuisson de 8 minutes donne des biscuits mous, tandis qu'une cuisson de 10 minutes permet d'obtenir une texture un peu plus ferme.

INGRÉDIENTS

325 ml	beurre demi-sel à température ambiante	1 ⅓ de tasse
250 ml	sucre	1 tasse
250 ml	cassonade, tassée	1 tasse
2	œufs	2
10 ml	extrait de vanille	2 c. à thé
750 ml	farine tout usage	3 tasses
5 ml	bicarbonate de soude	1 c. à thé
375 ml	brisures de chocolat mi-sucré	1 ½ tasse

ÉTAPES

1. Placer la grille au centre du four. Préchauffer le four à 190 °C (375 °F).

2. Dans un grand bol, battre le beurre pour le défaire en crème. Ajouter le sucre et la cassonade, puis battre 2 minutes. Ajouter les œufs et la vanille, puis battre jusqu'à consistance homogène.

3. Dans un bol, mélanger la farine et le bicarbonate de soude. Incorporer à la préparation d'œufs en battant jusqu'à consistance homogène. À l'aide d'une cuillère en bois, incorporer les brisures de chocolat.

4. À l'aide de deux cuillères ou d'une petite cuillère à crème glacée, laisser tomber des boules de pâte de 4 cm (1 ½ po) de diamètre sur des plaques non graissées en les espaçant de 5 cm (2 po). On peut mettre 12 biscuits par plaque.

5. Cuire au four de 8 à 10 minutes, une plaque à la fois. (Il est normal que les biscuits ne semblent pas assez cuits.) Laisser reposer 1 minute, soulever à l'aide d'une spatule mince, puis laisser refroidir sur une grille. Conserver dans un contenant hermétique.

BISCUITS AU GINGEMBRE

DONNE ENVIRON 36 BISCUITS	PRÉPARATION 30 MINUTES	CUISSON 30 MINUTES

INGRÉDIENTS

175 ml	shortening végétal ou saindoux	¾ de tasse
250 ml	sucre	1 tasse
60 ml	mélasse	¼ de tasse
1	œuf	1
500 ml	farine tout usage	2 tasses
10 ml	bicarbonate de soude	2 c. à thé
1 ml	sel	¼ de c. à thé
10 ml	gingembre moulu	2 c. à thé
2 ml	cannelle moulue	½ c. à thé
1 ml	clou de girofle moulu	¼ de c. à thé
	Sucre pour enrober	

ÉTAPES

1. Placer la grille au centre du four. Préchauffer le four à 180 °C (350 °F). Graisser légèrement deux plaques à biscuits.

2. Dans un grand bol ou au robot culinaire, battre le shortening et le sucre jusqu'à consistance homogène. Incorporer la mélasse et l'œuf.

3. Dans un bol, mélanger la farine, le bicarbonate de soude, le sel, le gingembre, la cannelle et le clou de girofle. Ajouter à la préparation d'œufs en mélangeant jusqu'à consistance homogène.

4. Mettre du sucre dans un petit bol. Façonner des boules de 2,5 cm (1 po) avec la préparation, puis les enrober de sucre. Déposer 12 boules par plaque en les espaçant de 8 cm (3 po).

5. Cuire au four de 8 à 10 minutes, une plaque à la fois. Laisser reposer 1 minute, soulever à l'aide d'une spatule mince, puis laisser refroidir sur une grille.

BISCUITS HOLLANDAIS À LA NOIX DE COCO

DONNE ENVIRON	PRÉPARATION	CUISSON
60 BISCUITS	30 MINUTES	50 MINUTES

Un biscuit riche et croustillant qui plaît à tous, surtout à ceux qui ont la dent sucrée…

INGRÉDIENTS

310 ml	beurre	1 ¼ tasse
250 ml	sucre blanc	1 tasse
250 ml	cassonade	1 tasse
1	œuf	1
375 ml	farine tout usage	1 ½ tasse
250 ml	flocons d'avoine à cuisson rapide	1 tasse
2 ml	bicarbonate de soude	½ c. à thé
5 ml	poudre à pâte	1 c. à thé
2 ml	sel	½ c. à thé
250 ml	noix de coco séchée râpée	1 tasse

ÉTAPES

1. Placer la grille au centre du four. Préchauffer le four à 190 °C (375 °F).

2. Dans un grand bol, battre le beurre pour le défaire en crème. Ajouter le sucre et la cassonade, puis battre 2 minutes. Ajouter l'œuf et battre jusqu'à consistance homogène.

3. Dans un autre bol, mélanger la farine avec le reste des ingrédients. Verser sur la préparation d'œuf et battre jusqu'à consistance homogène.

4. À l'aide de deux cuillères à thé, déposer 12 cuillerées de pâte combles sur chacune des plaques non graissées en les espaçant de 5 cm (2 po).

5. Cuire au four de 8 à 10 minutes, une plaque à la fois, jusqu'à ce que les biscuits soient dorés. Laisser reposer 2 minutes, soulever à l'aide d'une spatule mince, puis laisser refroidir sur une grille. Conserver les biscuits dans un contenant métallique.

BISCUITS AU BEURRE D'ARACHIDE

DONNE 36 BISCUITS	PRÉPARATION 30 MINUTES	CUISSON 30 MINUTES

INGRÉDIENTS

125 ml	beurre à température ambiante	½ tasse
125 ml	beurre d'arachide	½ tasse
125 ml	sucre	½ tasse
125 ml	cassonade	½ tasse
1	œuf	1
310 ml	farine tout usage	1 ¼ tasse
3 ml	bicarbonate de soude	¾ de c. à thé
2 ml	poudre à pâte	½ c. à thé

ÉTAPES

1. Placer la grille au centre du four. Préchauffer le four à 180 °C (350 °F). Graisser légèrement deux plaques à biscuits.

2. Dans un grand bol ou au robot culinaire, battre le beurre avec le beurre d'arachide. Ajouter le sucre, la cassonade et l'œuf, puis battre jusqu'à consistance homogène.

3. Dans un autre bol, mélanger la farine, le bicarbonate de soude et la poudre à pâte. Ajouter à la préparation de beurre et battre jusqu'à consistance homogène.

4. Façonner des boules de 2,5 cm (1 po) avec les mains et déposer 12 boules par plaque en les espaçant. Avec le dos d'une fourchette farinée, aplatir les biscuits à 5 cm (2 po) de diamètre.

5. Cuire au four 10 minutes, une plaque à la fois. Laisser reposer 1 minute, soulever à l'aide d'une spatule mince, puis laisser refroidir sur une grille.

GALETTES AU SIROP

DONNE ENVIRON 24 GALETTES	PRÉPARATION 35 MINUTES	REPOS 30 MINUTES	CUISSON 30 MINUTES

INGRÉDIENTS

125 ml	shortening végétal ou saindoux	½ tasse
175 ml	sucre	¾ de tasse
2	œufs	2
175 ml	mélasse	¾ de tasse
125 ml	café corsé, filtré ou au percolateur	½ tasse
810 ml	farine tout usage	3 ¼ tasses
2 ml	sel	½ c. à thé
15 ml	bicarbonate de soude	1 c. à soupe

ÉTAPES

1. Dans un grand bol, battre le shortening pour le défaire en crème. Ajouter le sucre et les œufs, puis battre jusqu'à consistance homogène. Ajouter la mélasse et battre jusqu'à consistance homogène. Incorporer le café.

2. Dans un autre bol, mélanger la farine, le sel et le bicarbonate de soude. Incorporer à la première préparation en battant jusqu'à consistance homogène. Couvrir le bol et laisser reposer 30 minutes avant d'abaisser la pâte.

3. Placer la grille au centre du four. Préchauffer le four à 190 °C (375 °F). Graisser légèrement deux plaques.

4. Déposer la moitié de la pâte sur un plan de travail fariné. Saupoudrer de farine et abaisser la pâte à 8 mm (⅓ de po) d'épaisseur. Tailler en cercles de 6 cm (2 ½ po) de diamètre à l'aide d'un emporte-pièce et déposer de 6 à 9 galettes par plaque en les espaçant. Cuire au four 15 minutes, une plaque à la fois. Laisser reposer 1 minute, soulever à l'aide d'une spatule mince, puis laisser refroidir sur une grille. Abaisser et tailler le reste de la pâte pendant que la première plaque est au four. Conserver les galettes dans un contenant hermétique.

GALETTES AU CHOCOLAT

DONNE DE 15 À 20 GALETTES	PRÉPARATION 30 MINUTES	CUISSON 30 MINUTES

INGRÉDIENTS

60 g	chocolat non sucré (2 carrés)	2 oz
60 ml	shortening végétal ou saindoux	¼ de tasse
250 ml	cassonade	1 tasse
1	œuf	1
375 ml	farine tout usage	1 ½ tasse
2 ml	bicarbonate de soude	½ c. à thé
125 ml	lait	½ tasse
5 ml	extrait de vanille	1 c. à thé

ÉTAPES

1. Placer la grille au centre du four. Préchauffer le four à 180 °C (350 °F). Graisser légèrement deux plaques.

2. Faire fondre le chocolat au bain-marie ou au micro-ondes à intensité moyenne en remuant toutes les minutes, jusqu'à ce qu'il soit fondu. Réserver.

3. Dans un bol, battre le shortening pour le défaire en crème. Incorporer la cassonade. Ajouter l'œuf et battre jusqu'à consistance homogène.

4. Mélanger la farine avec le bicarbonate de soude et l'incorporer à la pâte en alternant avec le lait.

5. Ajouter le chocolat et la vanille, puis battre jusqu'à consistance homogène, sans plus.

6. Déposer de 6 à 9 grosses cuillerées à soupe de pâte par plaque en les espaçant. Cuire au four 15 minutes, une plaque à la fois. Laisser reposer 1 minute, soulever à l'aide d'une spatule mince, puis laisser refroidir sur une grille. Conserver dans une boîte hermétique.

GALETTES À LA CITROUILLE

DONNE DE 15 À 20 GALETTES	PRÉPARATION 30 MINUTES	CUISSON 45 MINUTES

INGRÉDIENTS

60 ml	beurre à température ambiante	¼ de tasse
150 ml	cassonade	⅔ de tasse
1	œuf, battu	1
175 ml	purée de citrouille maison (page 81) ou en conserve, non sucrée	¾ de tasse
310 ml	farine tout usage	1 ¼ tasse
7 ml	poudre à pâte	1 ½ c. à thé
2 ml	cannelle moulue	½ c. à thé
6 ml	muscade moulue	1 ¼ c. à thé
0,5 ml	gingembre moulu	⅛ de c. à thé
60 ml	raisins secs	¼ de tasse
125 ml	noix de Grenoble ou pacanes, hachées	½ tasse

ÉTAPES

1. Placer la grille au centre du four. Préchauffer le four à 200 °C (400 °F).

2. Dans un bol, battre le beurre pour le défaire en crème. Incorporer la cassonade. Ajouter l'œuf et battre jusqu'à consistance homogène. Incorporer la purée de citrouille.

3. Dans un autre bol, mélanger la farine, la poudre à pâte, la cannelle, la muscade et le gingembre. Ajouter à la première préparation en battant jusqu'à consistance homogène, sans plus. Incorporer les raisins et les noix.

4. Déposer de 6 à 9 grosses cuillerées à soupe de pâte par plaque en les espaçant. Cuire au four 15 minutes, une plaque à la fois. Laisser reposer 1 minute, puis laisser refroidir sur une grille. Conserver dans une boîte hermétique.

BROWNIES

DONNE 16 CARRÉS	PRÉPARATION 20 MINUTES	CUISSON 30 MINUTES	REPOS 3 À 4 HEURES

Ces brownies sont denses et moelleux. Si le format de votre moule est de 23 cm x 23 cm (9 po x 9 po), faites-les cuire de 18 à 20 minutes. Si vous aimez les noix, incorporez 250 ml (1 tasse) de noix hachées dans la pâte avant de la verser dans le moule.

INGRÉDIENTS

90 ml	beurre demi-sel	6 c. à soupe
90 g	chocolat non sucré (3 carrés)	3 oz
2	œufs à température ambiante	2
250 ml	sucre	1 tasse
5 ml	extrait de vanille	1 c. à thé
125 ml	farine tout usage	½ tasse

ÉTAPES

1. Dans une petite casserole, à feu très doux, chauffer le beurre et le chocolat en remuant sans cesse jusqu'à ce qu'il n'y ait plus de trace de morceau de chocolat. Laisser tiédir complètement avant de mélanger avec la préparation d'œufs.

2. Placer la grille au centre du four. Préchauffer le four à 160 °C (325 °F). Beurrer légèrement un moule de 20 cm x 20 cm (8 po x 8 po). Tapisser le fond et deux côtés avec du papier d'aluminium en le laissant dépasser de 5 cm (2 po) de chaque côté. Beurrer le fond et les côtés du papier d'aluminium.

3. Dans un grand bol, battre les œufs à vitesse élevée 1 minute ou jusqu'à ce qu'ils soient légèrement mousseux. À vitesse moyenne, incorporer le sucre peu à peu en battant de 2 à 3 minutes, jusqu'à ce que la préparation pâlisse. Incorporer la vanille et le chocolat tiédi en battant jusqu'à consistance homogène. Ajouter la farine et battre jusqu'à consistance homogène, sans plus.

4. Verser la pâte dans le moule et lisser à l'aide d'une spatule. Cuire au four de 25 à 30 minutes, jusqu'à ce qu'un cure-dent inséré au centre du gâteau en ressorte avec quelques miettes. Laisser reposer de 3 à 4 heures avant de couper en carrés. Conserver dans un contenant hermétique.

CARRÉS AUX NOIX

| DONNE 16 CARRÉS | PRÉPARATION 35 MINUTES | CUISSON 30 MINUTES | REPOS 30 MINUTES |

INGRÉDIENTS

Pâte

60 ml	beurre	¼ de tasse
125 ml	sucre	½ tasse
1	œuf	1
5 ml	extrait de vanille	1 c. à thé
375 ml	farine tout usage	1 ½ tasse
2 ml	sel	½ c. à thé
5 ml	poudre à pâte	1 c. à thé
125 ml	lait	½ tasse

Garniture

125 ml	cassonade	½ tasse
22 ml	farine	1 ½ c. à soupe
22 ml	beurre	1 ½ c. à soupe
125 ml	noix de Grenoble, hachées	½ tasse

Glaçage au sucre à la crème

45 ml	beurre	3 c. à soupe
125 ml	cassonade	½ tasse
45 ml	lait	3 c. à soupe
375 ml	sucre glace (tamiser avant de mesurer)	1 ½ tasse

ÉTAPES

1. Placer la grille au centre du four. Préchauffer le four à 180 °C (350 °F). Beurrer un moule de 20 cm x 20 cm (8 po x 8 po).

2. **Pâte :** dans un bol, battre le beurre avec le sucre jusqu'à consistance homogène. Incorporer l'œuf et la vanille. Dans un autre bol, mélanger la farine, le sel et la poudre à pâte. Incorporer les ingrédients secs en alternant avec le lait et en battant jusqu'à consistance homogène, sans plus.

3. **Garniture :** dans un bol, à l'aide d'un mélangeur à pâte ou au robot culinaire, mélanger la cassonade et la farine. Incorporer le beurre, puis ajouter les noix.

4. Déposer la moitié de la pâte dans le moule et l'étendre avec le dos d'une grosse cuillère. Couvrir de la garniture. Avec la cuillère, déposer le reste de la pâte sur la garniture. (Il est normal que la pâte ne couvre pas complètement la garniture.)

5. Cuire au four 30 minutes ou jusqu'à ce qu'un cure-dent inséré au centre de la préparation en ressorte propre. Laisser refroidir à température ambiante.

6. **Glaçage au sucre à la crème :** entre-temps, dans une casserole, à feu doux, cuire le beurre, la cassonade et le lait en remuant sans cesse jusqu'à ce que le beurre soit fondu. Retirer du feu et incorporer le sucre glace. Verser sur le carré refroidi et étaler à l'aide d'une spatule. Laisser reposer 30 minutes. Couper en carrés et conserver dans un contenant hermétique.

CARRÉS CROUSTILLANTS À LA RHUBARBE

DONNE 12 CARRÉS	**PRÉPARATION** 25 MINUTES	**CUISSON** 1 HEURE

INGRÉDIENTS

150 ml	farine tout usage	⅔ de tasse
325 ml	flocons d'avoine à cuisson rapide	1 ⅓ de tasse
5 ml	cannelle moulue	1 c. à thé
150 ml	cassonade	⅔ de tasse
125 ml	beurre à température ambiante	½ tasse

Garniture

1	œuf	1
250 ml	crème sure	1 tasse
250 ml	sucre	1 tasse
45 ml	fécule de maïs	3 c. à soupe
2 ml	cannelle moulue	½ c. à thé
625 ml	rhubarbe, en tronçons de 1 cm (½ po)	2 ½ tasses

ÉTAPES

1. Placer la grille au centre du four. Préchauffer le four à 160 °C (325 °F).

2. Dans un bol moyen ou au robot culinaire, mélanger la farine, l'avoine, la cannelle et la cassonade. Incorporer le beurre à l'aide d'un mélangeur à pâte ou en pulsant jusqu'à ce que la préparation soit grumeleuse. Mettre la moitié de la préparation dans un moule de 23 cm x 23 cm (9 po x 9 po) et bien presser avec les mains.

3. **Garniture :** dans un bol moyen, battre l'œuf et incorporer la crème sure. Dans un autre bol, mélanger le sucre, la fécule de maïs et la cannelle. Incorporer à la préparation d'œuf. Ajouter la rhubarbe, mélanger et verser dans le moule.

4. Saupoudrer du reste de la préparation d'avoine et cuire au four 1 heure. Servir tièdes.

CARRÉS AUX POMMES

DONNE 12 CARRÉS	**PRÉPARATION** **30 MINUTES**	**CUISSON** **40 MINUTES**

Ces carrés appréciés partout en Mauricie sont semblables aux carrés aux dattes à l'avoine, mais ils sont plus moelleux. Pour empêcher les pommes de brunir, pelez-les et coupez-les en tranches juste avant de les mettre dans le moule.

INGRÉDIENTS

175 ml	beurre à température ambiante	¾ de tasse
250 ml	cassonade	1 tasse
500 ml	flocons d'avoine à cuisson rapide	2 tasses
250 ml	farine tout usage	1 tasse
5 ml	bicarbonate de soude	1 c. à thé
875 ml	pommes, pelées et coupées en tranches fines	3 ½ tasses
60 ml	sucre	¼ de tasse
15 ml	beurre froid, en dés	1 c. à soupe

ÉTAPES

1. Placer la grille au centre du four. Préchauffer le four à 190 °C (375 °F).

2. Dans un bol, au robot culinaire ou à l'aide du batteur sur socle avec le fouet plat, battre le beurre avec la cassonade. Dans un autre bol, mélanger l'avoine, la farine et le bicarbonate de soude. Ajouter à la préparation de beurre et mélanger jusqu'à consistance homogène.

3. Verser la moitié de la préparation dans un moule de 20 cm x 20 cm (8 po x 8 po) et bien presser avec la paume. Couvrir de pommes, saupoudrer de sucre et parsemer de dés de beurre. Saupoudrer le reste de la préparation sur les pommes. Cuire au four 40 minutes ou jusqu'à ce que le pourtour soit légèrement doré. Refroidir complètement avant de couper en carrés.

CARRÉS AUX DATTES MERINGUÉS

DONNE 9 CARRÉS	**PRÉPARATION** **30 MINUTES**	**CUISSON** **50 MINUTES**

Cette ancienne recette, qu'on a trouvée dans le carnet d'une tante de mon amie Mireille Lauzon Dauth, était populaire avant que les carrés aux dattes à l'avoine fassent fureur. Je l'ai adaptée en réduisant sensiblement la quantité de sucre de la recette originale. N'oubliez pas de hacher les dattes avec des ciseaux.

INGRÉDIENTS

250 ml	eau froide	1 tasse
500 ml	dattes, hachées	2 tasses
90 ml	beurre à température ambiante	6 c. à soupe
125 ml	sucre	½ tasse
2	œufs, jaune et blanc séparés	2
5 ml	extrait de vanille	1 c. à thé
375 ml	farine tout usage	1 ½ tasse
5 ml	poudre à pâte	1 c. à thé
1	pincée de sel	1
60 ml	cassonade	¼ de tasse

ÉTAPES

1. Dans une petite casserole, à feu moyen, porter l'eau et les dattes à ébullition. Baisser le feu et cuire à feu doux en remuant de temps à autre pendant 5 minutes ou jusqu'à ce que les dattes forment une purée. Réserver.

2. Placer la grille au centre du four. Préchauffer le four à 180 °C (350 °F).

3. Dans un bol ou au robot culinaire, défaire le beurre en crème. Incorporer le sucre, les jaunes d'œufs et la vanille. Mélanger la farine avec la poudre à pâte et l'incorporer à la pâte. Verser dans un moule de 20 cm x 20 cm (8 po x 8 po) et étendre en pressant avec les doigts. Couvrir de purée de dattes.

4. Dans un bol en verre ou en métal bien propre, battre les blancs d'œufs avec le sel jusqu'à l'obtention de pics mous. Incorporer la cassonade peu à peu en battant jusqu'à l'obtention de pics fermes. Couvrir la purée de dattes de meringue et cuire au four 40 minutes. Laisser refroidir à température ambiante avant de couper en carrés. Conservation : 2 ou 3 jours.

BARRES AUX BRISURES DE CHOCOLAT

DONNE 28 BARRES	PRÉPARATION 15 MINUTES	CUISSON 20 MINUTES	REPOS 15 MINUTES

Cette recette de Colette Leclerc, de Saint-Irénée, est tellement appréciée par sa famille qu'il n'est pas rare qu'elle la fasse deux fois par semaine. Ces barres moelleuses ont un léger goût de caramel. La pâte est facile à préparer, ce qui en fait une recette idéale pour initier les enfants aux joies de cuisiner.

INGRÉDIENTS

3	gros œufs	3
310 ml	cassonade	1 ¼ tasse
150 ml	huile végétale	⅔ de tasse
5 ml	extrait de vanille	1 c. à thé
560 ml	farine tout usage	2 ¼ de tasses
12 ml	poudre à pâte	2 ½ c. à thé
2 ml	sel	½ c. à thé
150 ml	brisures de chocolat mi-sucré	⅔ de tasse

ÉTAPES

1. Placer la grille au centre du four. Préchauffer le four à 180 °C (350 °F). Beurrer une plaque de 38 cm x 25 cm (15 po x 10 po), à rebords hauts.

2. Dans un grand bol, à haute vitesse, au batteur électrique, battre les œufs, la cassonade, l'huile et la vanille 5 minutes.

3. Dans un autre bol, mélanger la farine, la poudre à pâte et le sel. Incorporer à la préparation d'œufs à basse vitesse jusqu'à consistance homogène, sans plus. Incorporer les brisures de chocolat à l'aide d'une spatule ou d'une cuillère en bois.

4. Verser la pâte dans le moule et l'étaler à l'aide d'une spatule. Cuire au four de 17 à 20 minutes, jusqu'à ce que le pourtour soit légèrement doré. Laisser refroidir 15 minutes avant de couper en carrés. Ranger immédiatement dans un contenant de plastique hermétique.

BONBONS AUX NOIX À LA PÂTE D'AMANDE

PRÉPARATION
20 MINUTES

INGRÉDIENTS

2 ml	café instantané	½ c. à thé
	Quelques gouttes d'eau bouillante	
⅓	recette de pâte d'amande (page 320)	⅓
	Moitiés de noix Grenoble ou de pacanes	

ÉTAPES

1. Mélanger le café avec l'eau bouillante et incorporer à la pâte d'amande en travaillant avec les mains.

2. Former des petites boules et y faire adhérer deux moitiés de noix en pressant délicatement sur celles-ci.

BARRES TENDRES

DONNE 12 À 16 BARRES	PRÉPARATION 10 MINUTES	CUISSON 30 MINUTES

INGRÉDIENTS

750 ml	flocons d'avoine	3 tasses
250 ml	noix de Grenoble ou pacanes, hachées	1 tasse
250 ml	fruits séchés au choix, mélangés	1 tasse
250 ml	brisures de chocolat	1 tasse
1	boîte de 300 ml de lait concentré sucré	1
125 ml	beurre fondu	½ tasse

ÉTAPES

1. Placer la grille au centre du four. Préchauffer le four à 160 °C (325 °F).

2. Tapisser un moule de 23 cm x 33 cm (9 po x 13 po) de papier d'aluminium.

3. Dans un grand bol, mélanger l'avoine, les noix, les fruits séchés et le chocolat. Ajouter le lait concentré et le beurre, puis mélanger jusqu'à consistance homogène. Verser dans le moule et cuire au four 30 minutes. Laisser refroidir avant de couper en barres. Conserver dans un contenant hermétique ou emballer séparément.

CARRÉS DE RIZ CROUSTILLANT AU CARAMEL

DONNE 24 CARRÉS	**PRÉPARATION 10 MINUTES**	**CUISSON 5 MINUTES**

Ma mère a eu la bonne idée d'adapter cette ancienne recette publiée sur la boîte de céréales. Il est important d'incorporer rapidement les céréales et la vanille dès que le sirop est cuit.

INGRÉDIENTS

125 ml	beurre	½ tasse
250 ml	cassonade	1 tasse
125 ml	sirop de maïs	½ tasse
1	pincée de sel	1
5 ml	extrait de vanille	1 c. à thé
1,5 litre	riz croustillant (Rice Krispies)	6 tasses

ÉTAPES

1. Beurrer un moule de 23 cm x 33 cm (9 po x 13 po). Mesurer les céréales et la vanille, puis réserver.

2. Dans une grande casserole, chauffer le beurre et incorporer la cassonade, le sirop de maïs et le sel. Porter à ébullition à feu moyen en remuant sans cesse à l'aide d'une cuillère en bois. Laisser bouillir exactement 1 minute sans remuer et retirer du feu.

3. Ajouter la vanille et le riz croustillant en remuant rapidement. Verser dans le moule sans tarder. Se rincer les mains à l'eau froide, les égoutter et presser la préparation dans le moule. Laisser refroidir à température ambiante avant de couper en carrés.

4. Conserver dans un contenant de plastique hermétique.

TIRE SAINTE-CATHERINE

PRÉPARATION
1 HEURE

INGRÉDIENTS

250 ml	sucre	1 tasse
250 ml	cassonade	1 tasse
125 ml	sirop d'érable	½ tasse
15 ml	vinaigre	1 c. à soupe
250 ml	mélasse	1 tasse
125 ml	eau	½ tasse
5 ml	beurre	1 c. à thé
5 ml	bicarbonate de soude	1 c. à thé

ÉTAPES

1. Beurrer trois moules à tarte.

2. Dans une casserole moyenne profonde, mettre tous les ingrédients, sauf le bicarbonate de soude. Porter à ébullition en remuant sans cesse à l'aide d'une cuillère en bois. Cuire à feu moyen jusqu'à ce que le thermomètre indique 129 °C (264 °F). Retirer du feu et incorporer le bicarbonate de soude. Verser dans les moules et laisser tiédir.

3. Étirer la préparation jusqu'à l'obtention d'une tire de couleur beige pâle.

4. Couper en morceaux de 2 cm (¾ de po) à l'aide de ciseaux et emballer les tires séparément dans du papier-parchemin.

TIRE-ÉPONGE

PRÉPARATION 10 MINUTES	CUISSON ENVIRON 15 MINUTES	REPOS 1 HEURE

INGRÉDIENTS

125 ml	sucre	½ tasse
125 ml	cassonade	½ tasse
60 ml	eau	¼ de tasse
250 ml	sirop de maïs	1 tasse
20 ml	bicarbonate de soude	4 c. à thé

ÉTAPES

1. Tapisser un moule de 18 cm x 28 cm (7 po x 11 po) de papier d'aluminium en le laissant dépasser sur les côtés. Beurrer le papier.

2. Dans une grande casserole profonde de 3 litres (12 tasses), mélanger le sucre, la cassonade, l'eau et le sirop de maïs à l'aide d'une cuillère en bois. Porter à ébullition à feu moyen-doux en remuant sans cesse. Fixer un thermomètre à bonbons sans qu'il touche le fond de la casserole. Cuire à feu moyen, sans remuer, pendant 10 minutes ou jusqu'à ce que le thermomètre indique 152 °C (305 °F).

3. Incorporer le bicarbonate de soude d'un seul coup. Remuer vigoureusement quelques secondes, jusqu'à ce que la préparation prenne beaucoup de volume. (Il est important d'éloigner son visage de la casserole.) Verser immédiatement dans le moule sans étendre la préparation. Il n'est pas nécessaire de remplir complètement le moule. Laisser refroidir environ 1 heure avant de casser en morceaux. Conserver dans une boîte métallique hermétique.

SUCRE À LA CRÈME

DONNE ENVIRON 20 MORCEAUX	PRÉPARATION 5 MINUTES	CUISSON 15 MINUTES	REPOS 30 À 60 MINUTES

INGRÉDIENTS

250 ml	sucre	1 tasse
250 ml	cassonade	1 tasse
250 ml	crème 35 %	1 tasse
15 ml	beurre	1 c. à soupe
5 ml	extrait de vanille	1 c. à thé
250 ml	noix de Grenoble ou pacanes, hachées (facultatif)	1 tasse

ÉTAPES

1. Beurrer un moule à pain et le tapisser de papier-parchemin en le laissant dépasser sur les côtés.

2. Dans une casserole moyenne et profonde, mélanger le sucre et la cassonade. Incorporer la crème. Porter à ébullition à feu moyen en remuant sans cesse à l'aide d'une cuillère en bois. Cesser de remuer et placer le thermomètre à bonbons dans la casserole. Cuire jusqu'à ce que la température atteigne 116 °C (240 °F).

3. Retirer du feu immédiatement. Ajouter le beurre et la vanille sans remuer et laisser tiédir jusqu'à ce que le thermomètre indique 42 °C (107 °F). Sans délai, battre vigoureusement la préparation à l'aide d'une cuillère en bois jusqu'à ce qu'elle pâlisse et perde son lustre. Incorporer les noix et verser immédiatement dans le moule.

4. Laisser refroidir à température ambiante de 30 à 60 minutes avant de couper en petits carrés. Conserver dans un contenant hermétique en séparant les rangées avec du papier ciré ou du papier-parchemin. Conservation : 5 à 7 jours à température ambiante.

GUIMAUVES

PRÉPARATION	CUISSON	REPOS
30 MINUTES	3 À 10 MINUTES	4 À 6 HEURES

On fait la préparation de guimauves avec un batteur sur socle, car le batteur à main ne serait pas assez puissant.

INGRÉDIENTS

60 ml	sucre glace	¼ de tasse
60 ml	fécule de maïs	¼ de tasse
2	sachets de gélatine	2
250 ml	eau froide	1 tasse
500 ml	sucre	2 tasses
5 ml	extrait de vanille	1 c. à thé

ÉTAPES

1. Dans un petit bol, mélanger le sucre glace et la fécule de maïs. Huiler un moule de 23 cm x 33 cm (9 po x 13 po) et saupoudrer d'un peu de la préparation de sucre glace.

2. Dans le bol du batteur sur socle, saupoudrer la gélatine sur 125 ml (½ tasse) d'eau et laisser gonfler 5 minutes.

3. Dans une casserole moyenne, à feu moyen, porter à ébullition le reste de l'eau et le sucre en remuant sans cesse jusqu'à ce que ce dernier soit dissous. Cesser de remuer et cuire à feu moyen-vif de 3 à 10 minutes, jusqu'à ce que le thermomètre indique 118 °C (244 °F).

4. Dans le bol du batteur, à vitesse moyenne, incorporer le sucre cuit à la gélatine en évitant de le verser directement sur le fouet. Sans racler le bol, continuer de battre 10 minutes ou jusqu'à ce que la préparation soit gonflée et tiède. Incorporer la vanille.

5. Verser dans le moule et étendre à l'aide d'une spatule huilée. Saupoudrer légèrement de la préparation de sucre glace. Laisser reposer de 4 à 6 heures avant de couper.

6. Démouler et couper en lisières à l'aide d'un couteau huilé. Saupoudrer de la préparation de sucre glace. À l'aide de ciseaux huilés, couper la guimauve en morceaux et les enrober du reste de la préparation de sucre glace. Conserver dans un contenant hermétique en séparant les rangs avec du papier-parchemin.

SOURIS CHOCOLATÉES

**PRÉPARATION
30 MINUTES**

INGRÉDIENTS

5 ml	blanc d'œuf	1 c. à thé
	Sucre glace	
⅓	recette de pâte d'amande (page 320)	⅓
120 g	chocolat mi-sucré (4 carrés)	4 oz
30 ml	shortening végétal	2 c. à soupe
	Amandes entières non mondées	

ÉTAPES

1. Dans un petit ramequin, mélanger le blanc d'œuf et suffisamment de sucre glace pour que la consistance soit semblable à celle d'un glaçage. Tapisser une plaque de papier ciré.

2. Former des cylindres de 4 cm x 2 cm (1 ½ po x ¾ de po) avec la pâte d'amande.

3. Mettre le chocolat et le shortening dans un petit bol placé au-dessus d'un bol d'eau chaude mais non bouillante. Remuer jusqu'à ce qu'ils soient fondus. (Il est important de ne pas mettre une seule goutte d'eau dans le chocolat, sinon il formera une masse dense.)

4. Tremper les cylindres de pâte d'amande un à un dans le chocolat. Retirer à l'aide d'une fourchette avant de déposer sur la plaque. Insérer le côté effilé de deux amandes de chaque côté du cylindre pour former les oreilles. Placer au congélateur ou dans une pièce fraîche pour laisser durcir le chocolat.

5. Saucer le bout d'un cure-dent dans le glaçage et utiliser deux petites gouttes pour faire les yeux et une goutte pour le nez.

PÂTE D'AMANDE

PRÉPARATION
15 MINUTES

Cette pâte peut servir à préparer les cerises au chocolat (page 321), les souris chocolatées (page 318) et les bonbons aux noix à la pâte d'amande (page 311). Ces délices se conservent 2 semaines dans un contenant hermétique. Vous pouvez utiliser le reste du chocolat fondu des cerises au chocolat pour préparer les souris chocolatées.

INGRÉDIENTS

250 ml	sucre glace	1 tasse
250 ml	poudre d'amandes	1 tasse
1	blanc d'œuf	1
1 ml	extrait d'amande	¼ de c. à thé

ÉTAPES

1. Dans un bol moyen, tamiser le sucre glace. Ajouter 250 ml (1 tasse) de poudre d'amandes. Mélanger et réserver.

2. Dans un autre bol, battre le blanc d'œuf avec l'extrait d'amande jusqu'à ce qu'il devienne légèrement mousseux. Incorporer la préparation d'amandes peu à peu à l'aide d'une cuillère en bois, puis pétrir avec les mains. La pâte doit avoir la texture d'une pâte à modeler ; ajouter du sucre glace au besoin.

AU ROBOT CULINAIRE

Mélanger le sucre glace et la poudre d'amandes. Verser le blanc d'œuf et l'extrait d'amande par le goulot pendant que l'appareil est en marche et mélanger jusqu'à la formation d'une boule. Ajouter du sucre glace au besoin.

CERISES AU CHOCOLAT

PRÉPARATION
40 MINUTES

INGRÉDIENTS

⅓	recette de pâte d'amande (page 320)	⅓
5 ml	kirsch (facultatif)	1 c. à thé
120 g	chocolat mi-sucré (4 carrés)	4 oz
30 ml	shortening végétal	2 c. à soupe
	Cerises au marasquin, coupées en deux et bien épongées	

ÉTAPES

1. Tapisser une plaque de papier ciré. Incorporer le kirsch à la pâte d'amande en travaillant avec les mains. Façonner des petites boules en prélevant 2 ml (½ c. à thé) de pâte d'amande à la fois.

2. Placer deux moitiés de cerise de chaque côté des boules en pressant bien pour créer une forme ronde avec la cerise. Réserver.

3. Mettre le chocolat et le shortening dans un petit bol placé au-dessus d'un bol d'eau chaude mais non bouillante. Remuer jusqu'à ce qu'ils soient fondus. (Il est important de ne pas mettre une seule goutte d'eau dans le chocolat, sinon il formera une masse dense.)

4. Déposer les cerises une à une dans le chocolat et retirer à l'aide d'une fourchette avant de déposer sur la plaque. Laisser refroidir au congélateur ou dans une pièce froide jusqu'à ce que le chocolat soit ferme.

Les pâtes à pain préparées avec de la levure sont pétries pendant plusieurs minutes afin que se développe le gluten qui donnera du corps et de la souplesse à nos pains. Quant à la pâte des muffins et des pains rapides – comme celle qui servira à faire la banique et le pain à la rhubarbe –, on doit la mélanger juste assez pour empêcher le gluten de se développer, ce qui donnera une texture tendre.

Pâte à la levure

Lorsqu'on boulange, il est important de vérifier la date de péremption de la levure, car il est essentiel qu'elle soit encore active. Vous pouvez utiliser au choix de la farine à pain ou de la farine tout usage. En vérifiant la température de l'eau à l'aide d'un thermomètre, on s'assure de ne pas tuer la levure avec une eau trop chaude. La quantité de farine peut varier selon la saison, car elle contient moins d'humidité en hiver qu'en été. On en met donc un peu moins en hiver et un peu plus en été. On sait que la pâte contient suffisamment de farine si elle colle très légèrement aux mains ou à la paroi du bol du batteur sur socle. À une température ambiante de 21 °C (70 °F), on doit compter environ 1 heure pour que la pâte lève. Elle prendra plus de temps dans une pièce plus fraîche et moins de temps dans une pièce plus chaude. Pour la cuisson du pain, on place la grille dans le bas du four, tandis qu'on la place au centre du four pour des petits pains et des brioches. Avec la bonne odeur qui se répand dans la maison, il est tentant de goûter le pain dès sa sortie du four, mais il faut absolument attendre au moins 30 minutes avant de se régaler. La mie du pain chaud a tendance à s'agglomérer.

Pains-desserts et muffins

Les pains sans levure et les muffins doivent cuire au centre du four. Au moment d'incorporer la farine, on bat la préparation jusqu'à consistance homogène, sans plus. Les pains emballés hermétiquement se conservent 2 ou 3 jours, tandis que les muffins sont meilleurs la journée même de leur cuisson.

PAINS ET MUFFINS

PAIN BLANC (*) 325

PAIN DE BLÉ ENTIER (*) 326

BRIOCHES AU CARAMEL 327

PÂTE À PIZZA (R)(*) 328

BANIQUE 331

MUFFINS AUX BANANES ET AU SON (*) 332

MUFFINS AU CHOCOLAT (Rap)(*) 333

MUFFINS AUX BLEUETS (*) 334

PAINS À LA RHUBARBE (*) 335

PAINS AUX COURGETTES (*) 336

PAIN AUX BANANES ET AUX PACANES 338

PAIN BLANC

DONNE 2 PAINS	PRÉPARATION 30 MINUTES	REPOS 2 À 3 HEURES	CUISSON 22 À 30 MINUTES

INGRÉDIENTS

1	sachet de levure traditionnelle (11 ml/2 ¼ c. à thé)	1
550 ml	eau à 40-45 °C (105-115 °F)	2 ¼ tasses
45 ml	sucre	3 c. à soupe
10 ml	sel	2 c. à thé
30 ml	beurre	2 c. à soupe
1,5 à 1,75 litre	farine tout usage	6 à 7 tasses
	Margarine ou beurre	

ÉTAPES

1. Dans un grand bol ou dans le bol du batteur sur socle, saupoudrer la levure sur 125 ml (½ tasse) d'eau à 40-45 °C (105-115 °F). Laisser reposer 5 minutes.

2. Beurrer un grand bol et deux moules à pain de 13 cm x 20 cm (5 po x 8 po).

3. Ajouter le reste de l'eau à 40-45 °C (105-115 °F), le sucre, le sel, le beurre et 875 ml (3 ½ tasses) de farine. Battre vigoureusement à l'aide d'une cuillère en bois ou du crochet à pétrir jusqu'à consistance homogène.

4. Incorporer 625 ml (2 ½ tasses) de farine (on peut ajouter jusqu'à 875 ml/3 ½ tasses de farine pendant le pétrissage jusqu'à l'obtention de la texture désirée). Mélanger et pétrir de 8 à 10 minutes (ou de 5 à 7 minutes au batteur sur socle). Replier la pâte sur elle-même en l'enfonçant avec les paumes et en la tournant d'un quart de tour à chaque repli. (Il est normal qu'elle adhère légèrement au plan de travail.) Au batteur sur socle, elle se détache et adhère légèrement au bol si l'on a utilisé la bonne quantité de farine. La pâte est prête lorsqu'elle est souple et lisse.

5. Mettre la pâte dans le bol, beurrer le dessus et couvrir le bol de pellicule de plastique. Laisser doubler de volume environ 1 heure.

6. Enfoncer la pâte avec le poing et couper en deux. À l'aide d'un rouleau à pâte, sur un plan de travail légèrement fariné, abaisser chaque morceau en un rectangle de 23 cm x 45 cm (9 po x 18 po). En commençant par le bord étroit, rouler la pâte sur elle-même en l'écrasant avec les pouces. Presser les bouts avec le côté de la main et la ramener sous le cylindre. Sceller le cylindre en le pinçant avec les doigts. Déposer dans le moule, beurrer le dessus et couvrir les moules de pellicule de plastique sans fermer. Laisser doubler de volume pendant 1 h à 1 h 30 min jusqu'à environ 2,5 cm (1 po) au-dessus du moule.

7. Placer la grille dans le bas du four. Préchauffer le four à 200 °C (400 °F).

8. Cuire au four de 22 à 30 minutes, jusqu'à ce que le pain sonne creux lorsqu'on frappe légèrement le dessous à l'aide d'une cuillère en bois ou que le thermomètre indique 90 °C (195 °F). Démouler immédiatement et laisser refroidir sur une grille. Attendre au moins 30 minutes avant de couper en tranches.

PAIN DE BLÉ ENTIER

DONNE 2 PAINS	PRÉPARATION 30 MINUTES	REPOS 2 À 3 HEURES	CUISSON 40 MINUTES

INGRÉDIENTS

1	sachet de levure sèche traditionnelle (11 ml/2 ¼ c. à thé)	1
550 ml	eau à 40-45 °C (105-115 °F)	2 ¼ tasses
60 ml	miel	¼ de tasse
5 ml	sel	1 c. à thé
60 ml	shortening végétal ou saindoux	¼ de tasse
750 ml	farine de blé entier	3 tasses
750 ml à 1 litre	farine tout usage	3 à 4 tasses
	Margarine ou beurre	

ÉTAPES

1. Dans un grand bol ou le bol du batteur sur socle, saupoudrer la levure sur 125 ml (½ tasse) d'eau à 40-45 °C (105-115 °F). Laisser reposer 5 minutes.

2. Beurrer un grand bol et deux moules à pain de 13 cm x 20 cm (5 po x 8 po).

3. Ajouter le reste de l'eau à 40-45 °C (105-115 °F), le miel, le sel, le shortening et la farine de blé entier. Battre vigoureusement jusqu'à consistance homogène à l'aide d'une cuillère en bois ou du crochet à pétrir.

4. Incorporer 750 ml (3 tasses) de farine tout usage (on peut ajouter jusqu'à 1 litre/4 tasses de farine tout usage pendant le pétrissage jusqu'à l'obtention de la texture désirée). Mélanger et pétrir de 8 à 10 minutes (ou 5 à 7 minutes au batteur sur socle). Replier la pâte sur elle-même en l'enfonçant avec les paumes et en la tournant d'un quart de tour à chaque repli. (Il est normal qu'elle adhère légèrement au plan de travail.) Au batteur sur socle, elle se détache et adhère légèrement au bol si l'on a utilisé la bonne quantité de farine. La pâte est prête lorsqu'elle est souple et lisse.

5. Déposer la pâte dans le bol, beurrer le dessus et couvrir le bol de pellicule de plastique sans sceller. Laisser doubler de volume environ 1 heure.

6. Enfoncer la pâte avec le poing et couper en deux. À l'aide d'un rouleau à pâte, sur un plan de travail légèrement fariné, abaisser chaque morceau en un rectangle de 23 cm x 45 cm (9 po x 18 po). En commençant par le bord étroit, rouler la pâte sur elle-même en l'écrasant avec les pouces. Presser les bouts avec le côté de la main et la ramener sous le cylindre. Sceller la pâte en la pinçant avec les doigts. Déposer dans le moule, beurrer le dessus de la pâte et couvrir les moules de pellicule de plastique sans sceller. Laisser doubler de volume pendant 1 h à 1 h 30 min jusqu'à environ 2,5 cm (1 po) au-dessus du moule.

7. Placer la grille dans le bas du four. Préchauffer le four à 190 °C (375 °F).

8. Cuire au four 40 minutes, jusqu'à ce que le pain sonne creux lorsqu'on frappe légèrement le dessous à l'aide d'une cuillère en bois ou que le thermomètre indique 90 °C (195 °F). Démouler immédiatement et laisser refroidir sur une grille. Attendre au moins 30 minutes avant de couper en tranches.

BRIOCHES AU CARAMEL

| **DONNE 21 BRIOCHES** | **PRÉPARATION** 50 MINUTES | **REPOS** 2 H 45 MIN | **CUISSON** 25 À 30 MINUTES |

Ces brioches décadentes se conservent 3 jours dans un contenant hermétique. La texture du caramel sera semblable à celle du sucre à la crème.

INGRÉDIENTS

Levain
125 ml	eau tiède à 40-45 °C (105-115 °F)	½ tasse
5 ml	sucre	1 c. à thé
1	enveloppe de levure sèche traditionnelle (11 ml/2 ¼ c. à thé)	1
175 ml	lait à 40-45 °C (105-115 °F)	¾ de tasse
250 ml	farine tout usage	1 tasse

Pâte
60 ml	beurre fondu à température ambiante	¼ de tasse
60 ml	sucre	¼ de tasse
2	œufs	2
625 à 750 ml	farine tout usage	2 ½ à 3 tasses

Caramel
175 ml	beurre	¾ de tasse
500 ml	cassonade	2 tasses
60 ml	sirop de maïs	¼ de tasse
250 ml	pacanes, hachées grossièrement	1 tasse

Garniture
60 ml	beurre à température ambiante	¼ de tasse
150 ml	cassonade	⅔ de tasse

ÉTAPES

1. **Levain :** dans un bol ou le bol du batteur sur socle, verser l'eau et le sucre. Saupoudrer la levure et laisser reposer 10 minutes. Incorporer le lait et la farine, couvrir de pellicule de plastique et laisser reposer 1 heure.

2. Beurrer un bol. Beurrer un moule de 23 cm x 33 cm (9 po x 13 po) et un autre de 23 cm x 23 cm (9 po x 9 po).

3. **Pâte :** incorporer le beurre, le sucre et les œufs au levain en battant jusqu'à consistance homogène. Incorporer la farine et pétrir 10 minutes à la main (ou 4 à 6 minutes au batteur sur socle). La pâte est prête lorsqu'elle est souple et lisse. Déposer la pâte dans le bol et badigeonner de beurre fondu. Couvrir de pellicule de plastique sans sceller, et laisser doubler de volume pendant 1 heure.

4. **Caramel :** entre-temps, dans une casserole, à feu doux, chauffer le beurre, puis incorporer la cassonade et le sirop de maïs. Verser les deux tiers dans le grand moule et le reste dans le petit moule. Parsemer de pacanes.

5. Enfoncer la pâte avec le poing, couper en deux et abaisser en deux rectangles de 25 cm x 35 cm (10 po x 14 po). Tartiner avec le beurre et saupoudrer chaque rectangle de 75 ml (⅓ de tasse) de cassonade. Rouler en cylindres en commençant par le côté le plus long. Couper en 21 tranches de 2,5 cm (1 po) d'épaisseur. Déposer dans les moules, côté spirales sur le caramel, en les espaçant (12 dans le grand et 9 dans le petit). Couvrir de pellicule de plastique et laisser lever pendant 45 minutes.

6. Placer la grille au centre du four. Préchauffer le four à 190 °C (375 °F).

7. Cuire au four de 25 à 30 minutes, jusqu'à ce que les brioches soient dorées. Laisser reposer 5 minutes. Passer un couteau autour des brioches, placer une plaque sur le moule et renverser. Attendre 10 secondes avant de retirer le moule. Laisser tiédir environ 30 minutes avant de servir. Conservation : 3 jours dans un contenant hermétique.

PÂTE À PIZZA

DONNE 2 PÂTES DE 33 CM (13 PO)	**PRÉPARATION 25 MINUTES**	**REPOS 50 MINUTES**

Pour préparer une pâte à pizza prête à cuire, badigeonnez-la de sauce tomate et faites-la cuire 5 minutes au four préchauffé à 200 °C (400 °F). Laissez-la refroidir avant de la mettre au congélateur.

INGRÉDIENTS

1	sachet de levure sèche traditionnelle (11 ml/2 ¼ c. à thé)	1
250 ml	eau tiède à 40-45 °C (105-115 °F)	1 tasse
5 ml	sel	1 c. à thé
5 ml	sucre	1 c. à thé
45 ml	huile d'olive	3 c. à soupe
750 à 875 ml	farine tout usage	3 à 3 ½ tasses

ÉTAPES

1. Dans un grand bol ou le bol du batteur sur socle, saupoudrer la levure sur l'eau. Laisser reposer 5 minutes. Ajouter le sel, le sucre, l'huile d'olive et 500 ml (2 tasses) de farine. Battre jusqu'à consistance homogène.

2. Ajouter 250 ml (1 tasse) de farine et pétrir environ 5 minutes. Replier la pâte sur elle-même en l'enfonçant avec les paumes et en la tournant d'un quart de tour à chaque repli. (Il est normal qu'elle adhère légèrement au plan de travail.) Au batteur sur socle, pétrir environ 3 minutes ; la pâte se détache et adhère légèrement au bol si l'on a utilisé la bonne quantité de farine. La pâte est prête lorsqu'elle est souple et lisse. Ajouter d'autre farine si elle est trop collante.

3. Huiler un bol et déposer la pâte. Huiler le dessus et couvrir le bol de pellicule de plastique sans sceller et laisser doubler de volume environ 45 minutes.

4. Placer la grille dans le tiers inférieur du four. Préchauffer le four à 200 °C (400 °F).

5. Enfoncer la pâte avec le poing, couper en deux et abaisser chaque morceau à l'aide d'un rouleau à pâte sur un plan de travail légèrement fariné. Déposer sur les plaques à pizza et garnir au goût. Cuire au four de 20 à 25 minutes, une pizza à la fois.

AU ROBOT CULINAIRE

Saupoudrer la levure sur 250 ml (1 tasse) d'eau tiède et laisser reposer 5 minutes. Mettre 750 ml (3 tasses) de farine, le sel et le sucre dans le bol du robot et mélanger. Pendant que l'appareil est en marche, ajouter d'un seul coup la levure et l'huile et laisser fonctionner l'appareil jusqu'à la formation d'une boule. Ajouter d'autre farine si la pâte est trop collante.

BANIQUE

| **DONNE 1 PAIN** | **PRÉPARATION**
10 MINUTES | **CUISSON**
30 MINUTES |

Servez la banique tiède pour profiter pleinement de sa saveur. Au besoin, réchauffez-la au four quelques minutes.

INGRÉDIENTS

750 ml	farine tout usage	3 tasses
15 ml	poudre à pâte	1 c. à soupe
5 ml	sel	1 c. à thé
310 ml + 30 ml	eau	1 ¼ tasse + 2 c. à soupe

ÉTAPES

1. Placer la grille dans le premier tiers du four. Préchauffer le four à 200 °C (400 °F). Graisser une plaque.

2. Dans un bol moyen, mélanger la farine, la poudre à pâte et le sel. Incorporer l'eau en remuant à l'aide d'une cuillère en bois. Cesser de remuer dès que la pâte forme une boule. Au besoin, ajouter de 15 à 30 ml (1 à 2 c. à soupe) d'eau.

3. Déposer la boule de pâte sur la plaque et cuire au four 30 minutes ou jusqu'à ce que la banique soit légèrement dorée et croûtée.

MUFFINS AUX BANANES ET AU SON

DONNE 22 MUFFINS	**PRÉPARATION** **25 MINUTES**	**CUISSON** **20 À 25 MINUTES**

Vous pouvez remplacer le babeurre par la même quantité de lait à laquelle vous ajouterez 7 ml (1 ½ c. à thé) de jus de citron ou de vinaigre. Attendez une dizaine de minutes avant de l'incorporer à la recette.

INGRÉDIENTS

310 ml	purée de bananes mûres (environ 3 bananes)	1 ¼ tasse
4	œufs	4
375 ml	cassonade	1 ½ tasse
250 ml	huile végétale	1 tasse
125 ml	babeurre	½ tasse
625 ml	farine tout usage	2 ½ tasses
375 ml	son de blé	1 ½ tasse
15 ml	poudre à pâte	1 c. à soupe
5 ml	sel	1 c. à thé
5 ml	bicarbonate de soude	1 c. à thé

ÉTAPES

1. Placer la grille au centre du four. Préchauffer le four à 190 °C (375 °F). Beurrer les moules à muffins ou les tapisser de moules en papier.

2. Dans un grand bol ou le bol du batteur sur socle, mélanger les bananes et les œufs. Incorporer la cassonade, l'huile et le babeurre en battant jusqu'à consistance homogène.

3. Dans un autre bol, mélanger la farine, le son de blé, la poudre à pâte, le sel et le bicarbonate de soude. Incorporer à la préparation liquide en battant jusqu'à consistance homogène, sans plus.

4. Verser la pâte dans les moules à l'aide d'une grosse cuillère ou d'une cuillère à crème glacée. Cuire au four de 20 à 25 minutes, jusqu'à ce qu'un cure-dent inséré au centre d'un muffin en ressorte propre. Démouler et laisser refroidir sur une grille.

MUFFINS AU CHOCOLAT

DONNE 12 MUFFINS	**PRÉPARATION** **20 MINUTES**	**CUISSON** **15 À 18 MINUTES**

INGRÉDIENTS

1	œuf	1
250 ml	lait	1 tasse
60 ml	huile végétale	¼ de tasse
400 ml	farine tout usage	1 ⅔ tasse
175 ml	sucre	¾ de tasse
75 ml	poudre de cacao	⅓ de tasse
17 ml	poudre à pâte	3 ½ c. à thé
2 ml	sel	½ c. à thé
125 ml	brisures de chocolat	½ tasse

ÉTAPES

1. Placer la grille au centre du four. Préchauffer le four à 200 °C (400 °F). Beurrer 12 moules à muffins ou les tapisser de moules en papier.

2. Dans un bol, battre l'œuf, le lait et l'huile jusqu'à consistance homogène.

3. Dans un autre bol ou le bol du batteur sur socle, mélanger la farine, le sucre, le cacao, la poudre à pâte et le sel. Incorporer à la préparation liquide en battant jusqu'à consistance homogène, sans plus. Incorporer les brisures de chocolat.

4. Verser la pâte dans les moules à l'aide d'une grosse cuillère ou d'une cuillère à crème glacée. Cuire au four de 15 à 18 minutes, jusqu'à ce qu'un cure-dent inséré au centre d'un muffin en ressorte propre.

5. Démouler et laisser refroidir sur des grilles.

MUFFINS AUX BLEUETS

| **DONNE 12 MUFFINS** | **PRÉPARATION** 25 MINUTES | **CUISSON** 25 À 30 MINUTES |

INGRÉDIENTS

Garniture

30 ml	sucre	2 c. à soupe
30 ml	noix de Grenoble ou pacanes, hachées	2 c. à soupe
1 ml	cannelle moulue	¼ de c. à thé

Pâte

125 ml	beurre à température ambiante	½ tasse
125 ml	sucre	½ tasse
5 ml	zeste de citron (facultatif)	1 c. à thé
2	œufs	2
250 ml	farine tout usage	1 tasse
5 ml	poudre à pâte	1 c. à thé
1 ml	sel	¼ de c. à thé
175 ml	bleuets frais ou surgelés	¾ de tasse

ÉTAPES

1. Dans un petit bol, mélanger les ingrédients de la garniture. Réserver.

2. Placer la grille au centre du four. Préchauffer le four à 180 °C (350 °F). Beurrer 12 moules à muffins ou les tapisser de moules en papier.

3. **Pâte :** dans un grand bol ou le bol du batteur sur socle, battre le beurre avec le sucre et le zeste de citron. Incorporer les œufs et battre jusqu'à ce que la préparation pâlisse.

4. Dans un autre bol, mélanger la farine, la poudre à pâte et le sel. Incorporer à la préparation d'œufs jusqu'à consistance homogène, sans plus. À l'aide d'une cuillère en bois, incorporer les bleuets.

5. Verser la pâte dans les moules à l'aide d'une grosse cuillère ou d'une cuillère à crème glacée. Saupoudrer chaque muffin de 5 ml (1 c. à thé) de garniture. Cuire au four de 25 à 30 minutes, jusqu'à ce qu'un cure-dent inséré au centre d'un muffin en ressorte propre. Laisser reposer 1 minute. Démouler et laisser refroidir sur une grille.

PAINS À LA RHUBARBE

DONNE 2 PAINS	**PRÉPARATION** 20 MINUTES	**CUISSON** 40 À 50 MINUTES

Les pâtisseries à la rhubarbe sont particulièrement populaires dans les Cantons-de-l'Est. Ce pain de madame Arlene Probyn, de Stanstead, a un petit goût de beurre qui se marie bien avec l'acidité naturelle de la rhubarbe. Il est inutile de peler les petites tiges de rhubarbe, mais on doit peler un côté des plus grosses.

INGRÉDIENTS

1	œuf	1
375 ml	cassonade	1 ½ tasse
150 ml	huile végétale	⅔ de tasse
250 ml	babeurre	1 tasse
5 ml	extrait de vanille	1 c. à thé
625 ml	farine tout usage	2 ½ tasses
5 ml	sel	1 c. à thé
5 ml	poudre à pâte	1 c. à thé
5 ml	bicarbonate de soude	1 c. à thé
5 ml	cannelle moulue	1 c. à thé
375 ml	rhubarbe, en tronçons de 1 cm (½ po)	1 ½ tasse
125 ml	noix de Grenoble ou pacanes, hachées	½ tasse

ÉTAPES

1. Placer la grille au centre du four. Préchauffer le four à 180 °C (350 °F). Graisser deux moules à pain de 13 cm x 20 cm (5 po x 8 po). Tapisser le fond des moules de papier ciré ou de papier-parchemin.

2. Dans un grand bol ou le bol du batteur sur socle, battre l'œuf jusqu'à ce qu'il n'y ait plus de trace de blanc. Ajouter la cassonade et battre jusqu'à consistance homogène. Incorporer l'huile, le babeurre et la vanille.

3. Dans un bol moyen, mélanger la farine, le sel, la poudre à pâte, le bicarbonate de soude et la cannelle. Ajouter à la première préparation et battre jusqu'à consistance homogène, sans plus. Ajouter la rhubarbe et les noix.

4. Verser la pâte dans les moules. Cuire au four de 40 à 50 minutes, jusqu'à ce qu'un cure-dent inséré au centre d'un pain en ressorte propre. Laisser reposer 5 minutes et démouler sur une grille.

5. Laisser refroidir à température ambiante. Emballer dans du papier ciré, puis dans un sac de plastique.

PAINS AUX COURGETTES

DONNE 2 PAINS	**PRÉPARATION** **20 MINUTES**	**CUISSON** **30 À 45 MINUTES**

Ce pain riche, dense et moelleux plaît à tous. Pourquoi ne pas doubler la recette pour en offrir à vos proches ? C'est la recette idéale pour cuisiner les grosses courgettes de 20 à 25 cm (8 à 10 po) de longueur.

INGRÉDIENTS

3	œufs	3
250 ml	huile végétale	1 tasse
375 ml	sucre	1 ½ tasse
10 ml	extrait de vanille	2 c. à thé
500 ml	courgettes non pelées, râpées	2 tasses
500 ml	farine tout usage	2 tasses
1 ml	poudre à pâte	¼ de c. à thé
10 ml	bicarbonate de soude	2 c. à thé
15 ml	cannelle moulue	1 c. à soupe
5 ml	sel	1 c. à thé
250 ml	raisins secs Sultana	1 tasse
250 ml	pacanes, hachées	1 tasse

ÉTAPES

1. Placer la grille au centre du four. Préchauffer le four à 180 °C (350 °F). Graisser deux moules à pain de 13 cm x 20 cm (5 po x 8 po) et tapisser le fond de papier ciré ou de papier-parchemin.

2. Dans un bol ou le bol du batteur sur socle, battre les œufs, l'huile, le sucre et la vanille. Ajouter les courgettes.

3. Dans un autre bol, mélanger la farine, la poudre à pâte, le bicarbonate de soude, la cannelle et le sel. Incorporer à la première préparation en battant jusqu'à consistance homogène, sans plus. Incorporer les raisins secs et les pacanes.

4. Verser la pâte dans les moules. Cuire au four de 30 à 45 minutes, jusqu'à ce qu'un cure-dent inséré au centre du pain en ressorte propre. Laisser reposer 5 minutes et démouler sur une grille. Laisser refroidir à température ambiante. Emballer dans du papier ciré, puis dans un sac de plastique.

PAIN AUX BANANES ET AUX PACANES

DONNE 1 PAIN	PRÉPARATION 20 MINUTES	CUISSON 50 À 60 MINUTES

INGRÉDIENTS

2	œufs	2
60 ml	beurre, fondu	¼ de tasse
3	bananes moyennes mûres, écrasées	3
500 ml	farine tout usage	2 tasses
175 ml	cassonade	¾ de tasse
5 ml	poudre à pâte	1 c. à thé
5 ml	bicarbonate de soude	1 c. à thé
0,5 ml	sel	⅛ de c. à thé
250 ml	pacanes, hachées	1 tasse

ÉTAPES

1. Placer la grille au centre du four. Préchauffer le four à 180 °C (350 °F). Graisser un moule à pain de 13 cm x 20 cm (5 po x 8 po).

2. Dans un grand bol ou le bol du batteur sur socle, battre les œufs, puis incorporer le beurre et les bananes.

3. Dans un autre bol, mélanger la farine, la cassonade, la poudre à pâte, le bicarbonate de soude et le sel. Ajouter à la première préparation et battre jusqu'à consistance homogène, sans plus. Incorporer les pacanes.

4. Verser la pâte dans le moule. Cuire au four de 50 à 60 minutes, jusqu'à ce qu'un cure-dent inséré au centre du pain en ressorte propre. Laisser reposer 5 minutes. Démouler sur une grille et laisser refroidir à température ambiante. Emballer dans du papier ciré, puis dans un sac de plastique.

Tartes

Pour obtenir une pâte tendre, on évite de trop la manipuler, et ce, à toutes les étapes de la préparation. On aura un beau feuilletage si l'on fait en sorte de ne pas trop l'abaisser afin qu'elle garde une épaisseur minimale de 5 mm (¼ de po).

Pour faciliter la manipulation au moment d'abaisser la pâte, on la retourne une ou deux fois pour l'empêcher de coller sur le plan de travail. La pâte se conserve 2 jours au réfrigérateur, emballée dans du papier ciré et déposée dans un sac de plastique. On peut aussi la congeler pendant 3 mois. Pour obtenir un meilleur résultat, ramenez la pâte réfrigérée ou congelée à température ambiante avant de l'abaisser. Les meilleurs moules à tarte sont ceux en verre de même que ceux en aluminium pâle. On fait cuire les tartes dans le bas du four et, si on en cuit plusieurs à la fois, on les déplace sur la grille du centre après 20 minutes de cuisson.

Abaisse précuite

Placez la grille au centre du four. Préchauffez le four à 190 °C (375 °F). Piquez l'abaisse avec une fourchette et placez-y un moule à tarte en aluminium ou un papier-parchemin avec des haricots secs. Faites cuire au four 15 minutes. Retirez le moule à tarte en aluminium (ou le papier et les haricots) et poursuivez la cuisson 7 minutes.

TARTES ET PÂTISSERIES

PÂTE À TARTE (R) (Rap) (*)	**343**
TARTE AUX POMMES (*)	**344**
TARTE À LA RHUBARBE (*)	**345**
TARTE À LA CITROUILLE	**346**
TARTE AUX BLEUETS	**348**
TARTE AU SIROP D'ÉRABLE (Rap)	**349**
TARTE AUX PACANES (*)	**349**
TARTE AUX RAISINS SECS DE MAMAN (*)	**351**
TARTE AU SUCRE (Rap) (*)	**352**
MINI-TARTELETTES AUX NOIX (R) (*)	**354**
CROUSTILLANT AUX POMMES (R)	**355**
POUDING AUX BLEUETS	**357**
BEIGNES (*)	**358**
CARRÉS GLACÉS À LA CRÈME FOUETTÉE, AU CHOCOLAT ET AUX ARACHIDES	**359**
CHOUX À LA CRÈME (R) (*)	**360**
CRÈME FOUETTÉE (Rap)	**362**
COMPOTE DE FRAISES ET DE RHUBARBE	**363**
MOUSSE AUX POMMES (Rap)	**365**
GELÉE AUX FRAMBOISES EXPRESS (Rap)	**366**

PÂTE À TARTE

DONNE 2 ABAISSES DE 23 CM (9 PO)	PRÉPARATION 15 MINUTES	RÉFRIGÉRATION 5 MINUTES OU PLUS

Si vous préparez la pâte avec du beurre, omettez le sel.

INGRÉDIENTS

650 ml	farine tout usage	2 ⅔ tasses
5 ml	sel	1 c. à thé
250 ml	saindoux (ou moitié beurre, moitié saindoux)	1 tasse
125 ml	eau froide (environ)	½ tasse

ÉTAPES

1. Dans un grand bol, mélanger la farine et le sel. Ajouter le saindoux par grosses cuillerées à soupe, puis l'incorporer à l'aide de deux couteaux ou d'un coupe-pâte jusqu'à l'obtention de petites particules plus ou moins uniformes de la grosseur d'un pois.

2. Verser l'eau çà et là et commencer à amalgamer les ingrédients en passant le côté d'une fourchette dans la préparation jusqu'à formation de boules de la grosseur d'un gros œuf. Si une grande partie de la farine n'est pas encore amalgamée, ajouter un peu d'eau et continuer l'opération. Finir avec les mains en pressant sur les boules pour les faire adhérer les unes aux autres et ne former qu'une seule boule. Ne pas trop travailler la pâte, sinon elle durcira.

3. Envelopper la pâte dans du papier ciré. Réfrigérer environ 15 minutes (ou jusqu'à 12 heures) avant utilisation.

4. Ramener la pâte à température ambiante. Prendre un morceau et garder l'autre dans le papier ciré. Abaisser la pâte à environ 5 mm (¼ de po) d'épaisseur sur une surface enfarinée en la retournant au moins une fois.

AU ROBOT CULINAIRE

1. Couper le saindoux en morceaux de 2,5 cm (1 po), étaler sur une plaque et mettre au congélateur 30 minutes.

2. Au robot culinaire, pulser la farine et le sel 3 secondes.

3. Déposer le saindoux froid autour du couteau et pulser jusqu'à formation de particules de la grosseur d'un pois en surveillant fréquemment.

4. Verser uniformément l'eau froide sur la préparation de farine et pulser quelques secondes jusqu'à ce que la pâte commence à s'amalgamer et qu'il ne reste plus de résidu de farine. Former une boule en pressant avec les mains. Emballer la pâte dans du papier ciré et laisser reposer 30 minutes avant d'abaisser.

TARTE AUX POMMES

| 6 PORTIONS | PRÉPARATION 30 MINUTES | CUISSON 40 À 50 MINUTES |

Choisissez une variété de pommes qui vous plaît. Certains aiment que la tarte renferme des morceaux de fruit, tandis que d'autres préfèrent une garniture lisse. Comme ma grand-mère, Anna Mongrain, j'utilise la McIntosh, une pomme délicieuse qui devient très tendre à la cuisson.

INGRÉDIENTS

2	abaisses de pâte à tarte de 23 cm (9 po) non cuites	2
125 ml	sucre	½ tasse
45 ml	farine tout usage	3 c. à soupe
1	pincée de sel	1
1,25 litre	pommes, pelées et coupées en tranches	5 tasses
30 ml	beurre	2 c. à soupe
1	œuf, battu avec 15 ml (1 c. à soupe) de lait	1

ÉTAPES

1. Placer la grille dans le bas du four. Préchauffer le four à 220 °C (425 °F).

2. Déposer une abaisse de pâte dans un moule à tarte.

3. Dans un grand bol, mélanger le sucre, la farine et le sel. Ajouter les pommes et bien remuer. Verser dans l'abaisse en étalant uniformément le sucre résiduel sur les pommes. Parsemer de dés de beurre.

4. À l'aide d'un pinceau, badigeonner le bord de l'abaisse d'œuf battu. Couvrir de l'autre abaisse et presser délicatement le bord pour sceller. À l'aide du côté non coupant d'un couteau, couper l'excédent de pâte. Festonner le bord avec le pouce et l'index ou avec le dos d'une fourchette. Badigeonner la tarte d'œuf battu, sauf le pourtour. Faire deux incisions de 5 cm (2 po) au centre de la tarte.

5. Cuire au four 15 minutes. Baisser la température à 190 °C (375 °F) et cuire de 25 à 35 minutes, jusqu'à ce que la pâte soit dorée. Laisser tiédir avant servir.

TARTE À LA RHUBARBE

6 PORTIONS	PRÉPARATION 20 MINUTES	CUISSON 40 À 50 MINUTES

INGRÉDIENTS

2	abaisses de pâte à tarte de 23 cm (9 po) non cuites	2
250 ml	sucre	1 tasse
60 ml	farine tout usage	¼ de tasse
1 ml	zeste d'orange (facultatif)	¼ de c. à thé
750 ml	rhubarbe, en tronçons de 1 cm (½ po)	3 tasses
15 ml	beurre	1 c. à soupe
1	œuf, battu avec 15 ml (1 c. à soupe) de lait	1

ÉTAPES

1. Placer la grille dans le bas du four. Préchauffer le four à 220 °C (425 °F).

2. Déposer une abaisse de pâte dans un moule à tarte.

3. Dans un bol, mélanger le sucre, la farine et le zeste d'orange. Déposer la moitié de la rhubarbe dans l'abaisse et saupoudrer de la moitié de la préparation de sucre. Verser le reste de la rhubarbe et saupoudrer du reste de la préparation de sucre. Parsemer de dés de beurre.

4. À l'aide d'un pinceau, badigeonner le bord de l'abaisse d'œuf battu. Couvrir de l'autre abaisse et presser délicatement le bord pour sceller. À l'aide du côté non coupant d'un couteau, couper l'excédent de pâte. Festonner le bord avec le pouce et l'index ou avec le dos d'une fourchette. Badigeonner la tarte d'œuf battu, sauf le pourtour. Faire deux incisions de 5 cm (2 po) au centre de la tarte.

5. Cuire au four 15 minutes. Baisser la température à 190 °C (375 °F) et cuire de 25 à 35 minutes, jusqu'à ce que la pâte soit dorée. Laisser tiédir avant de servir.

TARTE À LA CITROUILLE

6 PORTIONS	PRÉPARATION 15 MINUTES	CUISSON 40 À 55 MINUTES

INGRÉDIENTS

1	abaisse de pâte à tarte de 23 cm (9 po) non cuite	1
2	œufs	2
125 ml	cassonade	½ tasse
60 ml	sucre	¼ de tasse
7 ml	cannelle moulue	1 ½ c. à thé
2 ml	muscade moulue	½ c. à thé
1 ml	gingembre moulu	¼ de c. à thé
0,5 ml	clou de girofle moulu	⅛ de c. à thé
0,5 ml	piment de la Jamaïque moulu	⅛ de c. à thé
15 ml	beurre, fondu	1 c. à soupe
375 ml	lait	1 ½ tasse
375 ml	purée de citrouille maison (page 81) ou en conserve, non sucrée	1 ½ tasse

ÉTAPES

1. Placer la grille dans le tiers inférieur du four. Préchauffer le four à 220 °C (425 °F).

2. Tapisser un moule à tarte de 23 cm (9 po) avec l'abaisse.

3. Dans un grand bol, battre les œufs au fouet avec la cassonade, le sucre, la cannelle, la muscade, le gingembre, le clou de girofle et le piment de la Jamaïque jusqu'à consistance homogène. Incorporer le beurre et le lait peu à peu. Ajouter la citrouille et battre jusqu'à consistance homogène. Verser dans l'abaisse.

4. Cuire au four 10 minutes. Baisser la température à 190 °C (375 °F) et cuire de 30 à 45 minutes, jusqu'à ce que le centre de la tarte ne bouge plus lorsqu'on la remue. Laisser refroidir à température ambiante. Servir froid ou à température ambiante. Conservation : 1 jour au réfrigérateur.

TARTE AUX BLEUETS

6 PORTIONS	PRÉPARATION 20 MINUTES	CUISSON 40 À 50 MINUTES

INGRÉDIENTS

2	abaisses de pâte à tarte de 23 cm (9 po) non cuites	2
125 à 150 ml	sucre	½ à ⅔ de tasse
60 ml	farine tout usage	¼ de tasse
750 ml	bleuets frais	3 tasses
30 ml	beurre	2 c. à soupe
1	œuf, battu avec 15 ml (1 c. à soupe) de lait	1

ÉTAPES

1. Placer la grille dans le bas du four. Préchauffer le four à 220 °C (425 °F).

2. Déposer une abaisse de pâte dans un moule à tarte.

3. Dans un bol, mélanger le sucre et la farine. Déposer la moitié des bleuets dans l'abaisse et saupoudrer de la moitié de la préparation de sucre. Ajouter le reste des bleuets et saupoudrer du reste de la préparation de sucre. Parsemer de dés de beurre.

4. À l'aide d'un pinceau, badigeonner le bord de l'abaisse d'œuf battu. Couvrir de l'autre abaisse et presser délicatement le bord pour sceller. À l'aide du côté non coupant d'un couteau, couper l'excédent de pâte. Festonner le bord avec le pouce et l'index ou avec le dos d'une fourchette. Badigeonner la tarte d'œuf battu, sauf le pourtour. Faire deux incisions de 5 cm (2 po) au centre de la tarte.

5. Cuire au four 15 minutes. Baisser la température à 190 °C (375 °F) et cuire de 25 à 35 minutes, jusqu'à ce que la pâte soit dorée. Laisser tiédir avant de servir.

TARTE AU SIROP D'ÉRABLE

6 PORTIONS	PRÉPARATION 10 MINUTES	CUISSON 25 MINUTES

INGRÉDIENTS

1	abaisse de pâte à tarte de 23 cm (9 po) non cuite	1
1	œuf	1
15 ml	farine tout usage	1 c. à soupe
15 ml	crème 15 %	1 c. à soupe
250 ml	sirop d'érable médium	1 tasse

ÉTAPES

1. Préchauffer le four à 200 °C (400 °F). Déposer l'abaisse dans un moule à tarte de 23 cm (9 po).

2. Dans un bol, battre l'œuf et incorporer la farine peu à peu au fouet.

3. Ajouter la crème et le sirop d'érable. Battre jusqu'à consistance homogène, sans plus. Verser dans l'abaisse.

4. Cuire au four 25 minutes ou jusqu'à ce que la garniture soit complètement prise. Laisser refroidir à température ambiante.

TARTE AUX PACANES

6 PORTIONS	PRÉPARATION 15 MINUTES	CUISSON 40 À 50 MINUTES	REPOS 2 HEURES

Cette tarte est aussi bonne préparée avec des noix de Grenoble. Il est préférable de les acheter entières, car celles qui sont déjà écalées ont souvent un goût rance.

INGRÉDIENTS

1	abaisse de pâte à tarte de 23 cm (9 po) non cuite	1
3	œufs	3
150 ml	sucre	⅔ de tasse
2 ml	sel	½ c. à thé
75 ml	beurre à température ambiante	⅓ de tasse
250 ml	sirop de maïs	1 tasse
250 ml	pacanes	1 tasse

ÉTAPES

1. Placer la grille dans le tiers inférieur du four. Préchauffer le four à 190 °C (375 °F).

2. Tapisser un moule à tarte avec l'abaisse.

3. Dans un grand bol, battre les œufs au fouet avec le sucre, le sel, le beurre et le sirop de maïs jusqu'à consistance homogène (des particules de beurre seront encore visibles). Ajouter les pacanes, remuer et verser dans l'abaisse.

4. Cuire au four de 40 à 50 minutes, jusqu'à ce que la tarte semble ferme mais que le centre bouge légèrement lorsqu'on la remue. Laisser refroidir 2 heures avant de servir. Il est normal que la tarte perde du volume en refroidissant. Servir à température ambiante. Conservation : 3 jours au réfrigérateur.

TARTE AUX RAISINS SECS DE MAMAN

6 PORTIONS	PRÉPARATION 20 MINUTES	CUISSON 48 À 55 MINUTES

INGRÉDIENTS

500 ml	eau	2 tasses
500 ml	raisins secs Sultana	2 tasses
125 ml	cassonade	½ tasse
30 ml	farine tout usage	2 c. à soupe
15 ml	beurre	1 c. à soupe
1	abaisse de pâte à tarte de 23 cm (9 po) non cuite	1
1	œuf, battu avec 15 ml (1 c. à soupe) de lait	1
6 à 8	lanières de pâte à tarte (croisillons)	6 à 8

ÉTAPES

1. Dans une casserole moyenne, à feu moyen, porter l'eau et les raisins à ébullition et cuire 5 minutes.

2. Dans un petit bol, mélanger la cassonade et la farine. Incorporer aux raisins secs et cuire, en remuant à l'aide d'une cuillère en bois, de 3 à 5 minutes ou jusqu'à épaississement. Incorporer le beurre et laisser tiédir.

3. Placer la grille dans le bas du four. Préchauffer le four à 220 °C (425 °F).

4. Tapisser un moule à tarte avec l'abaisse et verser la préparation de raisins secs.

5. À l'aide d'un pinceau, badigeonner le bord de l'abaisse d'œuf battu. Couvrir des lanières de pâte en les disposant en croisillons. Presser délicatement le bord pour sceller. À l'aide du côté non coupant d'un couteau, couper l'excédent de pâte. Festonner le bord avec le pouce et l'index ou avec le dos d'une fourchette. Badigeonner les croisillons de pâte d'œuf battu, mais pas le pourtour.

6. Cuire au four 15 minutes. Baisser la température à 190 °C (375 °F) et cuire de 25 à 35 minutes, jusqu'à ce que la pâte soit dorée. Laisser tiédir avant de servir.

TARTE AU SUCRE

| 6 PORTIONS | PRÉPARATION
10 MINUTES | CUISSON
20 À 30 MINUTES |

Mon répertoire compte plusieurs recettes de tartes au sucre, mais ma famille préfère celle-ci. Lorsqu'il me reste des retailles de pâte à tarte, j'aime bien en déposer trois ou quatre petits morceaux sur la garniture sans toutefois la couvrir complètement.

INGRÉDIENTS

1	abaisse de pâte à tarte de 23 cm (9 po) non cuite	1
175 ml	cassonade	¾ de tasse
45 ml	crème 15 % ou 35 % (ou lait)	3 c. à soupe
15 ml	beurre	1 c. à soupe

ÉTAPES

1. Placer la grille dans le bas du four. Préchauffer le four à 190 °C (375 °F).
2. Déposer l'abaisse dans un moule à tarte.
3. Dans un petit bol, mélanger la cassonade et la crème. Verser dans l'abaisse.
4. Disperser des dés de beurre sur la garniture.
5. Cuire au four de 20 à 30 minutes, jusqu'à ce que la pâte soit dorée.

MINI-TARTELETTES AUX NOIX

DONNE 72 TARTELETTES	PRÉPARATION 1 HEURE	CUISSON ENVIRON 1 H 30 MIN

Cette recette donne plusieurs tartelettes, mais vous verrez qu'elles disparaissent très vite… Préparez-les à l'avance pour les fêtes de Noël. La pâte au fromage est tendre, savoureuse et feuilletée. Si vous la mélangez au robot, le beurre et le fromage doivent être un peu plus froids que la température ambiante. Utilisez des moules à muffins miniatures de 4,5 cm (1 ¾ po) de diamètre.

INGRÉDIENTS

Garniture

3	œufs	3
15 ml	beurre à température ambiante	1 c. à soupe
560 ml	cassonade	2 ¼ tasses
15 ml	extrait de vanille	1 c. à soupe
500 ml	noix de Grenoble ou pacanes, hachées	2 tasses

Pâte au fromage

375 ml	beurre à température ambiante	1 ½ tasse
1	paquet de 250 g de fromage à la crème à température ambiante	1
750 ml	farine tout usage	3 tasses

ÉTAPES

1. Placer la grille au centre du four. Préchauffer le four à 160 °C (325 °F).

2. **Garniture :** dans un grand bol, battre les œufs avec le beurre, la cassonade et la vanille jusqu'à consistance homogène. Incorporer les noix et réserver.

3. **Pâte :** dans un grand bol ou au robot culinaire, mélanger le beurre et le fromage jusqu'à consistance homogène. À l'aide d'une cuillère en bois ou au robot, incorporer la farine.

4. Sur une surface légèrement farinée, abaisser le tiers de la pâte à 5 mm (¼ de po) d'épaisseur et la couper en 24 cercles de 6 cm (2 ½ po). Tapisser un moule à muffins miniatures de 24 cavités avec les cercles de pâte.

5. Remplir les moules aux deux tiers avec la préparation de noix en prenant soin de bien répartir celles-ci. Cuire au four de 25 à 30 minutes. Laisser refroidir 1 minute. Décoller les tartelettes à l'aide d'un couteau à beurre et laisser refroidir sur une grille.

6. Répéter les étapes 4 et 5 avec les deux autres morceaux de pâte pour faire 48 autres tartelettes.

CROUSTILLANT AUX POMMES

| 6 PORTIONS | PRÉPARATION 25 MINUTES | CUISSON 30 À 40 MINUTES |

Pour éviter que les pommes noircissent, pelez-les et coupez-les en tranches juste avant de les couvrir de la préparation. Utilisez du beurre froid coupé en cubes si vous mélangez la préparation d'avoine au robot culinaire. Pour profiter pleinement de la texture croustillante de ce dessert, servez-le le jour même.

INGRÉDIENTS

150 ml	cassonade	⅔ de tasse
125 ml	farine tout usage	½ tasse
125 ml	flocons d'avoine à cuisson rapide	½ tasse
3 ml	cannelle moulue	¾ de c. à thé
3 ml	muscade moulue	¾ de c. à thé
75 ml	beurre à température ambiante	⅓ de tasse
1 litre	pommes acidulées, pelées et coupées en tranches	4 tasses

ÉTAPES

1. Placer la grille dans le tiers inférieur du four. Préchauffer le four à 190 °C (375 °F). Graisser un moule rond ou carré de 20 ou 23 cm (8 po ou 9 po).

2. Dans un grand bol, mélanger la cassonade, la farine, l'avoine, la cannelle et la muscade. Incorporer le beurre à l'aide d'un mélangeur à pâte. Réserver.

3. Étaler les pommes dans le moule et couvrir de la préparation de cassonade. Cuire au four de 30 à 40 minutes, jusqu'à ce que le croustillant soit doré.

POUDING AUX BLEUETS

| 6 PORTIONS | PRÉPARATION 20 MINUTES | CUISSON 45 À 60 MINUTES |

Essayez cette recette avec des framboises ou des fraises fraîches ou surgelées au lieu des bleuets.

INGRÉDIENTS

1 litre	bleuets frais ou surgelés	4 tasses
310 ml	sucre	1 ¼ tasse
30 ml	beurre à température ambiante	2 c. à soupe
1	œuf	1
250 ml	farine tout usage	1 tasse
7 ml	poudre à pâte	1 ½ c. à thé
2 ml	sel	½ c. à thé
75 ml	lait	⅓ de tasse
5 ml	extrait de vanille	1 c. à thé

ÉTAPES

1. Placer la grille dans le tiers inférieur du four. Préchauffer le four à 180 °C (350 °F).

2. Déposer les bleuets dans un moule profond de 2 litres (8 tasses) allant au four. Saupoudrer 125 ml (½ tasse) de sucre et réserver.

3. Dans un grand bol ou le bol du batteur sur socle, battre le beurre avec le reste du sucre jusqu'à consistance homogène (la texture sera granuleuse). Ajouter l'œuf et battre à vitesse élevée 2 minutes ou jusqu'à ce que la préparation pâlisse.

4. Dans un autre bol, mélanger la farine, la poudre à pâte et le sel. Incorporer à la préparation d'œuf en alternant avec le lait. Battre jusqu'à consistance homogène, sans plus, puis incorporer la vanille.

5. Couvrir les bleuets de pâte. Cuire au four de 45 à 60 minutes, jusqu'à ce qu'un cure-dent inséré au centre du pouding en ressorte propre. Laisser tiédir avant de servir.

BEIGNES

| DONNE ENVIRON 24 BEIGNES | PRÉPARATION 30 MINUTES | CUISSON 30 MINUTES |

La pâte peut être préparée de 2 à 24 heures à l'avance et réservée au réfrigérateur. Coupez-la juste avant de commencer la friture. Réservez les beignes non cuits sur des plaques farinées en les espaçant. Vous pouvez attendre jusqu'à 1 heure avant de procéder à la cuisson. Consommez les beignes le jour même ou congelez-les. On peut les enrober de sucre une fois qu'ils sont décongelés. Des beignes formés avec des retailles pourraient être durs. Il est donc préférable de cuire les retailles sans les manipuler.

INGRÉDIENTS

45 ml	beurre à température ambiante	3 c. à soupe
250 ml	sucre	1 tasse
3	œufs	3
875 ml	farine tout usage	3 ½ tasses
5 ml	sel	1 c. à thé
20 ml	poudre à pâte	4 c. à thé
250 ml	lait	1 tasse
	Huile à friture	
	Sucre glace ou sucre granulé (facultatif)	

ÉTAPES

1. Dans un grand bol ou le bol du batteur sur socle, battre le beurre avec le sucre jusqu'à consistance homogène. Ajouter les œufs et battre à vitesse élevée 2 minutes.

2. Dans un autre bol, mélanger 625 ml (2 ½ tasses) de farine, le sel et la poudre à pâte. Ajouter à la préparation d'œufs et battre jusqu'à consistance homogène en alternant avec le lait. Incorporer le reste de la farine en remuant juste assez pour amalgamer la pâte, sans plus.

3. Sur un plan de travail légèrement fariné, à l'aide d'un rouleau à pâte, étendre la moitié de la pâte à 1 cm (½ po) d'épaisseur. Couper la pâte à l'aide d'un coupe-beigne fariné et déposer les beignes au fur et à mesure sur des plaques légèrement farinées. Répéter cette opération avec le reste de la pâte.

4. Environ 15 minutes avant de procéder à la friture, chauffer 10 cm (4 po) d'huile à 190 C (375 °F). Déposer des feuilles de papier absorbant dans des assiettes pour y déposer les beignes frits.

5. Faire frire environ 3 beignes à la fois pendant 2 minutes. Retourner et poursuivre la cuisson environ 2 minutes. Égoutter et déposer dans les assiettes. (Pour vérifier la cuisson, il suffit de couper un beigne en deux.) Faire frire les trous de beigne à la fin. Saupoudrer de sucre au goût. Consommer le jour même ou congeler.

CARRÉS GLACÉS À LA CRÈME FOUETTÉE, AU CHOCOLAT ET AUX ARACHIDES

12 À 15 PORTIONS	PRÉPARATION 40 MINUTES	RÉFRIGÉRATION 1 HEURE	CONGÉLATION : 2 HEURES

Comme ma fille, Pascale, vous ferez beaucoup d'heureux avec ces carrés. Cette recette est inspirée du cornet de crème glacée Drumstick. Elle ne requiert pas de cuisson et vous aimerez la préparer en tout temps, surtout en été.

INGRÉDIENTS

375 ml	crème 35 %	1 ½ tasse
60 ml	sucre glace	¼ de tasse
375 ml	chapelure de biscuits Graham	1 ½ tasse
60 ml	beurre, fondu	¼ de tasse
1	paquet de 250 g de fromage à la crème	1
45 ml	sucre	¼ de tasse
5 ml	extrait de vanille	1 c. à thé
3	œufs	3
310 ml	brisures de chocolat mi-sucré	1 ¼ tasse
90 ml	eau	6 c. à soupe
125 ml	arachides salées ou non, hachées finement	½ tasse

ÉTAPES

1. Dans un grand bol ou le bol du batteur sur socle, à vitesse élevée, battre la crème jusqu'à ce qu'elle forme des pics mous. Incorporer le sucre glace et battre quelques secondes jusqu'à ce que la trace du batteur soit visible. Déposer la crème dans un bol propre et réserver au froid.

2. Dans le même bol, mélanger la chapelure avec le beurre, puis la presser dans un moule de 23 cm x 33 cm (9 po x 13 po).

3. Dans le même bol, déposer le fromage, le sucre et la vanille. Battre vigoureusement jusqu'à consistance homogène. Incorporer les œufs et battre jusqu'à consistance homogène.

4. Dans un mouvement de rotation, à l'aide d'une spatule, incorporer la crème fouettée réservée. Étendre la préparation dans le moule et réfrigérer pendant 1 heure.

5. Entre-temps, mettre les brisures de chocolat dans un bol moyen placé au-dessus d'une casserole d'eau bouillante. Remuer jusqu'à ce que le chocolat soit fondu. Ajouter l'eau et fouetter vigoureusement jusqu'à ce que la texture soit liquide. (Le chocolat prendra en masse ; il suffit de continuer de fouetter jusqu'à la texture désirée.)

6. À l'aide d'une cuillère à soupe, verser le chocolat en filet sur la préparation de crème fouettée. Saupoudrer d'arachides et congeler pendant 2 heures.

7. Couvrir de pellicule de plastique. Couper en portions individuelles environ 10 minutes avant de servir.

CHOUX À LA CRÈME

DONNE 12 CHOUX	PRÉPARATION 45 MINUTES	CUISSON 35 À 40 MINUTES

Cette pâte à choux peut aussi servir à former des éclairs, des petites boules de 1,5 cm (½ po) pour garnir une soupe et des profiteroles (petits choux fourrés de crème glacée à la vanille et nappés de sauce chocolat).

INGRÉDIENTS

250 ml	eau	1 tasse
125 ml	beurre demi-sel, coupé en 6 morceaux	½ tasse
250 ml	farine tout usage	1 tasse
4	œufs à température ambiante	4
	Crème fouettée (page 362)	
	Sauce au chocolat (page 288) ou sauce aux fraises (page 288) (facultatif)	

ÉTAPES

1. Placer la grille dans le tiers inférieur du four. Préchauffer le four à 200 °C (400 °F).

2. Dans une casserole moyenne, porter l'eau et le beurre à ébullition. Ajouter la farine d'un seul coup et mélanger sans cesse vigoureusement à l'aide d'une cuillère en bois jusqu'à ce que la préparation soit homogène et se détache des bords de la casserole. Retirer du feu immédiatement et laisser tiédir 5 minutes.

3. Ajouter les œufs un à un en battant vigoureusement après chaque addition. (On peut aussi faire cette étape au robot culinaire.)

4. À l'aide d'une cuillère à soupe ou d'une poche à douille munie d'une grosse douille n° 7, former 12 choux de 6 cm (2 ½ po) de diamètre sur une plaque non graissée de 30 cm x 43 cm (12 po x 17 po) en les espaçant.

5. Cuire au four de 35 à 40 minutes, jusqu'à ce que les choux soient dorés et fermes. Éteindre le four, percer trois petits trous sur le dessus des choux avec la pointe d'un couteau et remettre au four 5 minutes pour assécher l'intérieur. Laisser refroidir à température ambiante. Couper le dessus des choux et retirer la partie molle du centre avec le bout des doigts.

6. Au moment de servir, remplir les choux de crème fouettée et, si désiré, napper de sauce au chocolat. Conservation : 1 mois au congélateur.

CRÈME FOUETTÉE

DONNE ENVIRON 500 ML (2 TASSES)	**PRÉPARATION 10 MINUTES**

Pour accélérer le montage de la crème, le bol et les fouets doivent être placés au congélateur 30 minutes au préalable. Il est préférable de fouetter la crème juste avant de la servir.

Voici comment faire si vous voulez stabiliser une crème qui servira à couvrir un gâteau. Avant de la fouetter, saupoudrez 2 ml (½ c. à thé) de gélatine sur 15 ml (1 c. à soupe) d'eau froide. Faites liquéfier au micro-ondes quelques secondes, sans plus. Laissez tiédir la gélatine et incorporez-la à la crème (une fois qu'elle est fouettée) en battant pendant 3 secondes.

INGRÉDIENTS

| 250 ml | crème 35 % | 1 tasse |
| 30 à 45 ml | sucre glace | 2 à 3 c. à soupe |

ÉTAPES

1. Dans un bol, au batteur à main ou au batteur sur socle réglé à vitesse élevée, battre la crème jusqu'à ce qu'elle commence à épaissir et à prendre forme.

2. Ajouter le sucre glace et battre à basse vitesse en surveillant constamment jusqu'à ce que la crème forme des pics presque fermes lorsqu'on soulève les fouets.

COMPOTE DE FRAISES ET DE RHUBARBE

6 PORTIONS	PRÉPARATION 15 MINUTES	CUISSON 30 MINUTES

INGRÉDIENTS

500 ml	rhubarbe, en tronçons de 1 cm (½ po)	2 tasses
500 ml	fraises, en tranches	2 tasses
60 ml	eau	¼ de tasse
125 à 175 ml	sucre	½ à ¾ de tasse

ÉTAPES

1. Dans une casserole moyenne, couvrir la rhubarbe d'eau froide et porter à ébullition. Égoutter et remettre dans la casserole. Ajouter les fraises et l'eau, puis porter à ébullition. Baisser le feu et laisser mijoter 15 minutes ou jusqu'à ce que la rhubarbe soit tendre.

2. Ajouter le sucre et cuire environ 10 minutes en remuant de temps à autre. Laisser tiédir avant de servir.

MOUSSE AUX POMMES

4 PORTIONS	**PRÉPARATION** **20 MINUTES**

La plupart des gens préfèrent qu'on mette des pommes crues plutôt que de la compote dans cette mousse. On la prépare juste avant le repas et on râpe les pommes au moment de les ajouter à la préparation pour les empêcher de brunir.

INGRÉDIENTS

4	pommes	4
2	gros blancs d'œufs à température ambiante	2
1	pincée de sel	1
75 ml	cassonade	⅓ de tasse

ÉTAPES

1. Peler et évider les pommes. Réserver.

2. Dans un grand bol propre, au batteur à main ou au batteur sur socle réglé à vitesse élevée, battre les blancs d'œufs avec le sel jusqu'à formation de pics mous. Incorporer la cassonade peu à peu et battre jusqu'à formation de pics fermes qui gardent leur forme lorsqu'on soulève les fouets.

3. Râper les pommes et les incorporer immédiatement à la meringue en pliant à l'aide d'une spatule. Verser dans des coupes et réfrigérer jusqu'au moment de servir.

VARIANTE

Mousse aux fraises : remplacer la cassonade par du sucre et les pommes par 500 ml (2 tasses) de fraises écrasées.

GELÉE AUX FRAMBOISES EXPRESS

4 PORTIONS	PRÉPARATION 10 MINUTES	REPOS 30 MINUTES	RÉFRIGÉRATION 1 HEURE

Cette recette ne prendra que quelques minutes de votre temps et même un enfant peut la faire. On peut aussi verser la préparation dans une abaisse de tarte cuite et la garnir de crème fouettée au moment de servir.

INGRÉDIENTS

500 ml	framboises, surgelées	2 tasses
1	paquet de 85 g de poudre pour gelée aux framboises	1
250 ml	eau bouillante	1 tasse
60 ml	crème 15 % ou 35 % (facultatif)	¼ de tasse

ÉTAPES

1. Déposer les framboises dans quatre ramequins de 175 ml (¾ de tasse).

2. Dans un bol moyen, dissoudre la poudre pour gelée dans l'eau bouillante en remuant sans cesse. Verser sur les framboises et laisser reposer 30 minutes à température ambiante. Couvrir de pellicule de plastique et réfrigérer 1 heure.

3. Verser la crème sur la gelée au moment de servir.

VARIANTE

Gelée aux fraises express : utiliser des fraises surgelées et de la poudre pour gelée aux fraises.

CONSERVES, MARINADES ET CONFITURES

Préparation des bocaux et des couvercles

Cette étape est requise si l'on utilise une marmite à pression ou une marmite d'eau bouillante. Tous les bocaux et les couvercles doivent être mis dans une marmite d'eau bouillante 10 minutes avant d'empoter. On sort les bocaux de l'eau au fur et à mesure qu'on les remplit.

Stérilisation

Cette opération est requise pour les confitures, gelées et marmelades. Les bocaux doivent être mis dans une grande marmite d'eau et mis à bouillir 10 minutes. On réserve les bocaux dans l'eau bouillante jusqu'au moment d'empoter. On retire les bocaux au fur et à mesure qu'on les remplit.

Conserves dans une marmite à pression — 370
HARICOTS JAUNES OU VERTS — 372
SAUCE TOMATE — 373
SALSA EN CONSERVE — 374
SAUCE TOMATE À LA VIANDE — 376

Conserves dans une marmite à l'eau bouillante — 377
SIROP POUR FRUITS EN CONSERVE — 377
PÊCHES — 378
COMPOTE DE POMMES — 379
JUS DE POMME — 381
TOMATES EN CONSERVE — 382

Marinades — 385
KETCHUP AUX TOMATES MÛRES — 385
KETCHUP VERT — 386
CORNICHONS SUCRÉS TRANCHÉS (*BREAD AND BUTTER*) — 388
CORNICHONS À L'ANETH — 389
BETTERAVES MARINÉES — 390
GELÉE DE POIVRONS — 391
SAUCE CHILI — 392

Confitures — 393
CONFITURE DE FRAMBOISES — 393
MARMELADE D'AGRUMES — 394
CONFITURE DE FRAISES — 396

✳ ✳ ✳
EXTRAIT DE VANILLE — 398
HERBES SALÉES — 399

Conserves dans une marmite à pression

Les aliments tels que les légumes, sauces tomate (avec ou sans viande), volailles, viandes et poissons doivent être mis en conserve à l'aide d'une marmite à pression. Seule une marmite à pression peut contrer le botulisme, une toxi-infection due à une bactérie qui se développe dans un milieu sans air, sans sucre ou sans acide. Le botulisme peut provoquer de graves symptômes, voire la mort. C'est pourquoi il est très risqué de faire cuire dans le four des conserves comme les sauces tomates, les sauces tomates à la viande ou d'autres aliments en conserve, et ce, même si l'on vous a enseigné à procéder de cette façon.

Chaque type d'aliment doit cuire pendant un temps minimum requis pour éliminer la bactérie responsable du botulisme. Les légumes n'ont pas besoin d'être blanchis, tandis que les sauces sont mises à cuire avant d'être empotées. Je vous recommande de suivre les instructions du fabricant afin d'utiliser votre marmite à pression sans risque.

Stérilisation des bocaux : il n'est pas nécessaire de stériliser les bocaux pour ce type de conserve.

TEMPS DE CUISSON À LA MARMITE À PRESSION

Livres de pression pour des bocaux de 500 ml (2 tasses)

Asperges 10 lb • 30 minutes
Haricots verts ou jaunes 10 lb • 20 minutes
Carottes 10 lb • 25 minutes
Maïs en grains 10 lb • 55 minutes
Sauce tomate aux légumes 10 lb • 20 minutes
Sauce tomate à la viande 10 lb • 60 minutes

Commencer à compter le temps de cuisson à partir du moment où l'oscillateur commence à bouger.

Cuire à feu moyen et ne jamais refroidir la marmite à pression à l'eau froide. Lorsque la pression est descendue, retirer l'oscillateur et ouvrir le couvercle avec précaution en gardant le visage éloigné de la marmite. Placer un linge à vaisselle sur la marmite.

Attendre au moins 15 minutes avant de retirer les bocaux de la marmite.

HARICOTS JAUNES OU VERTS

CUISSON	**REPOS**
20 MINUTES	**15 MINUTES**

Vous pouvez suivre cette méthode pour la mise en conserve des légumes mentionnés ci-dessus en respectant évidemment le nombre de minutes prescrit.

INGRÉDIENTS

Haricots jaunes ou verts, équeutés
Sel
Eau bouillante

ÉTAPES

1. Couper les haricots en morceaux de 4 cm (1 ½ po).

2. Remplir les bocaux jusqu'à 2,5 cm (1 po) du bord. Ajouter 2 ml (½ c. à thé) de sel par pot.

3. Verser de l'eau bouillante jusqu'à 1 cm (½ po) du bord et passer un couteau autour des haricots pour éliminer les bulles d'air.

4. Fermer les bocaux avec des couvercles chauds et cuire à 10 lb de pression pendant 20 minutes en suivant les indications du fabricant.

5. Fermer le feu et attendre que la valve de pression descende. Retirer le couvercle en gardant le visage éloigné et couvrir d'un linge à vaisselle. Laisser reposer 15 minutes. Retirer les bocaux et laisser refroidir complètement avant de les ranger.

SAUCE TOMATE

DONNE ENVIRON 6 BOCAUX DE 500 ML (2 TASSES)	PRÉPARATION 1 HEURE	CUISSON 1 H 30 MIN	REPOS 15 MINUTES

Cette sauce est parfaite pour toutes les recettes qui requièrent de la sauce tomate ou pour préparer un repas vite fait en y ajoutant des fruits de mer ou de la viande hachée cuite.

INGRÉDIENTS

3 kg	tomates (environ 20 tomates)	7 lb
75 ml	pâte de tomates	⅓ de tasse
1	poivron rouge ou vert, haché	1
1	gros oignon, haché	1
250 ml	céleri, en tranches	1 tasse
2	gousses d'ail, hachées finement	2
10 ml	sucre	2 c. à thé
15 ml	gros sel	1 c. à soupe
2 ml	poivre	½ c. à thé
7 ml	origan	1 ½ c. à thé

ÉTAPES

1. Remplir une casserole d'eau chaude et porter à ébullition. Blanchir quelques tomates à la fois de 30 à 60 secondes et laisser refroidir immédiatement dans un bain d'eau froide. Peler les tomates, enlever le cœur puis les hacher grossièrement. Déposer dans une grande casserole.

2. Ajouter le reste des ingrédients et porter à ébullition. Baisser le feu et laisser mijoter 1 heure en remuant de temps à autre.

3. Remplir des bocaux propres non stérilisés. Fermer avec les couvercles chauds et placer dans la marmite à pression. Stériliser pendant 20 minutes à 10 lb de pression en suivant les indications du fabricant.

4. Fermer le feu et attendre que la valve de pression descende. Retirer le couvercle en gardant le visage éloigné et couvrir d'un linge à vaisselle. Laisser reposer 15 minutes. Retirer les bocaux et laisser refroidir complètement avant de les ranger.

SALSA EN CONSERVE

DONNE ENVIRON 4 BOCAUX DE 500 ML (2 TASSES)	PRÉPARATION 1 HEURE	CUISSON 1 H 15 MIN	REPOS 15 MINUTES

Pour peler les tomates, plongez-les de 30 à 60 secondes dans une casserole d'eau à ébullition et refroidissez-les immédiatement dans un bain d'eau froide.

INGRÉDIENTS

60 ml	huile végétale	¼ de tasse
1	gros poivron vert, haché	1
1	gros poivron rouge, haché	1
1	gros oignon, haché	1
8	grosses tomates, pelées, épépinées et hachées	8
2	gousses d'ail, hachées finement	2
2 ml	coriandre séchée	½ c. à thé
2 ml	poudre de chili	½ c. à thé
5 ml	basilic séché	1 c. à thé
10 ml	sel	2 c. à thé
10 ml	miel	2 c. à thé
60 ml	jus de lime	¼ de tasse
15 à 30 ml	piment jalapeno, épépiné et haché finement	1 à 2 c. à soupe

ÉTAPES

1. Dans une grande casserole, à feu moyen, chauffer l'huile et cuire les poivrons et les oignons 3 minutes en remuant sans cesse. Ajouter le reste des ingrédients et porter à ébullition. Baisser le feu et laisser mijoter 10 minutes.

2. Remplir des bocaux propres non stérilisés. Fermer avec les couvercles chauds et placer dans la marmite à pression. Stériliser pendant 1 heure à 10 lb de pression en suivant les indications du fabricant.

3. Fermer le feu et attendre que la valve de pression descende. Retirer le couvercle en gardant le visage éloigné et couvrir d'un linge à vaisselle. Laisser reposer 15 minutes. Retirer les bocaux et laisser refroidir complètement avant de les ranger.

SAUCE TOMATE À LA VIANDE

DONNE ENVIRON 7 BOCAUX DE 500 ML (2 TASSES)	PRÉPARATION 1 H 30 MIN	CUISSON 2 HEURES	REPOS 15 MINUTES

Cette sauce est délicieuse sur des pâtes ou pour préparer un macaroni à la viande gratiné. Pour peler les tomates, plongez-les de 30 à 60 secondes dans une casserole d'eau à ébullition et refroidissez-les immédiatement dans un bain d'eau froide.

INGRÉDIENTS

60 ml	huile végétale	¼ de tasse
2	oignons, hachés	2
3	gousses d'ail, hachées finement	3
3 litres	tomates, pelées et coupées en morceaux	12 tasses
750 g	bœuf haché	1 ½ lb
750 g	porc haché	1 ½ lb
15 ml	gros sel	1 c. à soupe
45 ml	persil frais, haché	3 c. à soupe
5 ml	basilic séché	1 c. à thé
5 ml	origan, séché	1 c. à thé
15 ml	sucre	1 c. à soupe

ÉTAPES

1. Dans une grande casserole, à feu moyen, chauffer l'huile et cuire les oignons 5 minutes en remuant fréquemment. Ajouter l'ail et cuire 1 minute. Ajouter le reste des ingrédients et porter à ébullition en remuant souvent à l'aide d'une cuillère en bois. Baisser le feu et laisser mijoter 1 heure.

2. Remplir des bocaux propres non stérilisés. Fermer avec les couvercles chauds et placer dans la marmite à pression. Stériliser pendant 1 heure à 10 lb de pression en suivant les indications du fabricant.

3. Fermer le feu et attendre que la valve de pression descende. Retirer le couvercle en gardant le visage éloigné et couvrir d'un linge à vaisselle. Laisser reposer 15 minutes. Retirer les bocaux et laisser refroidir complètement avant de les ranger.

Conserves dans une marmite à l'eau bouillante

Cette méthode convient aux fruits, jus de fruits, tomates et marinades. On fait cuire ce type de conserves dans une très grande marmite au fond de laquelle on a d'abord placé une grille. On place les bocaux chauds remplis dans la marmite en les espaçant. On couvre d'eau chaude jusqu'à 2,5 cm (1 po) au-dessus des bocaux et on commence à compter le temps de cuisson au moment où l'eau se met à bouillir.

Stérilisation des bocaux : il n'est pas nécessaire de stériliser les bocaux.

SIROP POUR FRUITS EN CONSERVE

**DONNE ENVIRON 5 BOCAUX
DE 500 ML (2 TASSES) DE FRUITS**

Ce sirop convient pour les pêches, les poires et les petits fruits. Pour un sirop plus sucré, utilisez 500 ml (2 tasses) de sucre pour 750 ml (3 tasses) d'eau.

INGRÉDIENTS

250 ml	sucre	1 tasse	
750 ml	eau	3 tasses	

ÉTAPE

1. Dans une casserole, porter l'eau et le sucre à ébullition. Laisser bouillir 2 minutes.

PÊCHES

DONNE 5 À 6 BOCAUX DE 500 ML (2 TASSES)	**CUISSON 30 MINUTES**

INGRÉDIENTS

5 ml	acide ascorbique en poudre ou 6 capsules de vitamine C, écrasées	1 c. à thé
2 litres	eau froide	8 tasses
1	panier de 3 litres de pêches (à noyau non adhérent de préférence)	1
	Sirop pour fruits en conserve (page 377)	

ÉTAPES

1. Dans un grand bol, mélanger l'acide ascorbique et l'eau.

2. Mettre les couvercles des bocaux dans une casserole d'eau bouillante et réserver au chaud.

3. Porter une casserole d'eau chaude à ébullition et blanchir quelques pêches à la fois de 30 à 60 secondes. Laisser refroidir quelques minutes dans un bain d'eau froide. Peler et déposer dans la solution ascorbique.

4. Couper les pêches en quartiers et déposer dans les bocaux. Couvrir de sirop jusqu'à 1 cm (½ po) du bord. Passer un couteau autour des fruits pour éliminer les bulles d'air. Essuyer le bord avec un papier absorbant humecté.

5. Fermer les bocaux avec les couvercles et les déposer sur la grille dans la marmite en les espaçant. Couvrir d'eau chaude jusqu'à 2,5 cm (1 po) au-dessus des bocaux. Porter à ébullition et laisser bouillir 25 minutes. Retirer les bocaux de la marmite et laisser refroidir à température ambiante avant de ranger.

VARIANTE

Poires : omettre l'étape 4. Peler les poires, enlever le cœur et les mettre dans la solution d'acide ascorbique avant de les empoter.

COMPOTE DE POMMES

DONNE 4 À 5 BOCAUX DE 500 ML (2 TASSES)	PRÉPARATION 45 MINUTES	CUISSON 40 MINUTES

Ma pomme préférée pour la compote est la McIntosh. J'aime son petit goût acidulé et sa chair qui donne une belle purée. Cette compote est sucrée, mais vous pouvez réduire la quantité de sucre ou l'omettre complètement. Si vous êtes amateur de desserts et de compote de pommes, vous gagnerez du temps en utilisant un éplucheur de pomme et vide-pomme.

INGRÉDIENTS

500 ml	eau	2 tasses
2,5 kg	pommes McIntosh ou Jersey Mac	5 lb
375 ml	sucre	1 ½ tasse

ÉTAPES

1. Verser l'eau dans une grande casserole. Peler les pommes, couper en tranches et déposer au fur et à mesure dans la casserole. Porter à ébullition, baisser le feu et cuire à feu moyen 10 minutes en remuant de temps à autre. Ajouter le sucre et cuire 5 minutes.

2. Entre-temps, mettre les couvercles des bocaux dans une casserole d'eau bouillante et réserver au chaud.

3. Remplir de compote des bocaux lavés mais non stérilisés jusqu'à 1 cm (½ po) du bord. À l'aide d'un papier absorbant humecté, essuyer le bord des bocaux.

4. Fermer les bocaux avec les couvercles et les déposer sur la grille dans la marmite en les espaçant. Couvrir d'eau chaude jusqu'à 2,5 cm (1 po) au-dessus des bocaux. Porter à ébullition et laisser bouillir 20 minutes. Retirer les bocaux de la marmite et laisser refroidir à température ambiante avant de ranger.

JUS DE POMME

**CUISSON
18 MINUTES**

INGRÉDIENT

Pommes McIntosh mûres

ÉTAPES

1. Couper les pommes, enlever le cœur puis les passer au hachoir à viande. Verser la pulpe dans une très grande passoire tapissée d'étamine placée dans un grand bol. Nouer les coins de l'étamine et suspendre au-dessus du bol. Laisser égoutter jusqu'à ce que l'écoulement de jus s'arrête.

2. Mettre les couvercles des bocaux dans une casserole d'eau bouillante, et réserver au chaud 10 minutes avant d'empoter.

3. Remplir de jus des bocaux lavés mais non stérilisés jusqu'à 1 cm (½ po) du bord. Essuyer le bord avec un papier absorbant humecté.

4. Fermer les bocaux avec les couvercles et les déposer sur la grille dans la marmite en les espaçant. Couvrir d'eau chaude jusqu'à 2,5 cm (1 po) au-dessus des bocaux. Porter à ébullition et laisser bouillir 18 minutes. Retirer les bocaux de la marmite et laisser refroidir à température ambiante avant de ranger.

TOMATES EN CONSERVE

CUISSON
40 MINUTES

Des recherches récentes ont démontré qu'il faut ajouter de l'acide ascorbique ou du jus de citron embouteillé aux tomates qu'on met en conserve, et ce, même si l'on utilise une marmite à pression. L'acide ascorbique peut être remplacé par 15 ml (1 c. à soupe) de jus de citron embouteillé pour un pot de 500 ml (2 tasses) ou par 30 ml (2 c. à soupe) pour un pot de 1 litre (4 tasses). La cuisson des bocaux de tomates peut être faite dans une marmite à pression pendant 10 minutes à 10 lb de pression.

INGRÉDIENTS

1 ml	acide ascorbique par pot de 500 ml (2 tasses)	¼ de c. à thé
ou		
2 ml	acide ascorbique par pot de 1 litre (4 tasses)	½ de c. à thé
2 ml	sel par pot de 500 ml (2 tasses)	½ de c. à thé
ou		
5 ml	sel par pot de 1 litre (4 tasses)	1 de c. à thé
	Eau bouillante	

ÉTAPES

1. Porter une casserole d'eau chaude à ébullition et blanchir quelques tomates à la fois de 30 à 60 secondes. Laisser refroidir immédiatement dans un bain d'eau froide.

2. Peler les tomates, enlever le cœur puis les déposer dans des bocaux lavés mais non stérilisés.

3. Mettre les couvercles des bocaux dans une casserole d'eau bouillante et réserver au chaud.

4. Dans des bocaux propres non stérilisés, déposer l'acide ascorbique et remplir de tomates jusqu'à 2,5 cm (1 po) du bord. Ajouter le sel et remplir d'eau bouillante jusqu'à 1 cm (½ po) du bord.

5. Passer un couteau autour des tomates pour éliminer les bulles d'air. Essuyer le bord avec un papier absorbant humecté.

6. Fermer les bocaux avec les couvercles et les déposer sur la grille dans la marmite en les espaçant. Couvrir d'eau chaude jusqu'à 2,5 cm (1 po) au-dessus des bocaux. Porter à ébullition et laisser bouillir 40 minutes. Retirer les bocaux de la marmite et laisser refroidir à température ambiante avant de ranger.

Marinades

Depuis quelques années les bocaux de marinades empotées sont mis à bouillir dans une marmite à l'eau bouillante plutôt que dans des bocaux stérilisés. Cette façon de procéder rencontre les nouvelles normes de sécurité pour préparer les marinades. Le vinaigre utilisé doit avoir un minimum de 5 % d'acide acétique.

KETCHUP AUX TOMATES MÛRES

DONNE ENVIRON 5 BOCAUX DE 500 ML (2 TASSES)	CUISSON 1 H 15 MIN

INGRÉDIENTS

24	tomates mûres (4 kg/9 lb), pelées et hachées	24
6	pommes, pelées et coupées en dés	6
6	gros oignons, en tranches	6
1	pied de céleri, en dés	1
60 ml	épices pour marinades, ensachées dans une étamine	¼ de tasse
10 ml	gros sel pour marinades	2 c. à thé
2 ml	clou de girofle moulu	½ c. à thé
2 ml	gingembre moulu	½ c. à thé
500 ml	vinaigre blanc	2 tasses
625 ml	cassonade	2 ½ tasses

ÉTAPES

1. Dans une grande casserole en acier inoxydable, porter tous les ingrédients à ébullition, sauf la cassonade. Baisser le feu et cuire à feu moyen 1 heure. Retirer le sachet d'épices. Ajouter la cassonade et poursuivre la cuisson jusqu'à ce que le ketchup soit suffisamment épais.

2. Remplir les bocaux chauds jusqu'à 1 cm (½ po) du bord. Essuyer le bord avec un papier absorbant humecté. Fermer les bocaux avec les couvercles et les déposer sur la grille dans la marmite en les espaçant.

3. Couvrir d'eau chaude jusqu'à 2,5 cm (1 po) au-dessus des bocaux. Porter à ébullition et laisser bouillir 15 minutes. Retirer les bocaux de la marmite et laisser refroidir à température ambiante avant de ranger.

KETCHUP VERT

DONNE ENVIRON 5 BOCAUX DE 500 ML (2 TASSES)	PRÉPARATION 1 H 30 MIN	REPOS 8 À 12 HEURES	CUISSON ENVIRON 3 HEURES

Le piment fort relève subtilement le goût de ce ketchup.

INGRÉDIENTS

20	tomates vertes, le cœur enlevé et coupées en deux, puis en tranches	20
30 ml	gros sel pour marinades	2 c. à soupe
1	piment rouge fort, épépiné et haché	1
1	poivron vert, épépiné et haché	1
6	oignons, hachés	6
6	branches de céleri, hachées	6
10	pommes, en dés	10
1 litre	vinaigre blanc	4 tasses
60 ml	épices pour marinades, ensachées dans une étamine	¼ de tasse
1,12 litre	cassonade	4 ½ tasses

ÉTAPES

1. Mettre les tomates dans une grande casserole en acier inoxydable et saupoudrer de sel. Laisser reposer 8 heures ou toute la nuit.

2. Égoutter les tomates et les remettre dans la casserole avec le reste des ingrédients, sauf la cassonade. Porter à ébullition. Baisser le feu et cuire à feu moyen 2 heures. Retirer le sachet d'épices, ajouter la cassonade et cuire de 30 à 60 minutes, jusqu'à ce que le ketchup soit suffisamment épais.

3. Remplir les bocaux chauds jusqu'à 1 cm (½ po) du bord. Essuyer le bord avec un papier absorbant humecté. Fermer les bocaux avec les couvercles et les déposer sur la grille dans la marmite en les espaçant.

4. Couvrir d'eau chaude jusqu'à 2,5 cm (1 po) au-dessus des bocaux. Porter à ébullition et laisser bouillir 15 minutes. Retirer les bocaux de la marmite et laisser refroidir à température ambiante avant de ranger.

CORNICHONS SUCRÉS TRANCHÉS (*BREAD AND BUTTER*)

DONNE ENVIRON 4 BOCAUX DE 500 ML (2 TASSES)	PRÉPARATION 45 MINUTES	REPOS 4 HEURES	CUISSON 20 MINUTES

Pour avoir des cornichons croustillants, assurez-vous d'acheter des cornichons très fermes au toucher. Les bouts renferment une enzyme qui les ramollit et c'est pourquoi on doit ôter une tranche de 3 mm (⅛ de po) à chaque extrémité.

INGRÉDIENTS

4 litres	cornichons de 8 cm (3 po)	16 tasses
4	oignons moyens	4
45 ml	gros sel pour marinades	3 c. à soupe
1,25 litre	glace concassée	5 tasses
500 ml	sucre	2 tasses
500 ml	vinaigre blanc	2 tasses
15 ml	graines de moutarde	1 c. à soupe
2 ml	curcuma moulu	½ c. à thé
2 ml	graines de céleri	½ c. à thé

ÉTAPES

1. Ôter une tranche de 3 mm (⅛ de po) à chaque bout des cornichons. Couper les cornichons et les oignons en tranches de 5 mm (¼ de po) d'épaisseur. Déposer les légumes dans un grand bol en verre ou en acier inoxydable. Ajouter le sel et la glace, puis remuer. Mettre un poids sur les légumes et laisser reposer 4 heures.

2. Égoutter les légumes, rincer à l'eau froide et bien égoutter.

3. Dans une grande casserole, porter à ébullition le reste des ingrédients. Ajouter les légumes, baisser le feu et laisser mijoter 2 minutes.

4. Remplir les bocaux chauds jusqu'à 1 cm (½ po) du bord. Essuyer le bord avec un papier absorbant humecté. Fermer les bocaux avec les couvercles et les déposer sur la grille dans la marmite en les espaçant.

5. Couvrir d'eau chaude jusqu'à 2,5 cm (1 po) au-dessus des bocaux. Porter à ébullition et laisser bouillir 15 minutes. Retirer les bocaux de la marmite et laisser refroidir à température ambiante avant de ranger.

CORNICHONS À L'ANETH

DONNE 7 BOCAUX DE 1 LITRE (4 TASSES)	PRÉPARATION 1 HEURE	REPOS 12 HEURES	CUISSON 20 MINUTES

Une fois cueillis, les cornichons ramollissent rapidement. N'hésitez pas à les tâter pour vérifier leur fermeté avant de les acheter.

INGRÉDIENTS

2	paniers de 3 litres de petits cornichons de 5 cm (2 po)	2
	Eau froide	
1 litre	vinaigre	4 tasses
3 litres	eau froide	12 tasses
250 ml	gros sel pour marinades	1 tasse
125 ml	graines de moutarde	½ tasse
	Branches d'aneth frais	

ÉTAPES

1. Laver et brosser les cornichons, puis les mettre dans un très grand bol. Couvrir d'eau très froide et laisser reposer environ 12 heures. Égoutter.

2. Dans une grande casserole, mettre le vinaigre, l'eau, le sel et les graines de moutarde. Porter à ébullition et laisser bouillir 10 minutes. Réserver au chaud. Tailler des brins d'aneth avec les ciseaux avant de commencer à empoter.

3. Mettre un brin d'aneth dans chaque pot. Remplir de cornichons jusqu'à 2,5 cm (1 po) du bord en les tassant et insérer un autre brin d'aneth. Remplir les bocaux de la préparation de vinaigre jusqu'à 1 cm (½ po) du bord. Essuyer le bord avec un papier absorbant humecté. Fermer les bocaux avec les couvercles et les déposer sur la grille dans la marmite en les espaçant.

4. Couvrir d'eau chaude jusqu'à 2,5 cm (1 po) au-dessus des bocaux, porter à ébullition et laisser bouillir 10 minutes. Retirer les bocaux de la marmite et laisser refroidir à température ambiante avant de ranger. On doit attendre 1 mois avant de les manger.

BETTERAVES MARINÉES

DONNE 4 À 5 BOCAUX DE 500 ML (2 TASSES)	PRÉPARATION 45 MINUTES	CUISSON 40 MINUTES

INGRÉDIENTS

6	clous de girofle	6
1	bâton de cannelle	1
625 ml	vinaigre blanc	2 ½ tasses
125 ml	eau	½ tasse
310 ml	sucre	1 ¼ tasse
15 ml	gros sel pour marinades	1 c. à soupe
2 kg	betteraves de 5 cm (2 po) de diamètre, cuites, pelées et coupées en tranches de 5 mm (¼ de po)	4 lb
3	oignons, en tranches	3

ÉTAPES

1. Ensacher les clous de girofle et la cannelle dans une étamine.

2. Dans une grande casserole en acier inoxydable, à feu moyen, porter à ébullition le vinaigre, l'eau, le sucre, le sel et le sachet d'épices en remuant de temps à autre. Ajouter les betteraves et les oignons. Baisser le feu et laisser mijoter 5 minutes.

3. Remplir les bocaux chauds jusqu'à 1 cm (½ po) du bord. Passer un couteau autour des betteraves pour éliminer les bulles d'air. Essuyer le bord avec un papier absorbant humecté. Fermer les bocaux avec les couvercles et les déposer sur la grille dans la marmite en les espaçant.

4. Couvrir d'eau chaude jusqu'à 2,5 cm (1 po) au-dessus des bocaux. Porter à ébullition et laisser bouillir 30 minutes. Retirer les bocaux de la marmite et laisser refroidir à température ambiante avant de ranger.

GELÉE DE POIVRONS

DONNE 6 BOCAUX DE 250 ML (1 TASSE)	**PRÉPARATION 30 MINUTES**	**CUISSON 15 MINUTES**

Une belle gelée limpide parsemée de poivrons rouges et verts. Elle est délicieuse sur des craquelins recouverts de fromage à la crème ou comme condiment pour le poulet, le veau ou le porc. Les amateurs de mets piquants pourront remplacer une petite partie des poivrons par du piment fort.

INGRÉDIENTS

250 ml	poivron rouge, en dés de 5 mm (¼ de po)	1 tasse
250 ml	poivron vert, en dés de 5 mm (¼ de po)	1 tasse
175 ml	vinaigre blanc	¾ de tasse
60 ml	eau froide	¼ de tasse
125 ml	jus de citron frais (environ 3 citrons)	½ tasse
1,25 litre	sucre	5 tasses
2	sachets de pectine liquide du commerce (150 ml/⅔ de tasse)	2

ÉTAPES

1. Dans une grande casserole en acier inoxydable, mettre les poivrons, le vinaigre, l'eau et le jus de citron. Incorporer le sucre peu à peu et bien mélanger à l'aide d'une cuillère en bois. Porter à ébullition à feu moyen en remuant de temps à autre et cuire 3 minutes.

2. Retirer du feu, incorporer la pectine et remuer 2 minutes.

3. Remplir les bocaux chauds jusqu'à 1 cm (½ po) du bord. Essuyer le bord avec un papier absorbant humecté. Fermer les bocaux avec les couvercles et les déposer sur la grille dans la marmite en les espaçant.

4. Couvrir d'eau chaude jusqu'à 2,5 cm (1 po) au-dessus des bocaux. Porter à ébullition et laisser bouillir 5 minutes. Retirer les bocaux de la marmite et laisser refroidir à température ambiante avant de ranger.

SAUCE CHILI

DONNE 6 BOCAUX DE 250 ML (1 TASSE)	**PRÉPARATION 1 HEURE**	**CUISSON ENVIRON 2 H 30 MIN**

Cette sauce est délicieuse pour accompagner la fondue chinoise (page 219) ou préparer la sauce rosée du cocktail de fruits de mer (page 55).

INGRÉDIENTS

3	litres de tomates (italiennes de préférence), pelées, le cœur enlevé	12 tasses
2	oignons, hachés finement	2
2	poivrons rouges, hachés finement	2
125 ml	eau (facultatif)	½ tasse
500 ml	vinaigre blanc	2 tasses
30 ml	gros sel	2 c. à soupe
45 ml	sucre blanc	3 c. à soupe
45 ml	cassonade	3 c. à soupe
75 ml	sirop de maïs	⅓ de tasse
½	piment rouge fort	½
1	gousse d'ail, pelée	1
7 ml	graines de moutarde	1 ½ c. à thé
5 ml	clou de girofle entier	1 c. à thé
10 ml	morceaux de cannelle	2 c. à thé
6 ml	piment de la Jamaïque entier	1 ¼ c. à thé
7 ml	graines de céleri	1 ½ c. à thé
3 ml	grains de poivre entiers	¾ de c. à thé

ÉTAPES

1. Dans une grande casserole en acier inoxydable, à feu moyen, cuire les tomates, les oignons et les poivrons jusqu'à ce que les oignons soient transparents. (Ajouter de l'eau si les légumes collent au fond de la casserole.) Ajouter le vinaigre, le sel, le sucre, la cassonade et le sirop de maïs. Cuire à feu moyen en remuant de temps à autre.

2. Entre-temps, mettre le reste des ingrédients sur une étamine et ficeler pour former un sachet. Déposer dans la casserole et cuire 1 h 30 min en pressant le sachet contre la paroi de la casserole de temps à autre pour extraire la saveur des épices.

3. Retirer le sachet d'épices et cuire jusqu'à ce que la sauce soit suffisamment épaisse (il ne doit pas rester de liquide lorsqu'on en dépose un peu dans une assiette).

4. Remplir les bocaux chauds jusqu'à 1 cm (½ po) du bord. Essuyer le bord avec un papier absorbant humecté. Fermer les bocaux avec les couvercles et les déposer sur la grille dans la marmite en les espaçant.

5. Couvrir d'eau chaude jusqu'à 2,5 cm (1 po) au-dessus des bocaux. Porter à ébullition et laisser bouillir 10 minutes. Retirer les bocaux de la marmite et laisser refroidir à température ambiante avant de ranger. Attendre 2 semaines avant de consommer.

Confitures

Les confitures sont empotées dans des bocaux préalablement stérilisés. De nouvelles normes exigent de déposer les bocaux empotés dans une marmite d'eau bouillante et de les faire bouillir pendant quelques minutes.

Les proportions de sucre et de fruits fournies dans les recettes de confitures doivent être respectées rigoureusement afin d'éviter tout risque de contamination.

On doit impérativement respecter les quantités d'ingrédients des recettes de confitures, de gelées et de marmelades. Doubler ou tripler les ingrédients allonge le temps de cuisson et altère le goût des recettes.

CONFITURE DE FRAMBOISES

DONNE 8 BOCAUX DE 250 ML (1 TASSE)	PRÉPARATION 10 MINUTES	CUISSON ENVIRON 20 MINUTES

Si vous préférez une confiture plus liquide, il suffit d'omettre la pectine.

INGRÉDIENTS

500 ml	eau	2 tasses
1,5 litre	sucre	6 tasses
2 litres	framboises fraîches ou surgelées	8 tasses
1	sachet de pectine de 85 ml	1

ÉTAPES

1. Stériliser les bocaux.
2. Dans une grande casserole en acier inoxydable, faire bouillir l'eau et le sucre jusqu'à ce que le thermomètre indique 104 °C (220 °F) ou que le sirop forme un fil lorsqu'on le laisse tomber de la cuillère.
3. Ajouter les framboises et laisser bouillir 10 minutes sans remuer. Écumer la surface.
4. Retirer du feu et incorporer la pectine en remuant sans cesse pendant 1 minute.
5. Remplir les bocaux chauds stérilisés jusqu'à 1 cm (½ po) du bord. Essuyer le bord avec un papier absorbant humecté. Fermer les bocaux avec les couvercles et les déposer sur la grille dans la marmite en les espaçant.
6. Couvrir d'eau chaude jusqu'à 2,5 cm (1 po) au-dessus des bocaux. Porter à ébullition et laisser bouillir 5 minutes. Retirer les bocaux de la marmite et laisser refroidir à température ambiante avant de ranger.

MARMELADE D'AGRUMES

DONNE 3 BOCAUX DE 250 ML (1 TASSE)	PRÉPARATION 1 HEURE	REPOS 36 HEURES	CUISSON 2 H 30 MIN	RÉFRIGÉRATION 32 HEURES

INGRÉDIENTS

1	orange	1
1	citron	1
1	pamplemousse blanc	1
1 litre	eau froide	4 tasses
530 ml	sucre	2 tasses + 2 c. à soupe

ÉTAPES

1. Laver les fruits. Couper l'orange et le citron en quatre sur la longueur afin de pouvoir les trancher sur la largeur. Trancher le plus mince possible en réservant les pépins. Déposer dans une grande casserole en acier inoxydable.

2. À l'aide d'un petit couteau, prélever le zeste du pamplemousse (sans la partie blanche) et le couper en très fines languettes de 2,5 cm (1 po) de longueur. Ôter et jeter la peau blanche qui recouvre la chair. Couper le pamplemousse en quatre sur la longueur, puis le couper en tranches fines en réservant les pépins. Mettre le zeste, la chair et l'eau dans la casserole.

3. Ensacher les pépins dans un petit morceau d'étamine, ficeler et enfouir dans la préparation. Couvrir et réfrigérer pendant 8 heures ou toute la nuit.

4. À feu moyen, porter les fruits à ébullition. Baisser le feu et laisser mijoter à feu très doux pendant 2 heures. Réfrigérer 24 heures.

5. Stériliser les bocaux.

6. Incorporer le sucre aux fruits à l'aide d'une cuillère en bois. Porter à ébullition à feu moyen en remuant fréquemment et cuire sans remuer jusqu'à ce que le thermomètre indique 104 °C (220 °F). On peut aussi vérifier s'il y a formation de gelée en déposant une petite quantité de marmelade dans une assiette qu'on mettra au congélateur 2 minutes. Enlever le sachet de pépins.

7. Remplir les bocaux chauds stérilisés jusqu'à 1 cm (½ po) du bord. Essuyer le bord avec un papier absorbant humecté. Fermer les bocaux avec les couvercles et les déposer sur la grille dans la marmite en les espaçant. Couvrir d'eau chaude jusqu'à 2,5 cm (1 po) au-dessus des bocaux. Porter à ébullition et laisser bouillir 5 minutes. Retirer les bocaux de la marmite et laisser refroidir à température ambiante.

CONFITURE DE FRAISES

DONNE ENVIRON 3 BOCAUX DE 250 ML (1 TASSE)	PRÉPARATION 10 MINUTES	REPOS 12 HEURES	CUISSON ENVIRON 20 MINUTES

INGRÉDIENTS

1 litre	fraises, coupées en deux ou en quatre selon la grosseur	4 tasses
750 ml	sucre	3 tasses
60 ml	jus de citron frais	¼ de tasse

ÉTAPES

1. Dans une grande casserole en acier inoxydable, déposer les fraises en alternant avec le sucre. Laisser macérer toute la nuit.

2. Stériliser les bocaux.

3. À feu moyen, à l'aide d'une cuillère en bois, remuer jusqu'à ce que le sucre soit complètement dissous. Laisser bouillir 10 minutes sans remuer. Pendant la cuisson, écumer la surface de la confiture. Retirer du feu et incorporer le jus de citron.

4. Remplir les bocaux chauds stérilisés jusqu'à 1 cm (½ po) du bord. Essuyer le bord avec un papier absorbant humecté. Fermer les bocaux avec les couvercles et les déposer sur la grille dans la marmite en les espaçant.

5. Couvrir d'eau chaude jusqu'à 2,5 cm (1 po) au-dessus des bocaux. Porter à ébullition et laisser bouillir 5 minutes. Retirer les bocaux de la marmite et laisser refroidir à température ambiante avant de ranger.

EXTRAIT DE VANILLE

DONNE 60 ML (¼ DE TASSE) | **PRÉPARATION 5 MINUTES**

L'arôme de la vanille provient des minuscules graines noires présentes à l'intérieur de la gousse. Une fois qu'on les a utilisés pour faire de l'extrait, les morceaux de gousse peuvent servir à préparer une crème pâtissière ou une sauce au chocolat. Il suffit de les ajouter au moment de la cuisson et de les retirer une fois celle-ci terminée.

INGRÉDIENTS

1	gousse de vanille	1
45 ml	vodka ou brandy	3 c. à soupe

ÉTAPE

1. Couper la gousse en deux sur la longueur, puis la couper en morceaux de 2,5 cm (1 po). Déposer dans une petite bouteille de verre et ajouter l'alcool. Fermer et remuer vigoureusement. Remuer tous les jours pendant 5 jours. Laisser macérer pendant 2 autres semaines avant utilisation.

HERBES SALÉES

DONNE ENVIRON 4 BOCAUX DE 250 ML (1 TASSE)	PRÉPARATION 30 MINUTES

La conservation des aliments par le sel est une technique ancienne qui remonte à l'Antiquité. Au Québec, cette tradition est toujours bien vivante et donne une saveur inégalée à la soupe aux légumes, la soupe aux pois, le bouilli de légumes, la purée de pommes de terre, les tourtières et les ragoûts.

INGRÉDIENTS

250 ml	ciboulette fraîche, hachée	1 tasse
250 ml	persil frais, haché	1 tasse
250 ml	vert de poireau, haché	1 tasse
250 ml	oignons verts (partie verte), hachés	1 tasse
500 ml	feuilles de céleri, hachées	2 tasses
125 ml	sarriette d'hiver, hachée	½ tasse
ou		
30 ml	sarriette séchée	2 c. à soupe
500 ml	gros sel pour marinades (environ)	2 tasses

ÉTAPES

1. Dans un grand bol, mélanger tous les ingrédients, sauf le sel. Dans des bocaux en verre, déposer 1 cm (½ po) d'herbes et saupoudrer de sel jusqu'à ce qu'elles ne soient presque plus visibles. Répéter cette étape quelques fois en remplissant les bocaux jusqu'à 1 cm (½ po) du bord. Fermer les bocaux. Conservation : 1 an au réfrigérateur.

2. Pour utiliser les herbes salées, les déposer dans un tamis et les rincer abondamment à l'eau froide jusqu'à ce qu'il ne reste presque plus de sel. Utiliser de 15 à 30 ml (1 à 2 c. à soupe) d'herbes rincées pour un plat de 4 portions.

CONGÉLATION

- La durée de conservation indiquée est valable pour les congélateurs avec givre fabriqués expressément pour la congélation des aliments.

- Le compartiment de congélation du réfrigérateur n'est pas recommandé pour la congélation, mais on peut tout de même y conserver des soupes et des plats en sauce environ 2 mois.

- Les préparations qui contiennent de l'ail cru prennent un goût rance au congélateur, tandis que celles qui contiennent du poivron prennent une saveur de poivron plus intense.

- Ne congelez pas des plats qui contiennent des morceaux de pommes de terre.

- Pour blanchir des fruits ou des légumes, plongez-les dans une casserole d'eau à pleine ébullition ou faites-les cuire à la vapeur.

- Les aliments doivent être emballés dans du papier à congélation, du papier d'aluminium et des sacs conçus pour la congélation. Il est important d'éliminer l'air complètement pour éviter qu'il les dessèche.

Voici la liste des aliments que je congèle. J'ai indiqué la façon de les préparer et de les décongeler ainsi que leur durée de conservation.

FRUITS

Bleuets
Ne pas laver et utiliser sans décongeler.
Conservation : 1 an.

Canneberges
Congeler dans leur emballage et utiliser sans décongeler.
Conservation : 1 an.

Citrons
Congeler le zeste et le jus séparément. Presser le jus et verser dans un « sac glaçons » en plastique qui sert à faire congeler des glaçons. On peut s'en procurer dans les supermarchés. Puisque le sac glaçons devient collant, on le congèle d'abord sur une plaque et on le met dans un second sac. Un cube équivaut à environ 1 c. à soupe (15 ml). **Conservation :** 1 an.

Fraises
Congeler sans les nettoyer, sauf s'il y a de la terre. Équeuter et placer dans des contenants de plastique ou déposer sur des plaques en les espaçant pour les congeler. Cela facilitera le mesurage.
Conservation : 8 mois.

Framboises
Ne pas laver et congeler dans des contenants de plastique.
Conservation : 1 an.

Rhubarbe
Enlever les feuilles et les bouts, puis couper les tiges en tronçons de 2,5 cm (1 po). Ranger dans des sacs de plastique. Ne pas décongeler avant utilisation.
Conservation : 1 an.

LÉGUMES

Brocoli et chou-fleur
Séparer en bouquets de même grosseur et peler la tige. Blanchir 3 minutes, refroidir, égoutter sur des linges propres. Congeler sur une plaque et déposer dans des sacs. Ne pas décongeler avant de faire cuire.
Conservation : 1 an.

Choux de Bruxelles
Faire une incision en croix de 5 mm (¼ de po) à la base des choux et procéder comme pour le brocoli.
Conservation : 1 an.

Herbes fraîches
Les herbes congelées perdent de la saveur, mais elles sont tout de même utiles quand on a rien d'autre sous la main. Laver, éponger avec soin et hacher avant de mettre dans des petits contenants de plastique. Ne pas décongeler avant utilisation.
Conservation : 6 mois.

Petits pois frais
Congeler de préférence les pois le jour même de leur cueillette. Il ne sera pas nécessaire de les blanchir. Les pois cueillis avant sont blanchis 1 minute. Ne pas décongeler avant de faire cuire.
Conservation : 6 mois.

Poireau
Congeler séparément la partie blanche et la partie verte sans les blanchir. Hacher la partie blanche et congeler dans des sacs. Hacher grossièrement la partie verte et utiliser dans les bouillons. Ne pas décongeler avant de faire cuire.
Conservation : 1 an.

Poivrons
Nettoyer, évider et couper en morceaux de 2,5 cm (1 po). Congeler côté peau sur une plaque avant de déposer dans des contenants. Décongeler quelques minutes pour les hacher. On peut aussi congeler des demi-poivrons évidés prêts à farcir. Ne pas décongeler avant utilisation.
Conservation : 1 an.

VIANDES ET VOLAILLE

Les viandes et la volaille doivent être décongelées au réfrigérateur.

Agneau
Conservation : 3 mois.

Bœuf
Steaks et rôtis se conservent 1 an ; le bœuf haché, 6 mois.

Foie et abats
Emballer par portions.
Conservation : 2 mois.

Porc et veau
Conservation : 6 mois.

Viandes salées et fumées
Le sel présent dans les viandes altère leur saveur si la congélation est trop longue.
Conservation : 3 à 4 semaines.

Volaille
Conservation : volaille entière, 6 mois ; volailles en morceaux, 3 mois.

POISSONS ET FRUITS DE MER

Fruits de mer
Les crevettes peuvent être congelées crues ou cuites et les crabes et les homards se congèlent cuits, avec ou sans carapace. Décongeler partiellement au réfrigérateur. Cuire les homards entiers dans l'eau bouillante salée pendant quelques minutes.
Conservation : 3 mois.

Poissons à chair blanche
Conservation : 6 mois.

Poissons fumés
Décongeler partiellement avant de couper en tranches.
Conservation : 3 mois.

Truite et saumon
Mettre la truite dans un sac de plastique à fermeture hermétique, ajouter de l'eau froide et congeler à plat sur une plaque. Décongeler au réfrigérateur ou à l'eau froide.
Conservation : 3 à 6 mois.

AUTRES

Bouillons et soupes
Conservation : 1 an.

Fromages
Congeler les fromages à pâte ferme et demi-ferme (ex. : cheddar, oka, mozzarella, suisse) en morceaux de 225 g (8 oz) ou râpé.
Conservation : 3 mois.

Gâteaux cuits
Conservation : 1 à 2 mois.

Mets cuisinés
Conservation : ragoût et mets en sauce, 1 an ; viandes cuites, 1 mois.

Pains et pâtes à pizza
Congeler le pain cuit. Congeler la pâte à pizza sans garniture de la façon suivante : badigeonner la pâte à pizza non cuite d'un peu de sauce tomate et la cuire au four à 200 °C (400 °F) pendant 5 minutes avant de la congeler. Napper la pâte congelée de sauce et la garnir au goût avant de la faire cuire au four.
Conservation : 3 à 6 mois.

Tartes et pâtés
Les tartes et pâtés cuits se congèlent mieux que ceux qui n'ont pas été cuits au préalable. Les pâtés cuits se congèlent pendant 1 an. Décongeler les tartes aux fruits à température ambiante. Mettre les pâtés de viande et de volaille au four sans les faire décongeler et cuire à 180 °C (350 °F) environ 45 minutes.

INDEX

A

Agneau
Baeckeoffe alsacien	173
Côtelettes d'agneau à l'orange	171
Feuilles de vigne farcies à l'agneau	174
Gigot d'agneau rôti	172

Aiglefin, *Voir* Poissons

Ail
Ail confit au four	75
Beurre d'ail	236
Courgettes à l'ail	77
Croûtons à l'ail maison	244
Rôti de porc à l'ail et à la marjolaine	183

Amandes, *Voir* Noix et *Voir* Poudre d'amandes

Ananas
Gâteau aux carottes et à l'ananas	280

Anchois, *Voir* Poissons

Aneth
Cornichons à l'aneth	389

Arachides
Carrés glacés à la crème fouettée, au chocolat et aux arachides	359

Asperges
Garniture aux asperges (pour omelette)	64
Quiche au jambon et aux asperges	65

Aubergine
Aubergine panée	76
Aubergine parmigiana	76

Avocat
Guacamole	51
Salade de maïs et d'avocat	252

Avoine
Barres tendres	312
Biscuits hollandais à la noix de coco	296
Carrés aux pommes	306

B

Babeurre
Gâteau au chocolat	273
Muffins aux bananes et au son	332
Pains à la rhubarbe	335
Sauce ranch au babeurre	238

Bacon, *Voir* Porc

Banane
Muffins aux bananes et au son	332
Pain aux bananes et aux pacanes	338

Barbote, *Voir* Poissons

Basilic
Pesto	111
Champignons au pesto	111
Tomates au pesto	111
Vinaigrette au pesto	111

Betterave
Betteraves marinées	390
Salade de betteraves	247

Beurre
Beurre d'ail	236
Beurre de safran	237
Biscuits au beurre	293
Crème au beurre	286
Gâteau blanc	272
Sauce béarnaise au mélangeur	234
Sauce hollandaise au mélangeur	231

Beurre d'arachide
Biscuits au beurre d'arachide	298

Bière
Bœuf à la bière	216
Jambon au four	206

Blé, *Voir* Son de blé

Bleuets, *Voir* Fruits et petits fruits

Bœuf
Baeckeoffe alsacien	173
Bœuf à la bière	216
Bœuf bouilli	211
Bœuf bourguignon	213
Bœuf braisé	208
Bœuf rôti	207
Bouilli de bœuf à la créole	211
Bouillon de bœuf	23
Chili	217
Cipâte gaspésien	222

Émincé de bœuf à la chinoise	**220**	
Filets de bœuf grillés, sauce rosée	**214**	
Fondue chinoise	**219**	
Goulache de bœuf	**212**	
Lasagne	**112**	
Pain de viande aux tomates de maman	**192**	
Petits pains à la viande	**263**	
Salade de rôti de bœuf et de poivrons	**255**	
Sauce à spaghetti au bœuf et au bacon	**105**	
Sauce tomate à la viande	**229, 376**	
Soupe aux légumes et aux boulettes de bœuf	**35**	
Soupe tonkinoise (Pho Tai)	**34**	
Tourtière	**191**	

Boulgour

Taboulé	**256**

Brocoli

Casseroles de raclette	**70**
Émincé de bœuf à la chinoise	**220**
Poulet à la chinoise	**158**

C

Cacao

Gâteau au chocolat	**273**
Glaçage au chocolat	**286**
Sauce au chocolat	**288**
Sirop au chocolat	**15**

Canard, *Voir* Volailles

Câpres

Filets de poisson poêlés avec crevettes et amandes	**126**
Vinaigrette César	**239**

Cari

Poulet au cari	**153**
Trempette au cari	**50**

Carotte

Antipasto de légumes marinés	**42**
Gâteau aux carottes et à l'ananas	**280**
Poulet braisé aux légumes-racines	**145**
Soupe aux légumes	**35**

Cassonade

Brioches au caramel	**327**
Côtes levées à la chinoise	**202**
Gâteau aux dattes	**278**
Ketchup aux tomates mûres	**385**
Ketchup vert	**386**
Mini-tartelettes aux noix	**354**
Sauce au sucre à la crème	**289**
Sucre à la crème	**316**
Tarte au sucre	**352**

Céleri

Antipasto de légumes marinés	**42**
Casserole de riz sauvage	**99**
Herbes salées	**399**
Soupe aux légumes	**35**

Cerises, *Voir* Fruits et petits fruits

Cerises (confiture)

Magret de canard au porto et aux cerises	**164**

Champignons

Bœuf bourguignon	**213**
Champignons à la bourguignonne	**44**
Champignons au pesto	**111**
Crème de champignons	**30**
Émincé de bœuf à la chinoise	**220**
Garniture forestière (pour omelette)	**64**
Salade de champignons et d'olives	**248**

Chocolat

Barres aux brisures de chocolat	**309**
Barres tendres	**312**
Biscuits aux brisures de chocolat	**294**
Brownies	**303**
Carrés glacés à la crème fouettée, au chocolat et aux arachides	**359**
Cerises au chocolat	**321**
Galettes au chocolat	**301**
Muffins au chocolat	**333**
Petits gâteaux au chocolat fondant	**285**
Souris chocolatées	**318**

Chou

Chou et oignons sautés	**77**
Pâtés impériaux	**199**
Salade de chou crémeuse	**245**
Soupe au chou	**23**

Choucroute

Choucroute garnie	**203**

Chou-fleur

Antipasto de légumes marinés	**42**

Citron

Boisson chaude au citron	**16**
Marmelade d'agrumes	**394**
Sauce au citron	**289**
Sirop de limonade	**16**
Thé glacé	**17**

Citrouille

Galettes à la citrouille	**302**
Purée de citrouille	**81**
Tarte à la citrouille	**346**

Concombre

Tzatziki	**189**

Confiture

Bûche de Noël	**271**
Gâteau roulé	**271**
trucs	**393**

Congélation, trucs — **401**

Conserves — **368**

Haricots jaunes ou verts	**372**
Pêches	**378**
Poires	**378**
Sirop pour fruits en conserve	**377**
Tomates en conserve	**382**
trucs	**368, 370**

Cornichon

Cornichons à l'aneth	**389**
Cornichons sucrés tranchés (*bread and butter*)	**388**
Sauce tartare	**233**

Courgettes

Courgettes à l'ail	**77**
Frittata aux courgettes	**67**
Pains aux courgettes	**336**
Potage aux courgettes	**31**
Tarte aux courgettes	**69**

Couscous

Couscous au poulet	**151**
Salade de couscous au poulet	**257**
Tajine végétarien aux noix et aux fruits séchés	**101**

Crabe, *Voir* Fruits de mer

Crème

Carrés glacés à la crème fouettée, au chocolat et aux arachides	**359**
Choux à la crème	**360**
Côtelettes de porc, sauce moutarde à la crème	**185**
Crème de poireaux	**31**
Crème fouettée	**362**
Crème irlandaise	**18**
Filets de bœuf grillés, sauce rosée	**214**
Gâteau Forêt-Noire	**279**
Laitue à la crème	**245**
Pâtes aux crevettes et aux pétoncles, sauce rosée	**114**
Poitrines de poulet sautées à la crème	**154**
Quiche lorraine	**65**
Sauce au sucre à la crème	**289**
Sucre à la crème	**316**
Veau à la crème	**180**

Crème sure

Gâteau au fromage	**284**

Crevette, *Voir* Fruits de mer

D

Dattes

Carrés aux dattes meringués	**308**
Gâteau aux dattes	**278**

Doré, *Voir* Poissons

E

Épinards

Œufs pochés, sauce tomate et épinards	**60**

Estragon

Poulet rôti à l'estragon	**146**
Rôti de veau à l'estragon	**177**

F

Faisan, *Voir* Volailles

Fenouil

Fenouil braisé	**78**

Foie

Pâté de foie	**46**

Fraises, *Voir* Fruits et petits fruits

Framboises, *Voir* Fruits et petits fruits

Fromage

Crêpes aux pommes de terre au fromage Oka	**83**
Croque-monsieur mauriciens	**267**
Déjeuner campagnard	**62**
Garniture mexicaine (pour omelette)	**64**
Gâteau au fromage	**284**
Gratins de poulet	**159**
Jambon, sauce au fromage suisse	**205**
Lasagne	**112**
Macaroni au jambon	**113**
Quiche lorraine	**65**
Riz au safran à la milanaise	**98**
Salade de chèvre chaud	**47**
Salade grecque	**253**
Sauce béchamel au fromage	**228**
Soupe à l'oignon gratinée	**29**
Soupe aux lentilles	**36**
Tarte aux tomates	**68**

Fruits de mer

Bouillabaisse	120
Brochettes de pétoncles et de crevettes	137
Céviché	49
Cocktail de fruits de mer	55
Crevettes nordiques, sauce au vin blanc	136
Filets de poisson poêlés avec crevettes et amandes	126
Homard bouilli	121
Huîtres Casino	141
Huîtres Rockefeller	140
Moules marinière	138
Pâtes aux crevettes et aux pétoncles, sauce rosée	114
Riz frit	100
Salade-sushi aux crevettes	258
Spaghetti aux palourdes	108

Fruits et petits fruits

Cerises au chocolat	321
Compote de fraises et de rhubarbe	363
Confiture de fraises	396
Confiture de framboises	393
Gâteau au fromage	284
Gâteau streusel aux bleuets	274
Gelée aux fraises express	366
Gelée aux framboises express	366
Mousse aux fraises	365
Muffins aux bleuets	334
Pains aux courgettes	336
Pouding aux bleuets	357
Sauce aux bleuets	288
Sauce aux fraises	288
Smoothie aux petits fruits	18
Tarte aux bleuets	348
Tarte aux raisins secs de maman	351

G

Germes de haricots

Chop suey au porc	200
Chop suey au poulet	200
Poulet à la chinoise	158
Soupe tonkinoise (Pho Tai)	34

Gingembre

Biscuits au gingembre	295

Glaçage au chocolat

Bûche de Noël	271

Gombo, *Voir* Okra

Gourganes, *Voir* Légumineuses

Gruau

Crêpes au gruau	90

Voir aussi Avoine

H

Haricots, *Voir* Légumineuses

Herbes salées

Tourtière	191

Homard, *Voir* Fruits de mer

Huile

Mayonnaise au mélangeur	233
Vinaigrette à l'huile de noisette	241
Vinaigrette à l'huile de tournesol et au vinaigre de cidre	241
Vinaigrette au vinaigre balsamique	241
Vinaigrette au vinaigre de vin blanc	241
Vinaigrette au vinaigre de vin rouge	241

Huîtres, *Voir* Fruits de mer

J

Jambon

Casseroles de raclette	70
Déjeuner campagnard	62
Jambon au four	206
Jambon, sauce au fromage suisse	205
Macaroni au jambon	113
Œufs bénédictine	60
Quiche au jambon et aux asperges	65
Salade de macaronis au jambon	260
Tartinade pour sandwichs au jambon	264

L

Lait

Beignes	358
Chaudrée de maïs	39
Chaudrée de poisson	37
Crème de champignons	30
Crêpes françaises minces	92
Gâteau blanc	272
Gratins de poulet	159
Jambon, sauce au fromage suisse	205
Pâté au poulet	159
Sauce béchamel	228
Sauce béchamel au fromage	228
Sauce béchamel au saumon	228
Sauce béchamel aux oignons	228
Soupe aux tomates et au lait	26

Laitue

Laitue à la crème	245
Salade César classique	244
Salade de chèvre chaud	47

Lard salé

Bœuf bouilli	211
Bœuf bourguignon	213
Bouilli de poulet	147
Cipâte gaspésien	222
Coq au vin	148
Faisan braisé au vin rouge	163
Fèves au lard	94
Pâté de foie	46
Soupe au chou	23
Soupe aux pois	27

Légumineuses

Chili	217
Farfalles aux pois chiches et au bacon	106
Fèves au lard	94
Fèves au lard végétariennes	94
Houmous	54
Salade de fèves égyptienne	97
Salade de pois chiches	251
Soupe au pistou	32
Soupe aux gourganes	25
Soupe aux lentilles	36
Soupe aux pois	27
Tajine végétarien aux noix et aux fruits séchés	101

Lentilles, *Voir* Légumineuses

Lièvre

Pâté au lièvre	195

M

Maïs

Chaudrée de maïs	39
Salade de maïs et d'avocat	252

Marinades 385

Marjolaine

Rôti de porc à l'ail et à la marjolaine	183

Mayonnaise

Cocktail de fruits de mer	55
Mayonnaise minceur	233
Mousse au saumon	57
Œufs farcis	61
Salade de chou crémeuse	245
Sauce moutarde	233
Sauce ranch au babeurre	238
Sauce rosée	233
Sauce tartare	233
Trempette au cari	50
Vinaigrette César	239

Mélasse

Galettes au sirop	299
Gâteau à la mélasse	283
Tire Sainte-Catherine	314

Mijoteuse

Bœuf à la bière	216
Bœuf bourguignon	213
Bœuf braisé	208
Côtes levées à la chinoise	202
Fèves au lard	94
Jambon au four	206
Petits pains à la viande	263
Poulet au cari	153
Soupe aux lentilles	36
Soupe aux pois	27

Morue, *Voir* Poissons

Moules, *Voir* Fruits de mer

Moutarde

Côtelettes de porc, sauce moutarde à la crème	185
Filets de sole à la moutarde de Meaux	133
Salade de pommes de terre à la moutarde de Meaux	246
Sauce moutarde	233

N

Navet

Poulet braisé aux légumes-racines	145

Noisettes (huile)

Vinaigrette à l'huile de noisette	241

Noix

Barres tendres	312
Bonbons aux noix à la pâte d'amande	311
Carrés aux noix	304
Filets de doré amandine	124
Filets de poisson poêlés avec crevettes et amandes	126
Galettes à la citrouille	302
Gâteau Forêt-Noire	279
Mini-tartelettes aux noix	354
Pain aux bananes et aux pacanes	338
Pains aux courgettes	336
Sucre à la crème	316
Tajine végétarien aux noix et aux fruits séchés	101
Tarte aux pacanes	349

Noix de coco

Biscuits hollandais à la noix de coco	**296**

Noix de Grenobles, *Voir* Noix

Œufs

Crêpes françaises minces	**92**
Déjeuner campagnard	**62**
Frittata aux courgettes	**67**
Mayonnaise au mélangeur	**233**
Œufs bénédictine	**60**
Œufs durs	**61**
Œufs farcis	**61**
Œufs pochés	**60**
Œufs pochés, sauce tomate et épinards	**60**
Omelette française	**64**
Pâtes alimentaires au robot culinaire	**104**
Quiche lorraine	**65**
Sauce béarnaise au mélangeur	**234**
Sauce hollandaise au mélangeur	**231**

Okra

Gombo au poulet	**150**

Oignon

Chou et oignons sautés	**77**
Petits pois à l'oignon	**80**
Sauce béchamel aux oignons	**228**
Soupe à l'oignon gratinée	**29**
Soupe aux légumes	**35**

Olives

Salade de champignons et d'olives	**248**
Salade grecque	**253**
Tapenade d'olives noires	**43**
Tapenade d'olives vertes	**43**

Orange, *Voir* Agrumes

Orange (jus)

Côtelettes d'agneau à l'orange	**171**

Orignal

Tourtière	**191**

Outarde, *Voir* Volailles

Pacane, *Voir* Noix

Pain

Croque-monsieur mauriciens	**267**
Croûtons à l'ail maison	**244**
Hamburgers de porc barbecue	**266**
Œufs bénédictine	**60**
Pain blanc	**325**
Pain de blé entier	**326**
Sandwichs au thon chaud	**261**

Palourdes, *Voir* Fruits de mer

Pamplemousse

Marmelade d'agrumes	**394**

Paprika

Poulet au paprika	**146**

Pâte

Banique	**331**
Pâte à pizza	**328**
Pâte à tarte	**343**

Pâte d'amande

Bonbons aux noix à la pâte d'amande	**311**
Cerises au chocolat	**321**
Souris chocolatées	**318**

Pâtes alimentaires

Farfalles aux pois chiches et au bacon	**106**
Lasagne	**112**
Macaroni au jambon	**113**
Pâtes alimentaires au robot culinaire	**104**
Pâtes aux crevettes et aux pétoncles, sauce rosée	**114**
Salade de macaronis au jambon	**260**
Salade de macaronis au thon	**260**
Spaghetti aux palourdes	**108**
Spaghetti carbonara	**109**

Pêches

Pêches (conserve)	**378**

Perche, *Voir* Poissons

Persil

Taboulé	**256**

Pétoncles, *Voir* Fruits de mer

Piments

Garniture mexicaine (pour omelette)	**64**
Salsa en conserve	**374**

Poireaux

Crème de poireaux	**31**
Poireaux gourmets	**80**
Poireaux vinaigrette	**52**
Soupe aux légumes	**35**

Poires

Poires (conserve)	**378**

Pois, *Voir* Légumineuses

Pois chiches, *Voir* Légumineuses

Poissons

Bouillabaisse	120
Boulettes de morue	129
Chaudrée de poisson	37
Darnes de saumon grillées	122
Filets de doré amandine	124
Filets de poisson poêlés avec crevettes et amandes	126
Filets de sole à la moutarde de Meaux	133
Fish and chips	132
Gibelotte des îles de Sorel	119
Mousse au saumon	57
Pâté au saumon d'autrefois	123
Poisson aux tomates gratiné	127
Poivrons farcis au thon	135
Salade de macaronis au thon	260
Sandwichs au thon chaud	261
Sauce béchamel au saumon	228
Truite ou saumon entier au four	130

Poivron

Gelée de poivrons	391
Poivrons farcis au thon	135
Salade de rôti de bœuf et de poivrons	255
Soupe aux légumes	35

Pommes

Carrés aux pommes	306
Compote de pommes	379
Croustillant aux pommes	355
Gâteau allemand aux pommes	277
Jus de pomme	381
Ketchup vert	386
Mousse aux pommes	365
Tarte aux pommes	344

Pommes de terre

Boulettes de morue	129
Casseroles de raclette	70
Crêpes aux pommes de terre	83
Crêpes aux pommes de terre au fromage Oka	83
Fricassée à la saucisse	197
Frites au four	85
Goulache de bœuf	212
Pâté à la viande	190
Pâté au saumon d'autrefois	123
Pommes de terre dorées	84
Pommes de terre en papillotes	84
Salade de pommes de terre à la moutarde de Meaux	246

Porc

Baeckeoffe alsacien	173
Chop suey au porc	200
Côtelettes de porc, sauce moutarde à la crème	185
Cretons	54
Croque-monsieur mauriciens	267
Farfalles aux pois chiches et au bacon	106
Feuilles de vigne farcies à l'agneau	174
Fondue chinoise	219
Hamburgers de porc barbecue	266
Huîtres Casino	141
Médaillons de porc à la hongroise	186
Pain de viande aux tomates de maman	192
Pâté à la viande	190
Pâté de foie	46
Pâtés impériaux	199
Petits pains à la viande	263
Ragoût de pattes et de boulettes de porc	194
Riz frit	100
Riz indonésien	198
Rôti de porc à l'ail et à la marjolaine	183
Sauce à spaghetti au bœuf et au bacon	105
Sauce tomate à la viande	229, 376
Souvlakis	189
Spaghetti carbonara	109
Tourtière	191

Voir aussi Jambon

Porto

Magret de canard au porto et aux cerises	164

Poudre d'amandes

Pâte d'amande	320

Poulet, *Voir* Volailles

Q

Quinoa

Quinoa	93

R

Raisins, *Voir* Petit fruits

Restes

Bœuf

Salade de rôti de bœuf et de poivrons	255

Jambon

Casseroles de raclette	70
Déjeuner campagnard	62
Jambon, sauce au fromage suisse	205
Quiche au jambon et aux asperges	65
Macaroni au jambon	113
Tartinade pour sandwichs au jambon	264

Porc

Fricassée à la saucisse	**197**
Hamburgers de porc barbecue	**266**
Pâtés impériaux	**199**
Riz indonésien	**198**

Poulet

Gratins de poulet	**159**
Pâté au poulet	**159**
Riz frit	**100**
Salade de couscous au poulet	**257**
Tartinade pour sandwichs au poulet	**265**

Rhubarbe

Carrés croustillants à la rhubarbe	**305**
Compote de fraises et de rhubarbe	**363**
Pains à la rhubarbe	**335**
Tarte à la rhubarbe	**345**

Riz

Casserole de riz sauvage	**99**
Gombo au poulet	**150**
Riz au safran à la milanaise	**98**
Riz blanc étuvé	**95**
Riz frit	**100**
Riz indonésien	**198**
Riz pilaf	**95**
Salade de riz sauvage	**250**
Salade-sushi aux crevettes	**258**

Riz croustillant

Carrés de riz croustillant au caramel	**313**

Rutabaga

Purée de rutabaga	**85**

S

Safran

Beurre de safran	**237**
Bœuf à la bière	**216**
Riz au safran à la milanaise	**98**

Sauce chili

Petits pains à la viande	**263**

Sauce demi-glace

Sauce à poutine	**235**

Sauce tomate

Pâtes aux crevettes et aux pétoncles, sauce rosée	**114**
Sauce à poutine	**235**

Saucisses et saucissons

Fricassée à la saucisse	**197**

Saumon, *Voir* Poissons

Sirop d'érable

Tarte au sirop d'érable	**349**

Sirop de maïs

Tarte aux pacanes	**349**
Tire-éponge	**315**

Sole, *Voir* Poissons

Son de blé

Muffins aux bananes et au son	**332**

Sucre glace

Biscuits au beurre	**293**
Crème au beurre	**286**
Glaçage au chocolat	**286**
Pâte d'amande	**320**

T

Thé

Thé	**17**
Thé glacé	**17**
Thé parfumé à l'anis étoilé	**17**

Thon, *Voir* Poissons

Tomates

Bouillabaisse	**120**
Chili	**217**
Filets de bœuf grillés, sauce rosée	**214**
Gombo au poulet	**150**
Ketchup aux tomates mûres	**385**
Ketchup vert	**386**
Œufs pochés, sauce tomate et épinards	**60**
Osso buco	**182**
Pain de viande aux tomates de maman	**192**
Poisson aux tomates gratiné	**127**
Salsa en conserve	**374**
Sauce à pizza	**230**
Sauce chili	**392**
Sauce tomate	**229, 373**
Sauce tomate à la viande	**229, 376**
Sauce tomate aux légumes	**229**
Soupe aux lentilles	**36**
Soupe aux tomates et au lait	**26**
Taboulé	**256**
Tarte aux tomates	**68**
Tomates au pesto	**111**
Tomates en conserve	**382**
Tomates provençales	**87**

Truite, *Voir* Poissons

Vanille

Extrait de vanille	**397**

Veau

Escalopes de veau panées	**179**
Escalopes de veau parmigiana	**179**
Osso buco	**182**
Rôti de veau à l'estragon	**177**
Rôti de veau braisé	**178**
Tourtière	**191**
Veau à la crème	**180**

Vigne (feuilles)

Feuilles de vigne farcies à l'agneau	**174**

Vin

Baeckeoffe alsacien	**173**
Bœuf bourguignon	**213**
Coq au vin	**148**
Crevettes nordiques, sauce au vin blanc	**136**
Faisan braisé au vin rouge	**163**

Vinaigre

Betteraves marinées	**390**
Cornichons à l'aneth	**389**
Cornichons sucrés tranchés (*bread and butter*)	**388**
Ketchup aux tomates mûres	**385**
Sauce chili	**392**
Vinaigrette à l'huile de tournesol et au vinaigre de cidre	**241**
Vinaigrette au vinaigre balsamique	**241**
Vinaigrette au vinaigre de vin blanc	**241**
Vinaigrette au vinaigre de vin rouge	**241**

Volailles

Bouilli de poulet	**147**
Bouillon de poulet	**22**
Brochettes de poulet	**161**
Chop suey au poulet	**200**
Cipâte gaspésien	**222**
Coq au vin	**148**
Couscous au poulet	**151**
Cuisses de poulet panées	**156**
Faisan braisé au vin rouge	**163**
Fondue chinoise	**219**
Gombo au poulet	**150**
Poitrines de poulet sautées à la crème	**154**
Poulet à la chinoise	**158**
Poulet au cari	**153**
Poulet au paprika	**146**
Poulet braisé aux légumes-racines	**145**
Poulet frit au four	**155**
Poulet rôti à l'estragon	**146**
Poulets de Cornouailles rôtis	**162**
Salade de couscous au poulet	**257**
Tartinade pour sandwichs au poulet	**265**

Whiskey

Crème irlandaise	**18**

Yogourt

Mayonnaise minceur	**233**
Smoothie aux petits fruits	**18**
Tzatziki	**189**

REMERCIEMENTS

C'est grâce à l'enthousiasme de Jean Paré, directeur général de Guy Saint-Jean Éditeur, que j'ai eu le bonheur d'écrire ce livre. Un merci particulier à mon éditrice, Élise Bergeron, qui m'a accordé son aide précieuse au cours de toutes les étapes de production.

Je suis reconnaissante envers ma fille, Pascale, et ma belle-sœur Carole Dontigny, qui m'ont aidée à tester certaines recettes. Merci à mon mari, Daniel, qui est toujours prêt à goûter mes nouvelles créations culinaires. Il est le compagnon idéal pour une passionnée de cuisine comme moi. Merci d'avoir mis la main à la pâte en tant qu'assistant culinaire et d'avoir contribué ainsi à la parution de ce livre.